赵氏擒拿术（上）

擒拿秘籍《九重天》译注

赵大元 著

人民体育出版社

擒拿秘籍《九重天》手抄本原谱

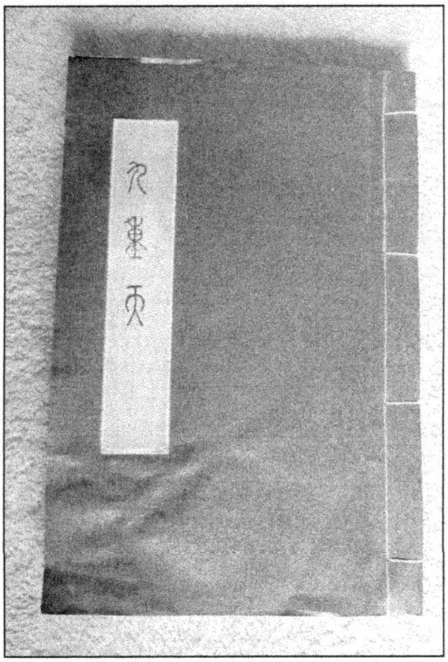

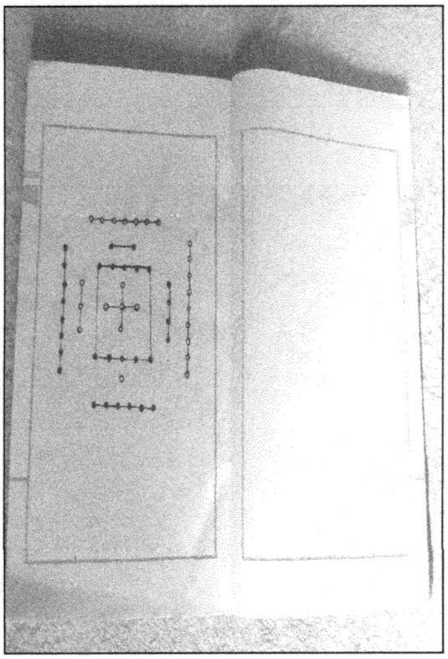

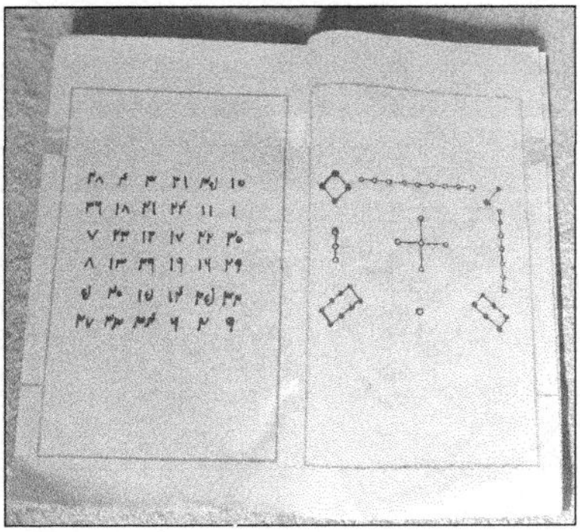

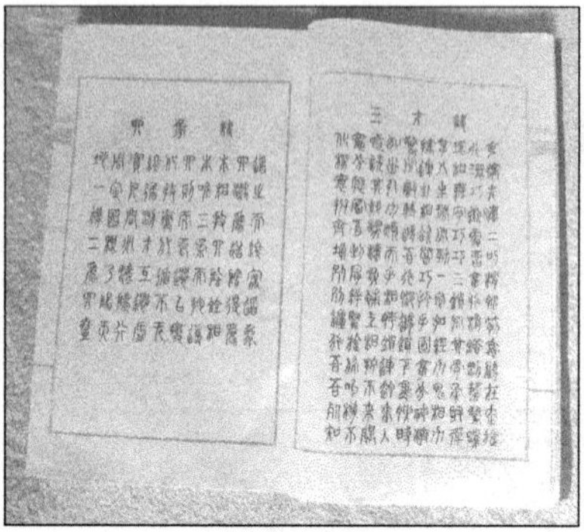
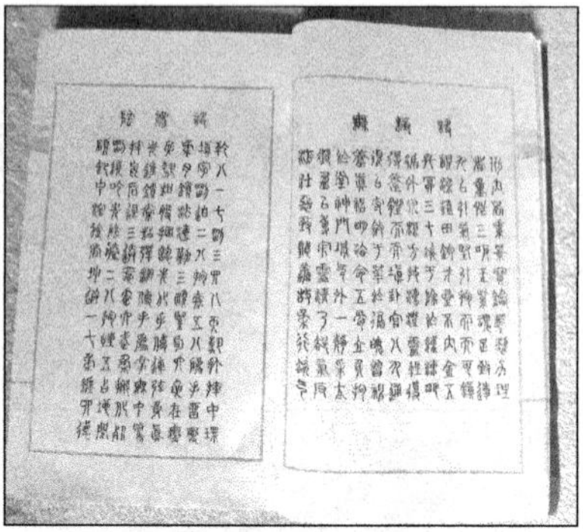
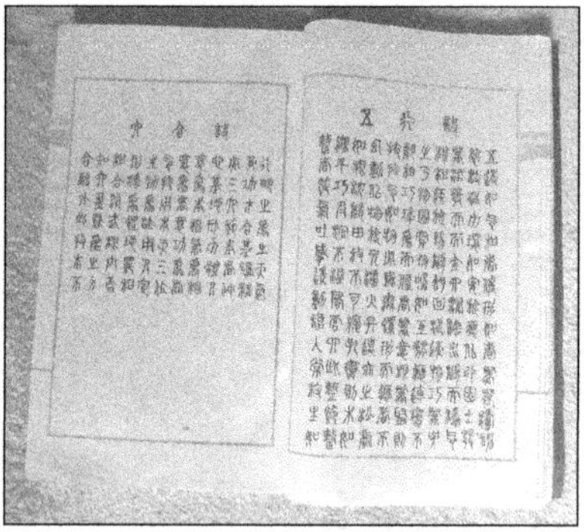
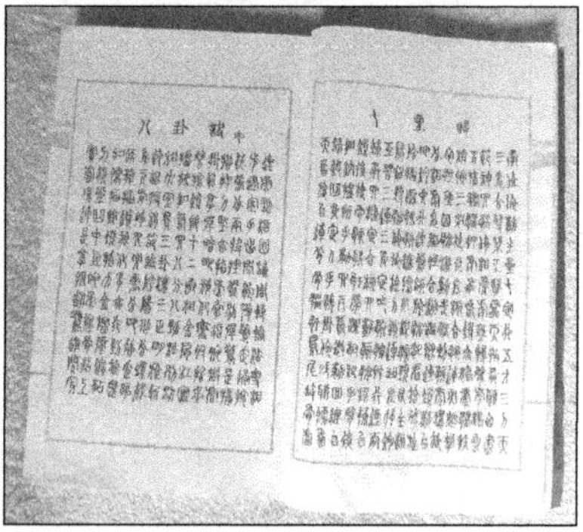
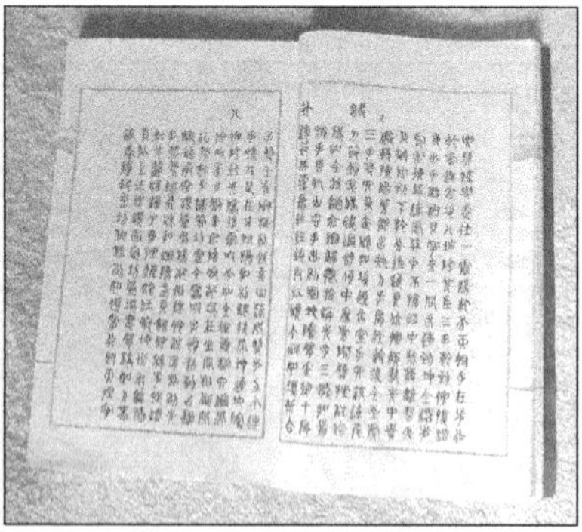
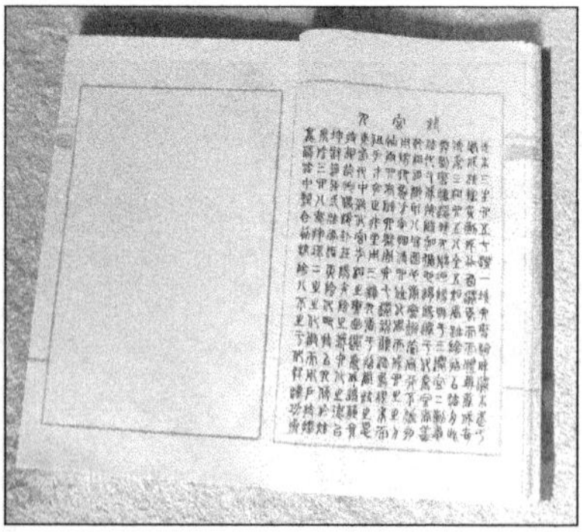

师 序

武术一道，为我国独传之术，而擒拿一术尤为武术之精髓。其理深奥，其术精邃，其法变幻万千。然中华武术门户极深，悉尽私秘其术，为各家镇山之宝，传世者甚少，很少见著于书，即或有之，亦述之一二，而藏之七八。近年来谈论擒拿者不少，然悉擒拿真谛者，鲜有几人。更有甚者，少有几手盖以为擒拿，虚文以对，而不知擒拿为何，误人，误己。

夫擒拿虽千变万化，亦不过人身之一动耳。擒于人，其理俱出于人之关节筋骨，血脉经络。运动劲力之妙，当循乎自然，合乎于理。盖理为拳技之本，欲尽擒拿之术，必尽其理。今述之以术而明之以理者，更无见著。

吾已耄耋之年，从武凡七十余年，尝得窥其一斑，常为此而惜叹。今吾徒赵大元从幼习武，又从吾研习八卦掌，尽得吾传。现于中国人民警官大学任教，穷内外两家秘传擒拿之术，集百家之所长，将传统之口诀，融现代之科学，进而阐述擒拿之机理。凡擒拿之千万技归而统之。纲目相备，理技相合，将秘传之口诀，尽不私藏，图文并勃，毫不饰以虚文，著而示世。使好习者，阅而明其理，习而懂其术，使有志者互为参悟，擒拿之术得而发扬，中华武技后有传人，吾愿足矣！是以为序。

李子鸣

（此为当年恩师为拙著《实用擒拿术析解》一书所写之序）

自 序

赵氏实用擒拿秘籍《九重天》乃门户之秘宝，“秘籍”届世每代只传承一人，门中人亦无得窥其全貌，更从未显世示人。

吾甚幸，遇明师悉心教诲，又得承继擒拿秘籍《九重天》。四十余载遵师研习至今，仍不敢稍有懈怠。其内容之博大精深，唯叹！聪智有限，恐穷尽吾生，亦难释怀。

一九八三年体院张文广教授见此手抄谱时，对吾师李子鸣和我言道：“此乃武林擒拿术唯一之孤本，如能无私公开，奉献国家，译着阐述，对中国传统武术之研究发展，是一巨大贡献。”然恩师张晋限于门规未能同意。自一九八四年遵师嘱，开始译解之。然其内容之博大精深，所涉学科之广，虽查阅大量古籍、有关学科著作，三易其稿，终感有隙。后在我撰写教材、著书时，经恩师同意，曾部分引用转述。

流年如逝，恩师张晋、李子鸣相继仙逝。吾亦渐老矣，每当翻阅随恩师学艺技之笔记，思恩甚盛！吾自二〇〇一年退休后，应广大武林爱好者之殷切，中华武术传承发展之需，决心依据两位恩师的讲解教诲，结合自己五十余年研习、实践、教学的切身体会、把传统秘籍与现代科学相结合，将《九重天》重新全部整理、译解出来，自一九八四年至今，穷二十余年心血，四易其稿，现幸终已完稿。

“不孝有三，无后为大。”现除哺心传授承继，更应时代之需，摒弃门户之见，将本门擒拿秘籍《九重天》译注面世。望有志者研习传承。并以告慰先祖、先辈及两位恩师在天之灵。

赵大元

2011 年春于北京寓所

前 言

中国传统武术承载着中国悠久深厚的文化，是以“易”理为理论基础，以武功、武术、武艺、武医为载体，研究人的生命和运动的综合性学科。它体现着传统文化面对宇宙苍生的深远情怀和玄思，其内涵的精致、从容、逍遥、旷远、博大是其“天人合一”的人生精髓。

中国传统武术的锤炼，就像一把锋利的刻刀。运用中国悠久深厚的文化之手，时刻都在雕琢着人们的灵魂，使人们的灵与肉、人与自然、人与社会都遵循着“道”与“易”的自然法则，和谐地交融在一起。

中国传统武术无形地铸造着人们的思想、品格、道德，升华着人们对自然、社会的感知和认知能力，其所有的玄机与奥妙，都在虚静的氛围与智慧的灵光中得以顿悟，都在动和静的幻化之间得以展现。

无论何人均从传统武术中获得了中华传统文化的煦韬和厚积，从而洗尽了虚燥和浮华，保持着人与社会、人与自然、人与人之间的温馨和谐，保持着从容欢愉的人生。

而实用擒拿技术是中华武术实用搏击的四大技法之一，集中反映和体现了中国武术中的精华，是我国特有的独传之术。实用擒拿技术汇集了中华武术实用搏击的精髓，是徒手搏击的最重要的实战技法，其理精深，其术奥妙无穷，其法变化万千，是广大人民群众几世纪以来在实践中不断积累和总结出来的特殊实用技术。

擒拿技术在我国有着悠久的历史。最早见诸文字的是春秋战国时期。《春秋·公羊传》中有“万怒，搏闵公，绝其脰”的记载，类似于今天擒拿中的锁喉断颈技术。《庄子·内篇》有“以巧斗力者，始乎阳，常卒乎阴，大至则多奇巧”。已从哲理上探讨技击中的劲力使用。汉代百戏角抵技，也常有“抓把”“抱腰腿”“握举”“锁扣”等技法盛行于百戏之中。“至秦汉三国即更明确地提出锁扣之法”“至隋唐又明确提出抓拿等技法”（《中国武术发展史纲要》）。“至五代宋元又出现，分明八打与暗八打……技法分刁拿锁扣速小绵软巧……分筋错骨点穴等手法”（见《武术汇宗》）。

金恩忠在《少林七十二艺练法》中写道：“妙兴大师蒙方丈授以少林等功夫，并点穴、卸骨、擒拿等法。”尊我斋主人在《少林拳术秘诀》中对此更有详尽述论：“但张氏穴道之术，先本得之于道家冯一元……自张氏点按术盛行后，凡南北技击巨子，无不视此为枕中秘宝。未几有王一瓢者，为淮北大侠，尤精此术。于张之三十六手中更推阐而为一百零八手，与人之百零八穴相印，并于点按手外，创立擒拿术……”

自此之后有三十六路大擒拿，七十二把擒拿之分。“平时练习之手法，约有七十余种，而擒拿则其总称也”（见《江南经略》）。

随着武术技击的深入发展、研究和实战，擒拿技术逐渐成为中国武术中一门专门的技术。以后又作为武技中的高级实用技术大大地发展起来，融踢、打、摔、拿、点穴为一体，成为各拳种、各流派的不传之秘。

由于中国社会发展的特殊社会条件和人文环境，各门各派均门户极深。深藏而不外传，间或有之，也是传之一二而藏之七八。更是严守“传技，不传法”“宁失技，不失人”之规。就是说，可以教你一些具体技术，但不教实际应用的方“法”，宁可使技艺失传，也不可所传非人而为祸社会。中国传统武术擒拿技术，各门各派向以视为密宝，更是这样。

“此擒拿法者。实为少林护法之秘术，镇山之绝技也……非克己服礼，俱有慧根而承大法者。亦不得其传焉……少林寺对擒拿法，每一代传一、二人。”（详见《擒拿法真传秘诀》，中国书店影印本）

“剑南先生又云。擒拿学之难，传之初非易。易在昔先辈诚厚慈善之家。精此者尚有数人。西江中亦不过一二人，余皆湘楚蜀诸名手。后以此道传非其人，常有滥用伤人事。以故，先辈恐遭天谴，相戒不轻传授。百余年来此道遂如广陵散……”（详见《少林拳术秘诀》，中国书店影印本）

擒拿技术是以击打掐拿要害部位，抓经拿脉、分筋错骨为主要手段，融踢、打、摔、拿为一体，刚柔相济、阴阳相变、周流圆活、以巧取胜的一种实用技术。具有丰富的内容及深邃的机理和哲理，有很高的研究价值和实用价值。但千百年来，由于中国武术门派繁多，门户极深，大多口传心授，视为门户之至宝，秘不外传，授徒传人也是择人而行，一般只授一些擒拿的入门功夫，真正的擒拿技术只传一二人，故真正传世者甚少，正如我老师李子鸣先生在我所著的《实用擒拿学》一书序中所言：“武术一道，为我国独传之秘，而擒拿一术尤为武术之精髓，其理深奥，其术精邃，其法变化万千。然中华武术门户极深，悉尽私秘其术，为各家镇山之宝，传世者甚少，很少见著于书，即或有之，亦述之一二，而藏之七八。近年来谈论擒拿者不少，然悉擒拿真谛者，鲜有几人。更有甚者，少有几手盖以为擒拿，虚文以对，而不知擒拿为何，误人，误己。”

《赵氏擒拿术》是目前唯一一部从理、功、技、法全面、系统、科学地阐述实用擒拿《九重天》秘籍的译注。它分上、中、下三册：

上册为擒拿秘籍《九重天》译注，主要是对《九重天》中的武功口诀作出科学、系统、合理的译注。

中册为擒拿秘籍《九重天》图解，它是《九重天》全部主要功、技、法的具体图解，涵盖从基本功法练习、基本技术练习到各类实战应用技术，是和译注相对应的。

下册为擒拿秘籍《九重天》套路精解，是练习的各种擒拿套路及其应用技法的精确解析。

《赵氏擒拿术》的内家擒拿秘籍《九重天》译注、图解套路精解，是拙著《实用擒拿学》和《实用擒拿术析解》的续篇，在这两部著作中都引用、转述了少部分《九重天》秘籍口诀注译。因中国传统武术擒拿秘籍《九重天》有史以来从未公开过，它又是唯一全面阐述擒拿理、技、法、艺的秘籍，国内外很多读者和武术爱好者都非常关注，纷纷来信来函，希望见到中国传统武术的擒拿秘籍《九重天》的全文译注。

《赵氏擒拿术》的内家擒拿秘籍《九重天》一向不外传。本门中也只传一二人。为防秘籍外泄，无数古汉字（大篆）无序地排列在一起，尤如天书一般读不成句，而根本无法看懂（见原谱）。不得老师所传心诀，根本无法译成口诀，其技谱更是采用隐语隐文等形式，使不得亲传者无法看懂（此类秘文，古而有之。考查古籍，均已失传，只见其名，而不见其文。唯可考证者，有清《道藏辑要》中收辑的《金丹心法》亦采用此类秘文）。

为继承、发扬中华武术，使中华武术传承有序而发扬光大，屏除门户保守之陋习，现将《赵氏擒拿术》的秘籍《九重天》的口诀，公布并逐次译解出来，提供给有志者共同参研，以使发扬光大。

原诀中所用的古文字、语言、人体结构名称和分类，都是依据中国古老的哲学《易经》和传统古中医学名称，有些繁、异体字现已不用，不容易读记、读懂和理解。为了便于大家掌握和理解，我对照引用了现代运动解剖学、人体运动学、生物运动力学等现代科学的名称、术语和概念。因现代科学对人体生命和人体运动的研究，随着科技的发展而更加深入和细微，更直观而更易于学习和理解掌握。何况中华武术的发展也面临着现代化发展的问题。故而读者必须把古代和现代科学名称、术语和概念对照学习，以便熟记和理解掌握。

用现代科学知识语言译解古文，是一项十分困难的工作。它不是简单的“翻译”问题。而是一项涉及多学科的深奥原理的科学研究问题。尤其是涉及人体的整个生命科学、人体运动学、对抗心理学和运动力学。依据目前的科学水平对人体的研究和认识还是十分有限。我虽多年从事教学和研究，但学识有限，只能依据老师的讲解传授、自己习练的体会和教学研究的心得体会，试加以译注。有不足、不当之处，还需更深一步的探讨和研究。

中华武术作为民族古老文化的载体之一，我们还是应该学习和牢记其结晶，包括传统医学人体结构名称、对生命现象和人体运动本质的深刻认识和总结，中国传统哲学《易经》哲学术语的寓意和深刻内涵，都是中华民族几千年智慧的结晶。只有继承才能研究发展，才能深刻理解和体会中华武术的博大精深，才能真正掌握实用擒拿技术。

只有使中国传统武术的古老理论和现代科学理论有机地相结合，中华武术才能得以科学全面地继承和发展，才能更好地服务于现代社会。不使其失传而愧对先哲前辈，妄负于后人，乃吾辈职责之所在。

望读者珍视，研有所得，习而所用，使中华武技后有传人，发扬光大。

有志承继相互研习者可联系：电子信箱 zdy005866@sina.com

赵大元

二〇一一年春

目　录

一、符图译注

以下三图是赵氏擒拿秘籍《九重天》的前三页，图1和图2分别为“河图”和“洛书”。“大易之始，河序龙马，洛贡龟书”(见《易图明辨》卷一)，为八卦之本源。相传周文王囚羑里依据河图、洛书推演出八卦，也就是后人所称的《周易》。它寓示了世界万物，生生化化的本源、基本法则和规律。

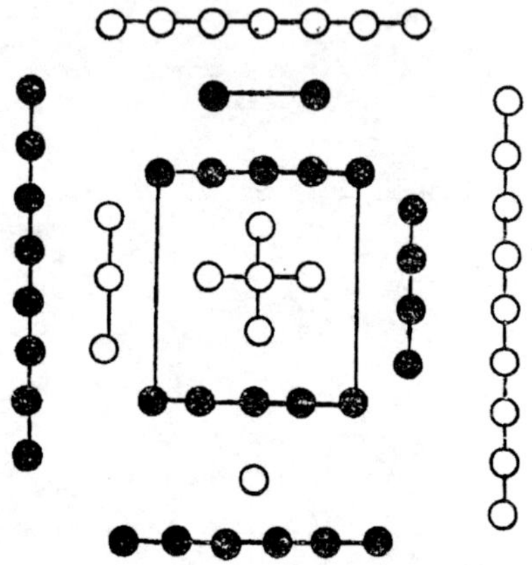

图1　河图

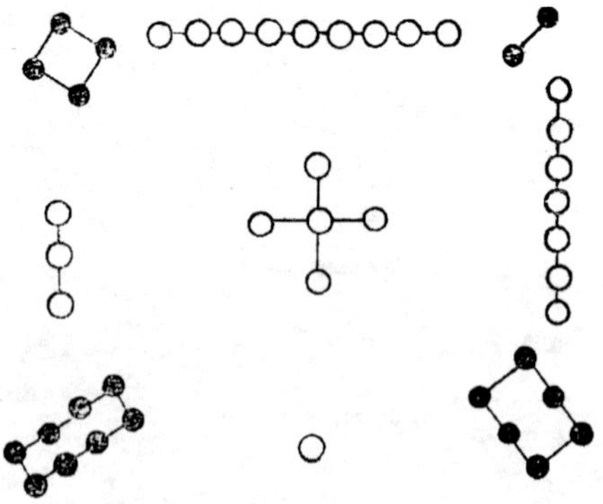

图2　洛书

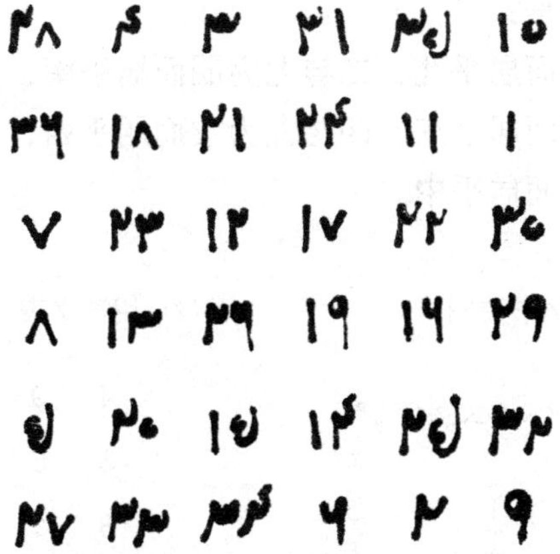

图 3　赵氏擒拿秘籍《九重天》前三页（待解）

经查考，河图、洛书的原图和数字表示如图 4、图 5（见《中国古代著名哲学家评传》续编三）：

(1) 河图原图

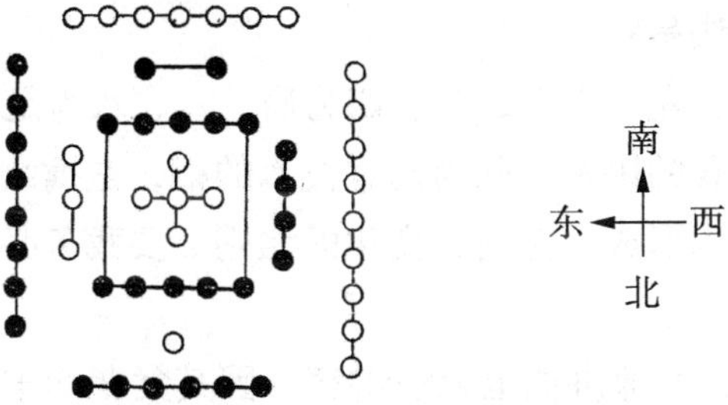

(2) 用数字表示

7、
2

8、3　　5、10　　4、9

1、
6

图 4　河图数字表示

河图的口诀是：

一与六共宗而居乎北，二与七为朋而居乎南，

三与八同道而居乎东，四与九为友而居乎西，

五与十相守而居乎中。

(1) 洛书原图

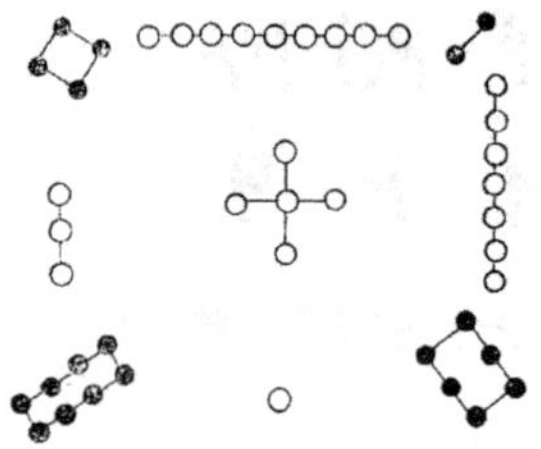

(2) 用数字表示

4	9	2
3	5	7
8	1	6

图 5　洛书数字表示

洛书的口诀是：

戴九履一，左三右七，二、四为肩，六、八为足，五居中央。

据老师为我的讲解：此为擒拿技术的根，是擒拿技术的理论依据，是擒拿技术形成、应用、变化的法则。要我务必在研习中深刻理解和灵悟。

关于图 3，老师讲他也无法讲解，因其父辈均未对他讲解过此图是什么？表示何种寓意？我查考了很久，文献中均无记载。我想它不是文字就是一种神秘的符号或数字，一定有它特殊的寓意。否则按常规河图、洛书之后，应是先、后天八卦图。就不会用此图来替代了。恳望有志者共同深究其出处和寓意。

此书初步完稿后，2009 年冬吾徒郑雷明对此图符悉心查考已有所得，对其出处源流亦有初步考证。在本书“后记”中有详细说明，望有志者进一步论证、探研之。

二、《心诀》译注

《心诀》不见著文字，只由师父口传并以讲解。它是译解《九重天——擒拿秘籍》隐文的口诀，只有按此“心诀”逐一译解，才能把各诀译成行文，再加以标点，方能成句成文。

《心　诀》

先祖心诀释奇文，隔二跳一逢四看。
角双十一渐减一，阳长阴承始成句。
乾坤见四两分张，奇偶差八七为数。
五六斜走亦成角，阴阳互易头尾连。
连三反四曲如水，横看众山竖看岭。
折曲相间尾中连，逆水回流入中宫。
中起回文两边顺，三七见角之字行。
八六阴阳亦倒转，七八相连始成句。

《心诀》的第一句是“总诀”的译法；第二句是“无极诀”的译法；第三句是“阴阳诀”的译法；第四句是“三才诀”和“四象诀”的译法；第五句是“五行诀”的译法；第六句是“六合诀”和“七星诀”的译法；第七句是“八卦诀”的译法；第八句是“九宫诀”的译法。有心者可试译之，以结福缘。

以下各诀的译解为了便于大家按序研习，故按研习顺序：内功、基础理论、基本功、基本技术、应用技法、九宫诀来译解。就不按原顺序了。

三、《总诀》译注

（一）《总诀》原谱

擒步練拿法技走得法轉先分圜師人傳字語世身
入法髓鮮意象兮意知仔中細變味詳只手方擒法
不與得拿合氣轉擒貴變乃行拿只用拿法是不與
擒合真身循招環傳抓使分二擒筋入斷對拿骨手
知腕技鎖中批來法招動穴手通拿勢脈敲鬼自步
主法神張分擒上傷技下拿骨入法後分左先陰奇
陽傳學五肩分肘治三膝才胯入內頭中手技藏足
七出不星手八狹得法分九乾坎宮坤定手傳兩周
儀流傷三圜才轉天見鬼柔禍理斷怒濕人零元我
一門戒氣來培也豎根宜本靜守中修正身與中養
偈性葬接筋八骨漢方堅內頭寒講頸三軀先家體
分上技兮下繙跌藝外松多堅不七活壘沈先變穩
化靈入疆巧歷再后直肥橫技世豎法綫二功正十
圖中記翻八轉法莫盤勸搶習練勝莫主練訣張疑

(二) 《总诀》原文

面 化 分 偶 一 仪 七 阳 主 扣 擒 不 人 擒
四 灵 上 性 门 流 出 使 法 腕 合 要 法 步
记 人 技 莽 戒 伤 不 学 神 技 真 得 随 练
翻 强 气 接 气 三 星 五 张 锁 反 拿 鲜 拿
八 巧 下 筋 来 园 手 肩 分 中 循 合 意 法
转 屈 道 八 培 才 八 行 擒 忙 招 妄 有 技
法 再 肢 骨 心 转 疾 肘 上 求 环 转 气 走
莫 后 艺 汉 竖 天 得 治 伤 法 传 擒 意 得
盘 直 外 方 根 见 法 三 枝 掐 打 费 知 法
勤 明 松 坚 宜 鬼 分 膝 下 动 使 变 仔 转
旋 横 有 内 本 柔 九 才 拿 穴 分 力 中 先
习 技 坚 头 静 神 乾 胯 前 手 二 化 细 分
违 世 不 宁 字 理 妄 人 人 通 擒 拿 变 园
腰 竖 七 讲 四 刚 宫 内 法 拿 筋 只 味 师
莫 法 活 颈 修 愁 坤 头 后 制 人 用 详 入
主 斜 星 三 正 混 定 中 分 脉 断 拿 只 传
迟 二 沉 躯 身 入 手 手 左 敌 对 法 手 字
训 切 失 失 与 更 使 技 先 鬼 拿 是 方 活
张 正 变 家 四 元 两 藏 阴 自 骨 不 擒 世
疑 十 稳 体 养 我 周 足 右 步 手 要 法 身

此文的破译法为《心诀》第一句:“隔二跳一逢四看。”就是读时需从左一开始,隔二字读,再隔一字读,如此读下去至全文两遍后,最后由第三字起隔四字读,直至读完。

（三）《总诀》译文

擒拿技法先师传，世人鲜有知中味。
只擒不拿妄费力，只拿不擒反招打。
分筋断骨扣锁忙，掐穴拿脉自主张。
擒技拿法分阴阳，五行三才内中藏。
七星八卦九宫定，两仪三才见柔刚。
混元一气培根本，四正四隅按八方。
内讲三家分气道，外有七星变化强。
屈直横竖斜正面，翻转盘旋腰主张。
步法走转分八字，身法意气仔细详。
手法要合精变化，用法要合循环使。
二人对手腕中求，动手制敌步法分。
上下前后左右使，肩肘膝胯头手足。
出手疾分乾坤手，周流圆活鬼神愁。
入我门来心宜静，修身养性筋骨坚。
头颈躯体上下肢，松坚活沉稳灵巧。
再明技法二十四，八法勤习莫迟疑。
练得圆活随意变，练得擒拿是真传。
不得妄使伤天理，更戒竖子与莽汉。
宁失技艺不失人，后世切记莫违训。

（四）《总诀》译注

《总诀》是赵氏实用擒拿技术总的概述。此擒拿总诀共分四部分，1~6 句讲的是擒拿的技理，也就是学习擒拿必须懂得的基本知识；7~13 句讲的是擒拿技法使用的根本原则，是大法；14~17 句讲的是练习擒拿技法的步骤与方法；最后两句讲的是门规和戒律。因总诀中采用了我国古代的哲语 —— 无极，两仪，三才，四象，五行，六合，七星，八卦，九宫；气功语 —— 混元一气，根本，三家等，隐语较多很难让人理解。在以后各诀的详细译注中，依据张晋老师和师傅李子鸣先生的讲解，我结合自己四十余年研习和教学中的经验与体会，将此一一译注出来，供大家参照研习。

1. 第一部分

擒拿技法先师传，世人鲜有知中味。
只擒不拿妄费力，只拿不擒反招打。
分筋断骨扣锁忙，掐穴拿脉自主张。

1~3 句讲的是基本概念，什么是擒拿？擒拿是由两个基本技术所组成，即“擒技”和“拿技”。擒技是分筋错骨扣锁忙，而拿技是掐穴拿脉自主张，擒和拿是相辅相成、互为阴阳而缺一不可的。所以说，只擒不拿妄费力，只拿不擒反招打。

擒技拿法分阴阳，五行三才内中藏。
七星八卦九宫定，两仪三才见柔刚。
混元一气培根本，四正四隅按八方。

4~6 句讲的是研习擒拿技术的基本知识和内容，即《无极诀》(混元一气培根本)、《阴阳诀 —— 乾坤八字法》《三才 —— 行功诀》《四象 —— 用手诀》《五行 —— 劲力诀》《六合 —— 用功诀》《七星 —— 基理诀》《八卦 —— 基本功诀》《九宫 —— 总析诀》。详见后各诀的译解。

“九宫定”：指的是研习实用擒拿术的“九层功夫”。

(1) 正形 (2) 通气 (3) 旺神 (4) 足力 (5) 明理 (6) 活劲 (7) 熟技 (8) 懂法 (9) 通医。

前四层功夫：正形、通气、旺神、足力是研习擒拿技法对身体的基本要求。要想习练擒拿技术，首先必须要有一个遵“易”守“道”的思想道德品质，健康、强壮、敏捷、有力的身体。它是主要通过研习“无极诀”和“八卦诀”中的三才（天吊、地称、人字桩）来获得的，是基础中的基础，是首要的思想道德和身体条件。

后四层功夫：明理、活劲、熟技、懂法是研习擒拿技法的四个基本要求。

1. **明理**　通过研习“七星诀”，认识和掌握：(1) 人体的结构 (2) 人体的运动规律 (3) 拿打的人体要害部位 (4) 主要运动环节（关节）锁拿的机理。这就是明理。只有在明理的基础上，才能真正掌握擒拿技术的真缔，才能举一反三而事半功倍。

2. **活劲**　通过研习“五行诀”和“六合诀”，才能使你的僵直拙力转化成刚柔相济的混元劲，才能懂得如何合理地运用你的力量，使其达到整、透、圆、活、灵，内外合一而运用自如，劲和力是万技之根。你只有具备了它，当劲力成为你的本能，才能真正运用擒拿技术。是谓：活劲。

3. **熟技**　通过研习“八卦诀”，必须熟练地掌握实用擒拿技法的基本功和基本技术。只有熟练地掌握基本技术，才能有机地综合运用和变化。是谓熟技。

4. **懂法**　在熟练掌握擒拿基本技术的基础上，通过研习“阴阳诀——乾坤八字法”“三才——行功诀”“四象——用手诀”，掌握运用基本技术的原则和方法。武术界常说：“传技不传法”。可见法的重要。懂法，就是要懂得和掌握各种条件下如何合理地运用技术的方法和应急疾变的原则。这样才能在实战中应用自如，真正掌握实用擒拿技法。

第九层功夫：通医（武医），指的是你必须具备的武德，俗话说“要学伤人，先学救人”，更何况我们必须要有一个健康、强健、敏捷的身体，在研习的过程中也会遇到各种伤痛和伤病。因而必须懂医，第一，要懂得和掌握强身健体、防治疾病的方法和医药；第二，要懂得和掌握各种红白损伤、运动损伤的防治和医药。只有这样才能更深层次地全面掌握实用擒拿技法。这是实用擒拿技法的最高层次和最高境界。研习者是必须掌握的！

2. 第二部分

内讲三家分气道，外有七星变化强。
屈直横竖斜正面，翻转盘旋腰主张。
步法走转分八字，身法意气仔细详。
手法要合精变化，用法要合循环使。
二人对手腕中求，动手制敌步法分。
上下前后左右使，肩肘膝胯头手足。
出手疾分乾坤手，周流圆活鬼神愁。

第二部分讲的是在应用擒拿技法时要注意的事项和应用要求。因字义表述得十分清楚，就不一一作译注了。详见下面有关各诀的译注。

3. 第三部分

入我门来心宜静，修身养性筋骨坚。
头颈躯体上下肢，松坚活沉稳灵巧。
再明技法二十四，八法勤习莫迟疑。
练得圆活随意变，练得擒拿是真传。

第三部分讲的是研习擒拿技术的总的要求，首要的是心宜静，就是要静下心来不可浮躁，踏踏实实地按照各诀的要求、按部就班地研习，用心来研习。重要的是，要修身养性内外双修，修身必先养性，要做一个遵师重道、武德高尚的人。若练至神明气和，内气通盈，则眼神澄明清彻、目光亲切柔和；体态正直而行为举止有度；言语厚重而谦和，明事理而通达。这才是内功修为上乘功夫的体现。要做到内练一口气、外练筋骨皮，使身体健壮而敏捷，周身上下松、坚、活、沉、稳而灵巧。

在技法的练习上，要明确擒拿技法的二十四字技，并认真按序研习八法（指的是从无极诀到八卦诀的八个诀）。要练到随心所欲，才能得到擒拿的真传。

4. 第四部分

不得妄使伤天理，更戒竖子与莽汉。
宁失技艺不失人，后世切记莫违训。

这部分讲的是传习赵氏擒拿术《九宫诀》的门规和戒律。绝不可轻易地使用，而做伤天害理的事情，要行侠仗义，遵“易”而守“道”。更不能将此技艺传习给竖子——就是道德品质不好，不能遵守易理和遵守道德的人。同时也不能传习给莽汉——就是情感容易冲动、争胜好强之人。

如果找不到合适的传人，宁可技艺失传，也绝不能传给不符合要求的人。以免遗祸后世，为天理所不容。后世一定要遵照执行，而绝不能违背祖训。

四、《无极诀》译注

（一）译注前言

“无极”一词出于《老子》“复归于无极”。指宇宙是原始的，无形无象的本体。武术界借用认为：无极虽名无，但无限由此始。故此“无”中涵“有”，“一切意念皆自此起，气与劲自此运用，身手足自此起动。”“无极者，当人未练之先，无思无意，无形无象，无我无他，胸中混混沌沌，一气混沌，无所向意者也”。

《无极诀》是中国擒拿秘籍《九重天》中讲述内功功法的口诀。它也是我习武五十余年所见到各拳种流派中，唯一全面论述武术内功功法的口诀。

我们知道习武必先修身，修身必内外双修。一是指要有良好的武德（道德品质和修养）和积极稳定的心理状态；二是要有一个健康、强健、有力而敏捷的身体。因而张晋老师再三告诫我，这是习练九重天擒拿技法的基础、是本源。它不但是入门首习的功课，而且是每天必修的功课，也是老师择徒的首选条件。

《无极诀》与其他的内功功法和气功不一样，它只有两式：一静（无极桩）一动（混元功）为正形、通气、明神的功法；三才劲功（天吊、地秤、人字桩）为习劲足力功法。

在循次习练过程中，一定要循乎自然，以你自己感到自然舒适的动作或势式为准。从凝神调息、静心平息、松静而中正圆舒入手，天人相应而融盈天地。内视反听、循经导脉、五行（五脏六腑）轮转而归一，集万物（天之清气、地之精气、人之灵气）之精英。则内气盈勃，神形合一。由内而达外，形静极则动，动则圆转柔舒。以意领气，放长极远，节节相追，气旋而回。丹田鼓荡，引采天地之灵气，内外相合，无有间断。外动而内静，外静而内动。

一切在有意无意之中，不可强求，纯以内在修为为上。可随时随地地在走、卧、立、坐及学习、劳作和社交中进行修炼，达到明神、正形、通气、足力的修为。

这种修为是神（感知、认知能力，敏锐的应急反应能力，思想意识、精神品质、道德修养）的修炼；是形（体态、形为举止）的修炼；是炁（内气通盈、五脏六腑得安、祛病强体）的修炼；是力（圆整活泼、刚柔相济、灵巧敏捷、）的修炼。

人生入世，百邪侵身而七情六欲不断，炁耗损而神疲。故神不正则眼邪，闪烁而漂移。心不正则形歪，气虚散乱而阳亢，居、食、行无度则真气耗损，百邪入体而行为举措无度。人皆无免，只是缓急、轻重程度不同。因而必须从正形明神入手，方能通气循经而强体健魄，才能习练九重天之功夫。

要练至神明气和，内气通盈。则眼神澄明清彻、目光亲切柔和。体态正直而行为举止有度。言语厚重而谦和，明事理而通达。这才是内功修为上乘功夫的体现。而后，方是外功——武技（擒拿技术）的修习，是随着内功修为的深化而渐进。而外功的修炼又推进着内功的修为，是为内外双修。然内功为基，内不实则虚，内气充盈方能大成。反之，德薄气浅而运技，尤如轻舟重炮，炮发，舟焉得不覆。而终将自害。

武以道载，技以德承。艺源于思，功成于勤，术承通变。内外双修，理、技、劲、法相合，乃得大成。为中华武术之本源。中华武术传承尤以“武德”为先重，而擒拿乃为恶残之技更是如此。

“此擒拿法者。实为少林护法之秘术，镇山之绝技也……非克己服礼，俱有慧根而承大法者。亦不得其传焉，少林寺对擒拿法，每一代传一、二人。”（详见《擒拿法真传秘诀》，中国书店影印本）

"剑南先生又云。擒拿学之难，传之初非易。易在昔先辈诚厚慈善之家。精此者尚有数人。西江中亦不过一二人，余皆湘楚蜀诸名手。后以此道传非其人，常有滥用伤人事。以故，先辈恐遭天谴，相戒不轻传授。百余年来此道遂如广陵散……"（详见《少林拳术秘诀》，中国书店影印本）

故而内家擒拿秘籍《九重天》的内功（无极诀）功法，是内外双修，由内而达于外，尤重神的修执。首要重在道和德、形和气的修炼。每一个入门习练者，必须首先认真按照"无极诀"的要求，而勤习苦练于每日。修德强身，方能进而研习技法。反之不列门墙。

研习时可参考阅读相关书籍为：《道德经》《黄帝内经》《指归》《妙真经》《元始真经》《难经》《抱朴子》《阴符经》《大丹直指》《石室秘录》《景岳全书》《奇经八脉考》《养生论》《古今医统大全》《钟吕传道集》《永乐大典·神》《摄生纂录·金丹问答》《易·系辞下》《医学源流论》《千金要方·养性》《养生纂录·调气篇》等有关著书。

（二）《无极诀》原谱

（三）《无极诀》原文

液	凝	于	养	须	得	循	丹	视	九	者	形
壮	盈	堂	真	以	养	外	冥	梁	以	重	内
恶	以	神	神	守	体	泉	三	曜	引	恬	者
致	专	门	明	敛	而	根	七	田	炁	三	素
听	寂	城	浴	于	而	方	次	钧	坚	吸	景
善	灵	炁	命	华	填	技	于	才	引	玉	宝
故	清	外	五	于	卦	法	除	星	拘	紫	钥
柔	乃	一	骨	循	宫	澄	于	不	而	魂	华
行	却	静	立	魄	八	灵	于	内	而	足	制
欲	炁	采	身	习	九	轻	练	金	可	致	力
炁	反	太	抱	神	通	得	明	五	镇	违	理

《无极诀》译注解的心诀是：“角双拾壹渐减壹，阳长阴承始成句。”

（四）《无极诀》译文

形须神立，炁盈乃壮。善行炁者，内以养身，外以却恶。故，欲九重者，守真抱一，专炁致柔。镇以恬素，敛神于静寂，反听内视，引三景于明堂，采灵液于金梁。炁吸宝华，浴神太清，外除五曜。坚玉钥于命门，凝澄泉于丹田，引紫华循五城，养灵根於冥钧，拘魂制魄，骨填体轻。方练三才而足力，习八卦而得技，明七星而致理，通九宫而得法。循次不可违。

（五）《无极诀》译注

1. 形须神立，炁盈乃壮

现代生命科学确认，人体是由物质、能量、信息组成的开放式巨系统，是具有自我意识的、高度有序的、具有自我组织、自我调控、自我修复能力的生命实体和人体生物场。人体内外，时刻进行着物质、能量和信息的代谢和交流。而信息代谢和交流起着重要的调控作用，决定着其他两种代谢的进行。

这正好验证了我国传统生命理论，早在元朝，刘完素在《素问病机气宜保命集》中写道："人受天地之气，以化生性命也。是知形者生之舍也，气者生之元也，神者生之制也。形以气充，气耗形病，神依气住，气纳神存。"《钟吕传道集》中也说："人之生也，形与神为表里。神者，形之主。形者，神之舍。形中之精以生气，气以生神。"

这里所说的"形"对应的是"物质"，"气"对应的是"能量"，而"神"对应的是"信息"。

形：既然对应的是物质，实质就指人的身体——生命依存的实体（有机体），即形者神之舍也。

神：对应的是信息。对内，指的是使生命有序运化、具有自我组织、自我调控、自我修复的本命信息（能力）；对外，是与自然、社会交流的感知、认知的意识和精神信息。即神者生之制也。

西晋嵇康在《养生论》中进一步写道："精神之于形骸，犹国之有君也。神燥于中，而形丧于外，犹君昏于上，国乱于下也。"

明朝张景岳在《古今医统大全》中写道："形者生之气也，心者形之主也，神者心之宝也。故神静而心和，心和而形全，神燥则心荡，心荡则形伤。将全其形也，先在理气。”

气：又是什么呢？在我国古代，“气”是一个哲学概念，认为“气”是天地间的一种物质，是宇宙间万事生生化化的根本。

早在《黄帝内经》成书以前，气的概念就已经产生了。先秦时期的著名哲学家老子就曾大力提倡“精气学说”，认为气是构成宇宙万物的最原始、最基本的物质。《道德经》曰：“万物负阴而抱阳，冲气以为和。”《庄子》也谈到：“气变而有形，形变而有生”“人之生，气之聚也，聚则为生，散则为死。”《周易·系辞》中指出：“天地氤氲，万物化生。”《黄帝内经·素问》也说：“气聚而生化，气散而有形，气布而蕃育，气终而象变。”就是说，生物的化生、生长、繁衍、衰亡，都是气的作用。明代的张景岳进一步指出：“生化之道，以气为本。天地万物，莫不由之。人之有生，全赖此气。”《内经灵枢刺节真邪论》说：“真气受命于天，与谷气并而充气者也，真气有先天后天之分，先天受命于父母，元精化生而出。后天摄五谷并阴阳二气，气在体内不断运行，阻而病，滞而伤，弱而渐亡。”

这种朴素的唯物主义思想，就形成了传统气功、养生学、传统武术和中医理论的基础与核心 —— 气。“气化论”这一独特的理论，概述了人体生命运化的两个基本过程：气化与化气的一般规律。所讲的气，则包括了人体内部的气与外部的气。即“内气”和“外气。”练气的重要内容，就是要把人体内外的两种气统一起来，从而增强人体的生命活力，使人真正成为“万物之灵”。

人体的气是怎样生成的呢？主要由以下三个方面合成：

一是秉承父母的先天之精气简称“先天之炁”。《素问·保命全角论》说：“人以天气之气生，四时之法成……天气合气，命之曰人。”意思是说，人是自然界“天地之气”的产物。

二是饮食万物水谷中的营养物质化成，简称“水谷之气”。《素问·六节藏象论》说：“天食（饲）人以五气，地食人以五味。”这些自然之气被摄入人体后，经过代谢，变成精华，以养五脏六腑，从而维持机体的正常生理活动。

三是吸入大气中的清气（阴阳二气），即“天食（饲）人以五气”。此三气合一，方成为人体的元气（真气）。

所以，（1）（人）先天之精炁，主要依靠父母禀赋的强弱和肾藏精气的生理功能；（2）（地）万物水谷之精气，主要依赖脾、胃、肠的运化功能；（3）（天）清气则依靠人体和宇宙自然界的气机交流。包括宇宙间的各种辐射、粒子流如阳光等和空气中的氧气的功能。

三者气机运化正常，人体的气机就充沛。反之，如果任何一方面异常，均能影响气的生成，形成气虚的病理变化。所以古人说，“气者，人之根本也”，“人之有生，全赖此气”。

古人为了区别人体的先天之气、水谷万物化生的精气和来自自然界的清气，创造了三个不同的气字：“炁、氣、气。”它们各有不同的概念、性质和含意。

而我们现在通常所说的“气”，在概念上常常被搞混了。因为汉字简化的缘故，现在一般都写成“气”字。实际上，在古汉字中，这个字有三种写法：炁、气、氣三种写法，分别表示三种含义。老子《道德经》里就有的“炁”字，也就是《字林》中所讲的，从无，从火，视之则无，审之则有的那个“炁”，这是先天之气 又叫做“元气”；而现在当做简化字的“气”字，其实是“古已有之”，指的是自然界中的清气；气字中间装着一个“米”字的“氣”字，来自于粮食和其他食品，就是通常所说的“五谷杂粮之精气”。三气（先天之炁、天之清气、地之精氣）合一，才能产生人体的生命生化的本源现象。

我国古代哲学认为，气是物质的，气是运动的。人体内的气，更是一种不断运动着的具有很强活力的精微物质。气运行于体内各部无处不到，无处不及，只有这样，人体才能不断生长发育，一旦气的运动停止，人的生命遂即终止。

中国医学将气的运动称为“气机”。人体内气的运动形式是多种多样的，但都可以归纳到“升、降、出、入”这四种基本运动形式上。升即上升，指气的由下而上的运动；降即下降，指气的由上而下的运动；出即外出，指气由内向外的运动；入即入内，指气由外向内的运动。

气以人体组织、脏腑，经络等为其运动场所。气的升降、出入运动，激发和推动了人体脏腑、经络的各种生理活动，人体组织、脏腑、经络的各种生理活动又具体地体现了气的升、降、出、入运动。气的升、降是气机在人体内的运化，也就是“内气”的运化。而气的出、入则是人体与自然宇宙和社会的气机交流和运化。

明《景岳全书》曰：“其形既败，其命可知……死生安否，非此形乎，（岂能）不先养此形，以为神之宅……”

明《古今医统大全》曰：“形者生之气也，心者形之主也，神者心之宝也。故神静而心和，心和而形全。神燥则心荡，心荡则形伤。将全其形也，先在理气，故怡和养神，则自安于心。清虚安心神，则不诱于外，神怡心清，则无矣。”

明《永乐大典·神》写道：“且夫一人之身，天傅之以神，地傅之以形，道傅之以气。气存则生，气去则死，万物草木亦皆知之。身以道为本，岂不养神固气，全尔形也，形神俱全……”

故而中国传统武术各流派拳种，均以“练形、通气、明神”为首要功夫，做到“形正圆舒、通气壮骸、明神达道”才能施以武技。也就是俗语所说的：“内练一口气，外练筋骨皮”“修外而不修内，内气不能充盈而通达。尤如轻舟重炮，炮发，舟焉得不覆”。要“内外双修”“修身必先养性”。

总之这句讲述了：产生生命的本源，形、气、神之间的相互关系和三气（本命之元气、天之清气、地之精气）气机运化的重要。

2. 善行炁者，内以养身，外以却恶

善于养气、练气的人，能把三气（炁 —— 先天之元气；气 —— 天，自然之清气；氣 —— 地，所食万物之精气）按照升、降、出、入的自然规律而运化，能使形（正形）、气（通气）、神（明神）互益互彰，从而达到天人合一的境界。对内（自己的身体）来说是一种极好的养生益寿方法，对外可以抵御各种邪恶的侵袭，得以祛病健体而以终天年。

3. 故，欲九重者，守真抱一，专炁致柔

所以，想要研习《九重天 —— 擒拿技法》的人，首先必须做到：守真抱一，专炁致柔。

(1) 守真：指的是要坚守住你的一片真诚、平和之心，排除人世间一切干扰和诱惑。要遵易（遵守“易经”阐述的自然发展变化的基本规律）循理（遵循自然、人世间的根本道理）。内遣欢戚之邪情，外得失之荣辱，割厚食之腊毒，谧多言于枢机，遵守仁义、礼孝、诚信，在无为之中而有所为。

(2) 抱一：“天得之一则宁，地得之一则生。”这个“一”，①指的就是顺达宁静欢愉之心，即所谓：喜蕴于中而笑藏于面，腮边常带三分笑，每天有个好心情。“喜则气和志达，荣卫通利”。《素问·举病论》曰，“一僧一道一释流，三子各话万千秋。到底说了什么话，一字真言‘笑’不休”。②指的是“静寂”，练功时精神意识要静寂，世间万物均在静寂中而长，在动荡纷乱中而亡。故人的意念要常存于静寂之中，或将意念集中于一点、一个景物或身体某一部位。便能心神静寂如止水，遇邪而不起浪，神清智圆（详见后文之“敛神于静寂”的译解）。

(3) 专炁：指的是要专心关注三气（本命先天之气、天之清气、地之精气）以及内气和外气的交流、纳蓄、运化的修炼。

(4) 致柔：指的是你的一切行为举止都要柔和。目光，柔和亲切，而神定心静；呼吸，柔和自然，而百脉亨通；动作，圆舒柔转，而气度高雅；语言，谦和柔婉，而人气通和；处事，柔转通变，而人事通盈；饮食，有节、清淡而不厚重，则内气融和；起居，有常而和谐顺达。

4. 镇以恬素，敛神于静寂，反听内视

(1) 镇以恬素：用恬淡质朴要求自已，排除那些憎恶利害带来的欢喜悲戚，除去由于得失而产生的荣辱，排除荣华势利的诱惑，割舍众多妄欲、妄念带来的极大毒害，饮食起居有常，待人处事则循礼而祥谐，言行平静安宁，恬静无欲。用真心、诚心、爱心、一颗平和之心来对待一切。

(2) 敛神于静寂：就是要排除外界的一切干扰和杂念而入静。就是“调神”。

调神求“静”，那是养生与习武的必然方法，也可以说是基本的方法。一切生命的源泉，都从“静”中生长，都是自然的功用。在自然界中，任何动物、植物、矿物的生长，都在相对静态中充沛它生命的功能，都是在相对静态中成长，在动态中凋谢。人的生命过程也是同样，经常需要与动态对等的，便是静态的休息和睡眠。人生日日往复不绝的生命动能，也都靠充分的休息和睡眠，在静中得到自我机体的调整和修复，从而获得新的生机。

所以，老子说：“文物芸芸，各复归其根，归根日静，是谓复命。”曾子《大学》曰：“知止而后能定，定后能静，静而后能安，安而后能虑，虑而后能得。”

一般人的心理和生理状态，经常习惯于动态。在心理方面，如

意识、思想、知觉、情感等，好比多头的瀑布、澎湃的江河，真有“无尽长江滚滚来”的趋势而无法平复；在生理方面，脏腑的运化、血脉的通行、机体神经的感受、气机的交流，时时刻刻都会发生各种微妙的变化和觉受。人是两个世界的公民——内心世界和外部世界。人们都有意无意地在这两个世界之间营选桥梁。但是，在现代技术高速发展的社会中，人们不可能回到世外桃源。每日每时，外部世界的社会压力和经济压力，总在不断地纷扰人们的心境和生理状态，破坏着两个世界的平衡，制造着种种对立和冲突。

在这种情况下，“入静”这种方法可以使人完整地理解自身各部分的状态以及自身所处的环境，消除、化解和防止内外冲突，获得一种宁和、平静的心态。

那么，用什么方法去求“静”呢？入静的两个重要内容是放松和意念集中。没有身体和心理上的放松，意念就无法集中。自然机体的放松，解放了积聚在身体中由于自控系统失调产生的压力。意念的集中使自身逐渐学会对意识的控制，逐渐抛开外部世界的纷扰，烦恼、失望、嗜好、幻想等，从而使整个身心获得平静。由此，我们便可以开始认识我们的内心世界，认识我们自身。这就像一个深深的湖，当水波荡漾、涟漪迭起的时候，湖面受到纷扰而错觉重生，而当只有一条波纹时，湖水变得平静而清澈。湖水越平静，我们越能看清湖水的深处。如果我们的思想、意识、感觉也能集中到一个点上，那么我们的心田也会变得平静而又清澈。

入静使身心更彻底地放松，使人更完整地认识内心世界，你会发现，在这个通常不被注意的身体内部世界里蕴藏的力量是如此之大，能轻而易举地建造起与外部世界相平衡的桥梁。使你聪觉聪慧，并使你的精神和心灵获得极大的欢愉。

无数实践已经表明，生理上的痛疾，主要是由于对自身机体不能及早体察和了解。只能病发而靠医生，不知道防范于未然，而自己应是最早、最好的医生。这并不奇怪。因为我们从孩提时候起，就被教导着去观察外部世界，去体验获取“幸福”的可能，而忽略了对内部世界的实践和认识，这使我们对生命的另一个重要世界不甚了解，造成自我认识的不完整和严重缺失。只知道在外部世界中寻找幸福和满足，保持着对物质、金钱和某些有特殊关系的人的依赖，造成一系列美好的期待和希望潜伏在意识深处，而外部世界的不断困扰又给自己的身心造成了种种压力和损耗。这正是产生生理疾病和心理痛苦、烦恼和恐惧的根源。

“入静”的意义正在于通过调整呼吸，放松机体，平心静气，集中意念，达到自我调控和减小身心压力的目的。尤其在真正入静的时候，如果身体早已潜伏有病根，它就会产生各种酸、痛、冷、热、胀、麻、痒等生理上的感觉。最终能够通过“入静”内视未知的内部世界，感疾发之始，从容调控，达到内外两个世界的平衡。

更重要的是，在“入静”的状态中，排除了外部的一切干扰，自身体能消耗降至最低点（类似深睡眠状态），在意念的导引下，便能充分激发自我机体的自我调控、自我修复功能的巨大潜在能力，使自我机体的损耗得到最大限度、最佳的调整和修复，从而获得身心两方面的宁静和康泰。

(3) 反听内视：反听内视是一种意念活动，是一种意念内守取向的功法。而它实质上就是“调神”，是以大脑为首要对象的锻炼方法，是通过意念活动以影响和调节生理功能。因为意念活动是人脑的信息处理活动，它是以大脑皮质为客观物质基础的，意识是大脑的机能，是物质的产物。思维活动是一种高级的物质运动形式，大脑的这种信息处理活动传递到效应器（意守的脏腑、血脉、经络、穴位）后，必然引起相应的生理和生化变化。因此，意念活动对人体的各种生理机能、健康、疾病都有着极其重要的影响。

反听内视是通过反听和内视来帮助入静，并在静寂中悉心体察自身机体的生理运化状态的功法。李时珍在《奇经八脉考》中写道：“内景隧道，唯返观者能照察之。”通过反听内视所得到微妙的感觉反应（本体感受），来及时发现生理和病理的隐患，从而能及早采取措施，并可通过意念活动来加以影响、调整和修复。同时亦增强了对自我机体的调控、修复能力。

反听：就是在排除一切外界干扰和本身的妄思杂念，在充分入静的基础上，集中意念来聆听、体察自身机体运化的各种微妙感受。例如，从三才（三气）入手，(1)（天）呼吸的轻匀风声；(2)（人）心脏、脉搏有节律的跳动声；(3)（地）脾胃、大肠运化的蠕动声等。又如，从五行（五脏六腑）入手，意念汇聚一处，便可悉心体察它在生理运化中微妙的变化，从而感知病之起始。同时现代医学实践证明，通过人自身强意念的调控，可使呼吸更加细匀而绵长，甚至可以逐渐调控自身心脏搏动的节律、血压的变化等。

内视：是一种“意守”的思维意识活动。在松静的状态下，引导意念活动。通过内视（存想）某一脏器的形态、颜色、运化状态，或血脉、经络、穴位之气蓄运、升降、出入的进程，悉心体察它的生理、生化变化。通过意念来引导脏气的运化，加强对它的调控、修整能力。

5. 引三景于明堂，采灵液于金梁

(1) 引三景于明堂：用意念来引导三景汇聚于明堂（上丹田）。三景指的是精、气和神，即元气（肾气）、元精（真气）和元神（心液）合而为一，上聚于脑，道家称为“三花聚顶”（见《西山群仙会真纪》）。

那么怎样做呢？“摄三归一，在乎虚静，虚其心，则神与性合。静其身，则精与情寂。意大定，则三元混一”（见《性命圭旨全书·三家相见说》）。也指的是，“气动而清，神静而宁，智圆而明”（见《摄生纂录·金丹问答》）。

(2) 采灵液于金梁：就是上要搭鹊桥——舌抵上颚，下要提肛缩谷道。使百脉享通，精、津两液（灵液）润生于鹊桥（舌），就是要采集灵液（精津二液）于金梁（舌间）。

①搭鹊桥——舌抵上颚：是通任督二脉之法。任督二脉与人体的生理、病理存在着密切而又非常重要的关系。

“任脉”起于中极之下，循腹里上关元，至咽喉，注下口承浆，是周身阴脉之海，统领周身阴脉；“督脉”起于下极，沿脊柱上到风府入脑，循鼻柱至上牙齿龈处，总督周身之阳脉。周身百脉皆通，唯任督两脉开于口。故常言道：“病从口入，祸从口出。”俱是其理。舌顶上颚就是要接通任督两脉，便于气血运行，任督两脉一通，周身百脉俱通。故而，无论是国内僧、道、儒、医或国外超静坐、瑜伽、冥功等，行功都要求舌抵上颚。

舌抵上颚有三个作用：

• 润生精、津两液。精、津两液出发于上中下三焦，其能弥散布于全身，人体内五脏六腑，外肌肤关节，无一处不依靠精、津两液来维持它们的正常生理状态。舌抵上颚，舌尖两端精、津两液润生。此为灵液甘露，又称金精玉液、琼浆雨露。下而补脾胃、壮腰肾，强心健骨。五谷得消，精气乃壮。

• 上而润养心府，“舌”为心之苗，舌润而心足，心足则神旺。

• 舌抵上颚就诱导、强迫你用鼻呼吸，其作用详见下文中“炁吸宝华”。

精、津两液满口，则分口慢慢咽下，以意引领下注至气海。而弥散濡润于全身。“液中有气，气中有液。液气相生，日充月盛，为精液之基，作润身之宝”（见《性命圭旨全书·玉液练形法则》）。气液流通百骸，可疏通经络之壅滞，可去瘀血、痰饮之蔽塞，气血流通，百脉和畅。

②缩谷道（提肛）：谷道属肾，肾乃人之本。人体的生长、发

育、衰老都和肾脏的状况休戚相关，肾脏包含着肾精、肾气。肾精属阴，称为“元阴”“真阴”；肾气属阳，称为“元阳”“真阳”。对周身脏腑，前者起着濡润滋养作用，后者起着温煦生化作用。肾脏乃水、火之脏，是阴阳之根本，元气之本源，故肾脏为“先天之本”。缩谷道（提肛）则紧闭下泄阴气之口，使丹田之气聚紧，身体上松静而下实稳，如同天地自然之状。使心（火）肾（水）相交，水火既济，从而为全面调和脏腑功能奠定了基础。同时缩谷道（提肛）能健身提阳，震奋下焦的气机，通经调气，蓄养丹田之气，助通任督二脉，增促精津两液的生化。

6. 炁吸宝华，浴神太清，外除五曜

（1）炁吸宝华：“炁吸”指的是，要吸取三才（天气、地气、人气）的精华物质来颐养你的本命之气。“宝华”指的是宝贝，是能使你身心获得升华的精华物质和信息流。

《易·系辞下》曰：“有天道焉，有人道焉，有地道焉，兼三才而两之。”三才，古指天、地、人三者。《内经》运用三才学说，将生长繁育的物质基础——气，概括地分为天气、地气、人气三方面，谓之“人生于地，悬命于天，天地合气，命之曰人。”说明了天、地、人这三气的密切关系。

①天气：指的是“调息”。

• 要在（宝华之地）一个自然环境、空气清新的地方，来和天（自然界）进行气机的交流。

• 要平心静气地来调整呼吸，要调至呼吸绵、细、沉、稳、长而平和，循乎自然，不可怒气、憋气而强求之。这不但可以增大你呼吸的肺通气量，提高了你的氧交换代谢能力（也叫做调理阴阳两气），而且这种形式的呼吸动作，通过膈肌（人体主要的呼吸肌）的大幅度升降和腹压有节律的变化，又可按摩调理脾、胃、肝等气

血运化系统，增强其代谢、运化功能。

• 同时人体内的真气运行，亦可借助外气（呼吸）而推行加强，帮助气沉丹田、气血的运行。人身之气皆为肺所主。在呼吸的过程中配合气血的运化，肺气将脾转输的水谷精气与呼吸之气相合，上出喉咙，以司呼吸，下贯心脉，以推动人体气血的运化循环。

②地气：指的是“饮食”。要克除贪食、妄食之欲，饮食要有节制。依据四季、五行、五色和五味的自然法则来调节你的饮食。

• 四季：春要养脾，夏要养肺，秋要养肝，冬要养心，四季养肾，五脏得养。

• 五行：五谷为养，五果为助，五畜为益，五蔬为充。

• 五色：黑色补肾气，红色补心气，白色养肺气，青色补肝气，黄色补脾气。

• 五味：心喜苦恶咸，肺喜辛恶苦，脾喜甘恶酸，肝喜酸恶辛，肾喜咸恶甘。

要十分注意食用那些对自己身体有益的饮食，不可贪食、妄食。并依据天地四季的变化和自己身体的状况，随时更改和添补有益、有针对性的饮食，便能从地生万物之中，获取有益的（宝华）万物之精气。

③人气：指的是“社会交往”。在人际、社会交往中尽可能地要和有诚孝、仁义之心的人，有道德修养、遵纪守法的人和有素质有文化的人交往。便能在接触气机、信息感应的交流中获取（宝华）有益的神识。尽量避免或尽量少和神识污浊之人的交往，以免受到污秽气机不良的侵蚀，而神昏入邪。

(2) 浴神太清：就是要经常到（太清）环景优美的大自然去接受天（父）地（母）的抚授，在与天地进行气机的交流中，心旷而神怡，心神宁静而智明。沐浴洗涤你的（神）精神。去除妄思、妄欲和无名之嗔，充分体会大自然的幽深博大、从而感悟人生的真缔。在天地之间颐养身心，从而获得祥和平静、返璞归真的神境。

(3) 外除五曜：就是要排除外来而引起自己身心乱恶的五蕴(据老师讲，原谱中的“曜”字就是指道、佛中所说的“蕴”字)。

①色蕴：“色乃刮骨的钢刀”，色乃人之本性，行而不可过，更不可乱和贪，乱、贪则万恶俱生。

《阴符经》曰：“淫声美色，破骨之斧锯也。世之人不能秉灵烛以照迷情，持慧剑以割爱欲……”

②受蕴：要注意保持一颗欢愉平和之心。①不可受外因（社会)、自我情感的诱促，喜、怒、忧、思、悲、恐、惊七情的扰动，丧失理智而伤神。②不可受自然的邪气（风、毒、暑、湿、燥、寒）对身体的侵染，而外邪侵身。

《元始真经》曰：“喜怒损性，哀乐伤神，性损则害生。故养性以全炁，保神以安身，炁全体平，身安神逸。此全生之诀也。”

《素问·厥论》曰:“是故邪气者,常随四时之气血而入客也……”

《素问·调经论》曰：“邪之生也，或生于阴，或生于阳。其生于阳者，得之风雨寒暑。其生于阴者，得之饮食居处，阴阳喜怒。”

③想蕴：要坚决去除一切不合实际的妄念、妄欲、妄嗔，用实际、平和、顺遂自然的平静之心来对待一切事物。

《益州老人》曰：“凡欲身之无病，必须先正其心，使其心不乱求，心不狂思，不贪嗜欲，不着迷惑，则心君泰然矣。”老子曰：“不见可欲，使心不乱。”

④行蕴：是指你的行为和作为。要去除不好的行为举止，要严守礼、义、仁、孝、诚、信，时刻实行之。不要因善小而不为、恶小而从之。

《妙真经》曰：“人常失道，非道失人。人常去生，非生去人。故养生者，慎勿失道，为道者，慎勿失生。使道与生相守，生与道相保。”

《千金要方·养性》曰：“若夫人之所以多病，当由不能养性。平康之日，谓之常然，纵情恣欲，心所欲得，则便为之。不拘禁忌，欺妄幽明，无所不做。自言适性，不知过后，一一皆为病本。”

⑤识蕴：要认真识别善与恶。要认真认识事物的客观事实、性质和发展规律，要正确认识社会的伦理道德，要听辨别人的意见和劝导，不可一己之念而妄认之。

《指归》曰：“游心于虚静，结志于微妙，委虑于无欲，指归于无为，则心清而智明。”

《抱朴子》曰：“凡养生者，欲令多闻而体要，博见而善择，偏修一事，不足必赖也。”

7. 坚玉钥于命门，凝澄泉于丹田

(1) 坚玉钥于命门：指的是意念要常坚守住“命门穴”。

《难经》云：“肾两者，非皆肾也，其左者为肾，右者为命门，命门者，诸神精之所舍，原气之所系也”。明代张介宾云：“命门为元气之根，为水火之宅，五脏之阴气非此不能滋，五脏之阳气非此不能发。”

历代医家，对命门的部位与功能看法不尽统一。赵献可在《医贯》中指出：命门非肾，居两肾各一寸五分之间，并认为命门是人体阳气的根本，命门与肾阳有着本质的联系。又有人认为，命门功能即肾阴、肾阳作用的概括，视命门与肾为先天真阴、真阳之根系。命门穴实指下丹田穴（见《医学源流论》）。

命门是进行“意守”的重要部位，通过意守命门，使命门相火得补。元阳相火是脏腑活动的生理动力，元阳充益，则可加强五脏六腑的活动功能，以充分发挥其生理效应。

《石室秘录》中说："心得命门而神明有主，始可以应物；肝得命门而谋虑；胆得命门而决断；胃得命门而能受纳；脾得命门而能转输；肺得命门而治节；大肠得命门而传导；小肠得命门而布化；肾得命门而作强；三焦得命门而决渎；膀胱得命门而收藏。"

命门元阳之火充足，则鼓舞脾阳。脾阳得资，则脾气充而健运。于是后天水谷得以充分消化，精微物质得以充分运化，从而为人体脏腑、经络乃至四肢百骸的正常活动提供了物质基础。

⑵ 凝澄泉于丹田：是指把三气（先天本命之灵气、后天的天之清气和地之精气）三气汇一为"澄泉——精"，用意念引导汇集于丹田。

丹田为人身之本，真气汇聚之处。《难经·六十六难》云："脐下肾间动气者，人之性命也，十二经之根本也。杨玄操注：'脐下肾间动气者，丹田也。丹田者，人之根本也'。"丹田是常用的意守部位。《脉望》："天机者，脐下一寸三分也，圣人下手养胎仙之处。《难经》注云："脐下肾间动气者，丹田也。丹田，性命之本，道士思神，比丘坐禅，皆聚真气于脐下，良由此也。"气功文献中有三丹田（三宫）之说：上丹田重在神，中丹田重在气，下丹田重在精。《钟吕传道记》："丹田有三，上田神舍，中田气府，下田精区。精中生气，气在中丹。气中生神，神在上丹。真水真气，合而成精，精在下丹。"

人们在行功中，可依据自己的身体状况、功法的要求，选其一而意守之。但一般大多以意守下丹田为首要。

现将三丹田的位置和作用简述如下：

①上丹田：即祖窍，位置在两眼之间，即二郎神三只眼所在处。此处是"神"的中心，"真气"的根源。因为精神意识是生命的主宰，真气是生命之根本。意识中定，才能感应到整体，其气归根，才能运化全身。此窍是生命活动的核心，守之可祛病延年，失

之则走向衰亡。意的活动都通过此窍，是识神的“出入之门”，因此又有“生死户”之称。所以，此窍至为重要。

在过去丹经道书之中，对此窍多是秘而不传，偶有传者，也大都以隐语暗示。如《阴符经》曾指出：“机在目”，《金刚经五十三家注》中有“顶天立地，鼻直眼横”和“自古千佛万佛，不外两眼看两眼”的注解，《拳经》有“学者要知真消息，只在眼前一寸中”等。

练此窍，不能用意过重，要在有意无意、似有若无之中。能做到“松静归一，两眼含神内视”，意气自然归窍（祖窍穴）。“真气归窍”更要顺乎自然，在“虚极静笃”之时，可以体会到窍内有一种说不出的无觉之感，此即“真气来复”之象，要守之养之，逐渐地遍及全身，运化整体。“调神”则可意守之。

②中丹田：在胸部“膻中穴”上一寸五分，是“气”的中心。此窍开则心胸开阔，形体舒展，经气通顺。人在突然受到惊吓，形散气乱之时，常不自觉地用手去抚胸部，即与此窍有关。经络学有“气会膻中”之说，因此也有人就把“膻中穴”当做“中丹田”。“调息”则可意守之。

③下丹田：在脐下二寸五分（小腹内部），是“精气”的中心，力的根源。精气如不归中心，则气散浮，力无根。所以，练功第一步就要求“气沉丹田”。只要做到“上 —— 虚领顶项、舌抵上颚，中 —— 舒胸松腹，下 —— 提肛收尾闾”，气就自然下沉丹田，从而遍于周身，达于四肢。“调气”则可意守之。

也有称命门即下丹田之说。《医学源流论》云：“所谓元气者，何所寄耶？五脏有五脏之真精，此元气之分体者也。而根本所在，即《道经》所谓丹田，《难经》所谓命门，《内经》所谓七节之旁，中有小心。阴阳阖辟存乎此，呼吸出入系乎此，无火而能令百体皆温，无水而能令五脏皆润。此中一线未绝，则生气一线未亡，皆赖此也。”

故一般练功者（尤其是传统武术）都要求意守下丹田，因为这样不但可以加强肾之元阳、元阴的功能，并可上济于心，使心肾相交，水火既济，从而为全面调和脏腑功能奠定基础。同时它又使人体上虚而下实，以应天地之象，是力和劲的本源，人体运动、变化之枢机。

8. 引紫华循五城，养灵根于冥钧

(1) 引紫华循五城：就是要用意念引真气（紫华）循五城（五脏）按其对应的十二经络和五行（五脏和它对应的六腑）的生克之理而运行和应用，用以协调、增强五脏六腑的生理运化功能。达到阴阳平秘、气血谐和的目的。

《内经》根据生理功能将五脏分属五行：肝属木，心属火，脾属土，肺属金，肾属水。五行之气的重要意义在于“生克制化”的整体观。水生木，木生火，火生土，土生金，金生水；木克土，土克水，水克火，火克金，金克木。五脏的生理活动以此方式有机地结合成为一体。肾精养肝，肝血济心，心火温脾，脾升于肺，肺气助肾；肺气降抑肝亢，肝气疏脾郁，脾土遏肾水，肾水制心火，心阳束肺金，五脏相互资生，相互制约，维持了人体的正常生命活动。

①心：心属火，应时于夏，色合赤，喜苦恶咸，在志为喜，其华在面，开窍于舌，合小肠。

心藏神，主血脉。肺朝百脉，脾统血生血，肝藏血，肾藏精化血，通过心运血脉，五脏共同完成血液的生成、运行、贮藏和调节。

②肺：肺属金，应时于秋，色合白，喜辛恶苦，在志为悲，其华在皮毛，开窍于鼻，合大肠。

肺主气，司呼吸。《素问·五脏生成篇》说：“诸气者，皆属于肺。”指出人身之气皆为肺所主。肺气将脾转输的水谷精气与呼吸之气相合，上出喉咙，以司呼吸，下贯心脉，以推动血液循环，同时“肺朝百脉、输精于皮毛”。

③脾：脾属土，应时于长夏，色合黄，喜甘恶酸，喜燥恶湿，在志为思，其华在唇，开窍于口，合胃。

脾主运化，作用有二：一是运化水谷之精微。脾将胃腐熟消化之物吸收转输于心肺，通过经脉，和调于五脏，洒陈于六腑，敷布于四肢。二是运化水湿。脾土能制水邪，肺为水之上源，肾为水脏主水，脾为中流砥柱，肺脾肾三脏共同完成水液代谢过程，其中脾占有相当重要的位置。脾不运湿，水液内停，则可产生水肿、胀满等病症，故《素问·至真要大论》称：“诸湿肿满，皆属于脾。”

④肝：肝属木，应时于春，色合青，喜酸恶辛，在志为怒，其华在爪，开窍于目，合胆。

肝藏血，主要是指肝具有贮藏与调节血量的功能，故王冰注曰：“肝藏血，心行之，人动则血运于诸经，人静则血归于肝脏，何者？肝主血海故也。”

肝主疏泄，主要功能包括：

• 肝主疏泄一身之气机。唐宗海说：“肝属木，木气冲和条达，不致遏郁；则血脉得畅。”说明了肝脏对气机的调畅作用。

• 肝之疏泄促进消化吸收作用，一方面表现在肝有排泄胆汁之功，另一方面则表现在脾土需肝木之疏通，方能完成运化之职。故唐宗海谓之：“木之性主于疏泄，食气入胃，全赖肝木之气以疏泄之，而水谷乃化。”

• 司情志活动。“肝主魂”“肝喜条达而恶抑郁”。肝气疏泄正常，则气血和平，精神愉快；若心情抑郁，或暴怒伤肝，都可导致肝的疏泄功能失常，而产生一系列情志方面的症状。

• 生殖功能、精液的排泄与肝的疏泄作用有关。朱丹溪说：

“主闭藏者，肾也，司疏泄者，肝也。”说明了肝肾两脏调节精液之用。

⑤肾：肾属水，内寄相火，应时于冬，色合黑，喜咸恶甘，在志为恐，其华在发，开窍于耳及前后二阴，合膀胱。

肾藏精。“人始生，先成精”，先天之精禀受于父母，“肾受五脏六腑之精而藏之”，后天之精源于水谷。先天生后天，后天养先天，精是构成人体与维持人体生命活动的重要物质。

肾藏精，精生髓，髓充于骨。《灵枢·痈疽篇》说：“中焦出气如露，上注溪谷而渗孙脉，津液和调，变化而赤为血。”溪谷属肾通骨，中焦水谷之精气注于磎谷，渗入精髓，台化为血，故李中梓说：“血之源头在于肾。”

肾主水液。肾脏调节水液平衡主要依靠肾阳的气化作用，水液通过肾阳之蒸化，浊中之清者，水化为气，复上注于肺，浊中之浊者，经膀胱排出体外。

肾主纳气，为气之根。《内经》对此无明确记载，只是指出了某些气逆喘息与肾有关。《难经》论述：“呼出心与肺，吸入肾与肝”“吸不能至肾，至肝而还，故知一脏无气者，肾气先尽也”。并谓肾间动气为“呼吸之门”，明确指出了吸入之气必须下及于肾，由肾气为之摄纳的理论。

《易》曰：“一阖一辟谓之变，往来不穷谓之通，阖辟往来无非道也。”人生以气为本，以息为元，以心为领，以肾为蒂，丹田为根，以通天地之亨通，谓人天合一而相应。息总百脉，一呼则百脉皆开，一吸则百脉皆合。天地造化流行，亦不出于阖辟二字。人气之运化，即天地之阖辟也。是乃出于心肾之间，以应天地阴阳升降之理。人能知此，养以自然，则气血从轨，百病何自而生？

一、运气行功法

天人合一法

身体自然站立，周身舒松而中正，从正心宁神，静寂入手，调息入匀。头顶“百会”意引通天，脚底“涌泉”提引入地，天、人、地一气贯通而相感相应。下缩谷道，舌抵上颚，接通任督二脉。则神水（精津）二液生。待满口则随息下咽，气循“任脉”沉归于丹田。

此时，天、人、地之混元一气相通，相感相应，是谓天人合一。

接上始行“小周天功法”

以意领气，循督、任二脉周转运行为小周天。沿督脉上行，为阳中抱阴，为练精化气。沿任脉下行，为阴中抱阳，为练气还精，而练气完神。

上行：接上始行，以意引气在丹田周转六周后，意引“涌泉”上提吸（五趾抓地，涵足心），地母（阴精）经肾汇聚丹田，与运行之真气合而为一。闯三关：即闭提谷道，以意领气（引火逼金）闯尾闾，沿脊柱（督脉）上行，通夹脊，过玉枕，直达昆仑（头顶百会穴）。

下行：虚领顶项“百穴”吸纳天父（阳精）与运行之真气合而为一。则意领下行经“祖窍”（上丹田）入鹊桥（舌）汇神水（精津二液），随息咽下，沿“任脉”经“膻中”（中丹田）沉归气海（下丹田）。此为行气一周天。复用前法，连行六至九次。

这里要着重指出：你用意领的气是“内气”，绝不是外气（呼吸之气）。你的呼吸（外气）要循乎自然，细绵沉长。千万不可憋气、努气而伤身。

《大丹直指》：“先使水、火二气上下相交，升降相接，用意勾引，脱出真精、真炁，混合于中宫，用神火烹炼，使气周流于一身，身满神壮，结成大丹。”

战国《行气玉佩铭》：“行气，深则蓄，蓄则伸，伸则下，下则定，定则固，固则萌，萌则长，长则退，退则天。天几春在上，地几春在下，顺者生，逆则死。”实质讲的就是天人合一周天功法之要诀。

此时，天、人、地气脉相感相应，人之十二经络、奇经八脉亨通畅行，阴阳和合而百脉通盈。

行小周天最要紧为“开关之法”，便是我门常讲的过三关（尾闾、夹脊、玉枕）。为便于大家研习，现将《尹真人东华正脉皇极阖辟——证道仙经》一书中的“聚火开关章第四”摘录如下：

尹真人曰（抄本误作“南樵子曰”）：开关乃修真首务，胎息即证道根基。未有不守胎息而望开关，不待开关而能得长生在世者。许旌阳曰：“关未开，休打坐，如无麦子空挨磨。开得关，透得锁，六道轮回可躲过。”此确论也。

闵小艮曰：“此关是元关，乃即尾闾关。故可聚火以开。上而夹脊双关亦然，皆可以运行开者。锁则无缝锁，大造用以封锁玄窍者也。法惟虚寂之极，先天匙现，豁然洞启。此窍一启，九窍齐开，而胎息得行，大道乃有路焉矣……”

开关之法，择黄道吉日，入室静定。开天门以采先天，闭地户以守胎息。谨候神炉药生，丹田火炽，两肾汤煎。见此功效，上闭异窍，塞兑垂帘。神息归根，以意引气，沉于尾闾。自与水中真火扭作一股，直撞三关（抄本作“自有天然真火”，误）。当此之时，切勿散漫。倒提金锁，以心役神，以神驭气，以气冲火。火炽金熔，默默相冲。自一息至数百息，必要撞开尾闾，火逼金过太元关。而闾口内觉刺痛，此乃尾闾关开之验。

一意后冲，紧撮谷道，以鼻息在间抽吸，内提上去，如推车上高坡陡处，似撑船到急水滩头，不得停篙住手。猛烹急炼，直逼上升。再经夹脊双关，仍然刺痛，此又二关开通之验。

以神合气，以气凝神。舌抵上腭。目视顶门。运过玉枕，直达泥丸顶上。融融温暖，息数周天数足。以目左旋三十六转，铅与汞台，真气入脑而化为髓。

再候药生，仍行前功。每日昼夜，或行五七九次。行之百日，任督自然交会。一元上下，旋转如轮。前降后升，络绎不绝。内有一股氤氲之气，如云如雾，腾腾上升。冲透三关。直达紫府。渐采渐凝，久则金气布满九宫。补脑之余，化而为甘露，异香异美，降入口中。以意送入黄庭土府，散入百络，否则送炉。如是三关透彻，百脉调和，一身快畅，上下流通。所谓“醍醐灌顶得清凉，同入混炉大道场”者，此也（抄本于“土府”下少两句）。

百日之功，无问时刻。关窍大开，方可行采药归壶之事。不然，纵遇大药，而关窍不开，徒费神机，采亦全无应验。张三丰云：“不炼还丹先炼性，未修大道且修心。修心自然丹性至，性至然后药材生。”还虚子曰：“开关之法、妙在神守双关一窍。”此窍能通十二经络，善透八万四千毛窍。神凝于此，闭息行持。久之，精满气化。气满，自然冲开三关，流通百脉，七窍相通，窍窍光明，此为上根利器也。然于中、下之士，或又行动怠缓，则关窍难开。必得丹田火炽，两肾汤煎，依法运行，方能开通。故经云：“天之栖神于日，人之神栖于目。”古人谓：“目之所至，神亦至焉。神之所至，气亦至焉。”又云：“神行则气行，神住则气住。”开关功夫，不外乎此。

南樵子曰（抄本误篡下文入经，故无四字，此准山本订正之）：“此章功夫，始而妙在神气扭作一股，默默透后上冲。次而直如推车至上半山，似渡江临急流水，必要登巅达岸而后已。学者专心致志，努力行持，自有此效。”

闵小艮曰：“先师太虚翁云，‘吕祖师医世功法，入手亦以开关为第一义。’大可即此章以治身，即可准此功以医世。细体以行，身无有不治，世无有不安泰也。其效乃在流通百脉，畅于四肢，而难在通关透窍也。关开乃有用，窍透用始得当。治身其然，治世亦尔也。”

以上内容可参研：东汉，魏伯阳《周易参同契》；元，陈虚白《规中指南》；南北朝，陶弘景《养性延命录》。

接上始行“五行（五脏）行功”法

接上始行，要以意领气，内视五脏，按法循次而行。

上行（气升——气中带液乃阳中抱阴）：气在丹田运转九周后，意引丹田真气上行入肾，则肾水足。汇肾（阴精）入脾，则脾土润。汇脾（阴精）入肝，则肝木青。汇肝（阴精）入肺，则肺金旺。汇肺（阴精）入心，则心气足。

下行（液降——液中存气乃阴中抱阳）：意引心气（阳精）入肺，则束肺金。汇肺气（阳精）入肝，则抑肝亢。汇肝气（阳精）入脾，则疏脾郁。汇脾气（阳精）入肾，则遏肾水。再归丹田。此为五行运转一周，复用前法，运行九周。

《太上九要心印妙经》曰：五行聚而化为丹，聚之诀曰，专于一神，志于一意，守于魂魄，会于丹田。

如此按五行（五脏），天、地、人相合相应。心（火）肾（水）相交（坎离相交、龙虎相媾），气升液降，合天地自然阳升阴降（地之阴水受阳，则阳中抱阴，蒸腾而上，化为气云。遇阴化水，则阴中抱阳，复降于地。周而复始，润养万物）之道。五脏六腑阴阳二气、二精旺而平秘，运化顺遂，精足、气旺而神明，真气足矣。百邪、百病何以得侵？性命何以不得安健？

以上内容可参研：《钟吕传道记》《存神固气论》《诸病源候论》。

接上始行“五行理气按摩法”

接上始行，双手相叠（劳宫相向），男右上左下，女则反之。

按在丹田，随息圆转按揉，男左上而右下而圆转六周，后亦反转六周，女则反之。然后以脐（命门）为圆心，按前法，沿腹周循五藏行大圈，正反各圆转按摩运行九圈。切记，要以意领息，上行吸之，而下行则呼之。此为五行理气排郁之法。

清，方开辑，《延年九转法》

方老人，名开，新安人，莫知纪年。偕之游者，辄言与其祖父相习，约近百年人也。多力声如钟，七尺挺坚，撼之若铁，戏者以长绳系其腕，令十余人拽之，后，引手十余掣而前，以二指钩二人，悬而起，行如飞，追者莫能及。常一刻往通州市饼，行四十余里归，饼犹炙手，人皆称为地仙云。

余少多疾，药饵导引，凡可愈疾者，无不遍访，最后始识方君。凡游戏玩弄之术。试其技，能者不具述，第求其却病之方。方君曰：吾道之妙，医不假药，体乎易简之理，合乎运行之数，天以是而健行，人以是而延生，岂第却病已乎?乃语以延年九转法，其道妙合阴阳，中按节度，余循习行之，疾果渐减。后以此法语亲交中，病者无不试有奇效。即方君之瑰奇伟异，群目神仙中人者，亦率由此。余不敢自秘，绘图列说，付之剞劂，以广其传。既不昧平日之所得力，亦欲世人共登寿域云尔。

雍正乙卯仲秋既望长白颜伟识

第一图

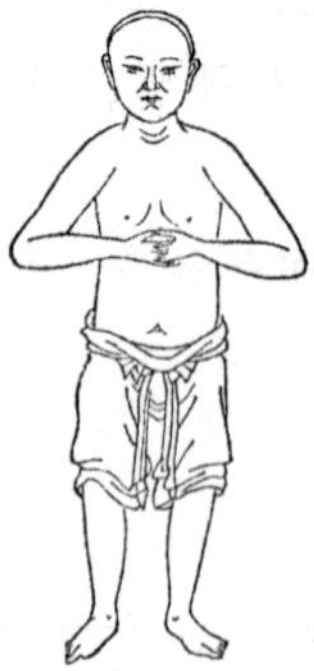

第二图

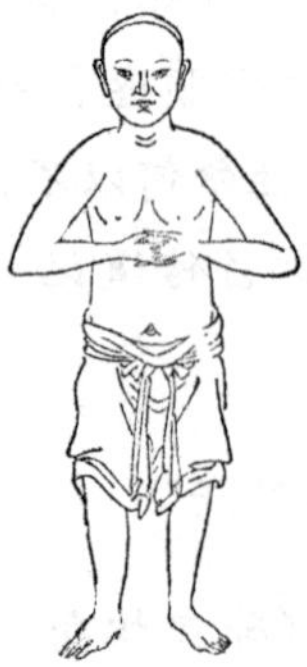

第三图

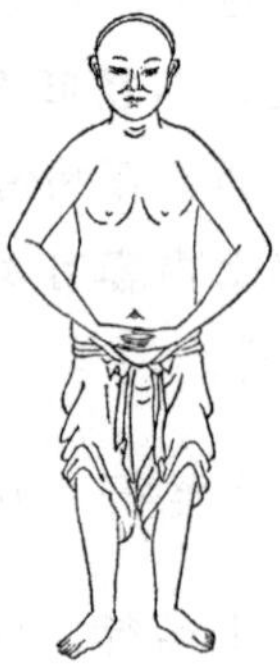

第一图：以两手中三指按心窝，向左顺摩圆转二十一次。

第二图：以两手中三指，由心窝顺摩而下，且摩且走，摩至脐下高骨为度。

第三图：以两手中三指，由高骨处向两边分摩而上，且摩且走，摩至心窝，两手交接为度。

第四图

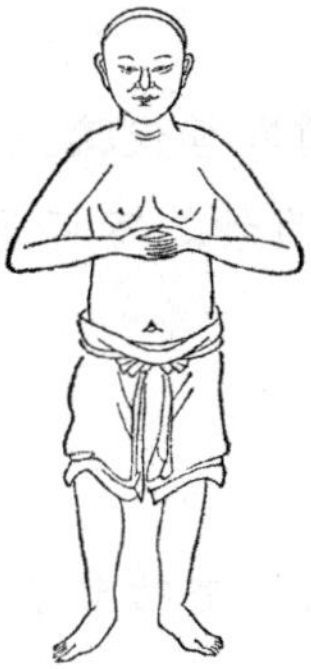

第五图

第六图

第四图：以两手中三指，由心窝向下，直推至高骨二十一次。

第五图：以右手由左绕摩脐腹二十一次。

第六图：以左手由右绕摩脐腹二十一次。

第七图

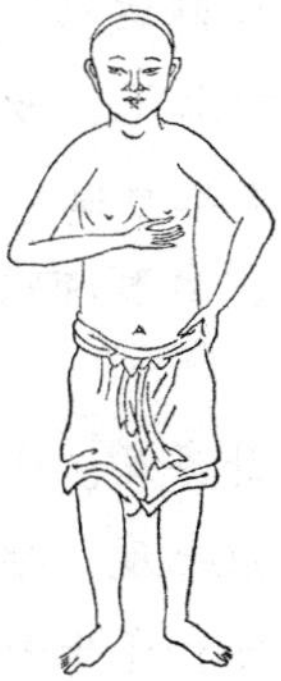

第八图

第九图

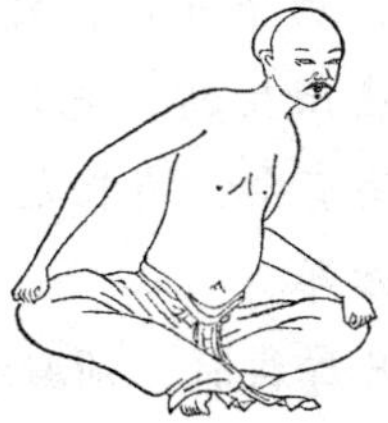

第七图：以左手将左边软胁下腰肾处，大指向前，四指托后，轻捏定。用右手中三指，自左乳下直推至腿夹二十一次。

第八图：以右手将左边软胁下腰肾处，大指向前，四指托后，轻捏定。用左手中三指，自右乳下直推至腿夹二十一次。

第九图：推毕遂趺坐，以两手大指押子纹，四指拳曲，分按两膝上。两足十指亦稍钩曲（指两足十指微微收拢，涌泉穴上提，将胸自左转前，由右归后，摇转二十一次。毕。又照前自右转二十一次。

前法，如摇身向左，即将胸肩摇出左膝，向前即摇伏膝上，向右即摇出右膝，向前即弓腰后撤，总以摇转满足为妙。不可急摇，休使拙力。

全 图 说

全图说是《延年九转法》总论，它全面阐述了练功要求和按摩循经路线，因原文表述较清楚，故不作译注了。

全图则理备，生化之微，更易见也。天地本乎阴阳，阴阳主乎动静，人身一阴阳也，阴阳一动静也，动静合宜，气血和畅，百病不生，乃得尽其天年。如为情欲所牵，永违动静。过动伤阴，阳必偏胜；过静伤阳，阴必偏胜。且阴伤而阳无所成，阳亦伤也，阳伤而阴无所生，阴亦伤也。既伤矣，生生变化之机已塞，非用法以导之，则生化之源无由启也。摩腹之法，以动化静，以静运动，合乎阴阳，顺乎五行，发其生机，神其变化。故能通和上下，分理阴阳，去旧生新，充实五脏，驱外感之诸邪，消内生之百症。补不足，泻有余，消长之道，妙应无穷，何须借药烧丹，自有却病延年之实效耳。

凡摩腹时，须凝神静虑于矮枕，平席正身，仰卧齐足。手指轻摩缓动，将八图挨次做完，为一度。每逢做时，连做七度，毕，遂起坐，摇转二十一次。照此，清晨睡醒时做，为早课；午中做，为午课；晚来临睡做，为晚课。日三课为常，倘遇有事，早晚两课必不可少。初做时，一课三度；三日后，一课五度；再三日后，一课七度。无论冗忙，不可间断。

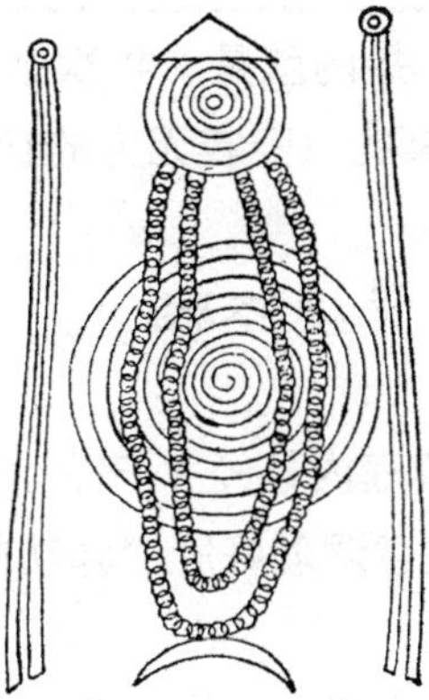

收功行功毕，需再次调息，慢行散步而收功。

应季调气法（六字诀）

人（寂静而上虚下实）以应天地之象，气血运化，合天地四季循化之理，而五脏六腑从之。故五脏六腑应四季（五节）六音而导之。此六音，嘘、呵、呬、吹、嘻、呼，可应季、因人（自我状况）在运气行功中加以结合运用，亦可应疾对症而施为。

春嘘明目木扶肝，夏至呵心火自闲，
秋呬定知肺金润，冬吹惟令肾中安，
三焦嘻却除烦热，四季常呼脾化餐。
切忌出声闻口耳，其功尤胜保神丹。

肝：春练气法，嘘泻，吹补。心：夏练气法，呵泻，嘘补。

肺：秋练气法，呬泻，呼补。肾：冬练气法，吹泻，呬补。

四季脾练气法：呼泻，呵补。四季首月、三焦（胆）练气法：嘻泻，嘘补。

具体内容可参研：《黄帝内经素问》《灵枢·本输》《性命圭旨全书》《起居调摄》。

(2) 养灵根于冥钧：指的就是，再次强调，颐养灵根（元气、真气、元精），一定要在冥钧（静寂无为的状态）下才能获得。

9. 拘魂制魄，骨填体轻

(1) 拘魂制魄：《黄庭内景经》曰，“摄魂还魄永无倾”。魂指肝，魄指肺。特别要注意调理好肝、肺功能，使其相互作用，维持生理和心理的稳定状态。

盖因人身气、血运行为根，肺统气而肝纳疏血。

肝气平秘顺达，人的精力旺盛、心平气和而亲和友善。而肝气过盛则心火旺而易怒，肝气虚则心情抑郁易恐。

肺气上则怒，气缓则喜，气消则悲，恐则气下、气乱则惊，肺气足人常欢喜，肺气虚则人多忧愁。

故肝脏、肺脏的生理气机的阴阳平秘非常重要，它直接影响着人的心智和情绪。对气血的正常运化起着非常重要的作用。

详见元，邱处机《摄生消息论》。

(2) 骨填体轻：骨填指的是骨髓得到补充而荣盈。《太上九要心印妙经》曰，“神者心之主，气者肾之本，是以圣人返本还元，还元者补髓也，补髓之机，还元之道，命乃了矣”。人出生时骨髓盈满，随着年龄增长，元气、元精的损耗而逐年缺损。故曰：返本还元，还元者补髓也。体轻指的是身体轻灵敏捷。

这句话说的是，做到以上各项，人的五脏六腑强健，气血阴阳平秘而充盈流畅，则骨髓得到补充而荣盈。人的身体必然健壮而且轻灵敏捷。

10. 方练三才而足力，习八卦而得技，明七星而致理，通九宫而得法

这时才可以通过练习“三才（天吊、地称、人字桩）”而明劲足力。通过研习“八卦诀”而学会实用擒拿的技术。通过研习“七星诀”而懂得擒拿的机理。通过研习“九宫诀”而得到擒拿技术实际运用的技法。

11. 循次不可违

要按照以上所讲的练习次序来逐次研习，这个修习的次序是不可违背的。

研读完《无极诀》的读者，我想你应该能深刻感受到什么是中国传统武术？什么是擒拿技术？它对你的生命、生活、立世、道德、行为的规范，是怎样一种博大精深的人文文化和哲理。它是对人体生命深遂的认识，是你获取身心健康的良好途径，是欢愉人生、乐享天年的宗旨。

习练中国传统武术、擒拿技术，绝不单纯是武功、武术套路和一招一式的攻防技术。武德是建立在对人生、人世深刻认识的基础上，承载着中国悠久深厚的人文文化。

中国传统武术承载着中国悠久深厚的文化，体现着传统文化面对宇宙苍生的深远情怀和玄思，其内涵的精致、从容、逍遥、旷远、博大是其“天人合一”的人生精髓。

中国传统武术的锤炼，就像一把锋利的刻刀，中国悠久深厚的文化之手，时刻都在雕琢着人们的灵魂。使人们的灵与肉、人与自然、人与社会都遵循着“道”与“易”的自然法则，和谐地交融在一起。它无形地铸造着人们的思想、品格、道德，升华着人们对自

然、社会的感知和认知能力。其所有的玄机与奥妙，都在虚静的氛围与智慧的灵光中得以顿悟，都在动和静、刚与柔的幻化之间得以展现。

无论何人均能从传统武术中获得了中华传统文化的煦韬和厚积，从而洗尽了虚燥和浮华，保持着人与社会、人与自然的温馨和谐，保持着从容欢愉的人生。

五、《七星诀》译注

（一）译注前言

《七星诀》是擒拿秘诀《九重天》诸诀中最重要的一个口诀，它是擒拿技法形成的重要基础理论，是无数代先哲、前辈在近千年的实践、研究中，总结概括出的人体运功规律。它运用古老哲学《易经》和传统中医学理论，明确阐述了人体的生理结构、人体运动链系统、人体运动特征和规律、人体的要害部位，依据人体结构和运动特征的擒拿基本形态和规律，因而它是擒拿技、法、理的源头。一切擒拿技术和技法都是源于它而产生形成的。它也是至今为止发现的唯一一部阐述人体结构、运动特征和运动规律的武功口诀，十分珍贵。

擒拿技术的对象是人，是在不断运动着剧烈对抗中的人，因而首先必须了解人体的生理结构，了解人体的运动机理和规律。

正如老师在序言中所述："夫擒拿虽千变万化，亦不过人身之一动耳。擒于人,其理俱出于人之关节筋骨,血脉经络。运动劲力之妙,当循乎自然,合乎于理。盖理为拳技之本,欲尽擒拿之术,必尽其理。"

骨与骨之间以关节相连结构成骨骼成为人体的框架，外有分层、分群的强大肌群，内有神经、经络、血管和淋巴穿行其间，进而形成人体的运动系统。其腔隙保护、寓藏着人体的生命系统、思维意识系统和感知系统，使人体成为有序的生命活体。

人体的运动，一是以骨为杠杆，二以关节为轴，三以肌肉的收缩为动力，四在生命系统的支持下，五由大脑、神经系统的支配所形成的。这就是构成人体运动的五大要素，是有其特定的结构、方式和规律的。

而实用擒拿技术是基于并针对人体生理结构和形成人体运动的五大要素所构成的。即（1）破坏人体骨杠杆的生理结构。（2）破坏关节轴的生理结构，损伤、固锁关节轴乃至整个运动链系统的运动功能。（3）破坏肌肉动力学结构，形成主动性和被动性动力不足，直至肌力完全消失。(4)击打、损伤人体要害部位，直接损伤其生命系统。(5)击打、掐拿神经浅支部位，造成神经损伤性运动障碍。

因而研习《九重天》学习擒拿技术，必须首先了解掌握人体的生理解剖、结构特征，在此基础上掌握人体运动系统的运动规律、特征，人体的要害部位，人体各运动主要关节的运动特征和力学结构，及其相应的擒拿基本形态和机理，才能正确理解掌握擒拿的每一个技术并灵活运用。因而对此诀必须悉心研习，真正做到熟记在心。

《七星诀》可分为四大部分：

第一部分。前两句，全面讲述了人体结构的主要组成部分，构成人体运动的五大要素和人体运动的重要特征（人体运动链系统）。

第二部分。三到六句，阐述了人体躯干（主躯干运功链子系统）的骨骼结构的构成，人体躯干主要的要害部位。

第三、四部分。第七句到第十一句、第十二到第十六句，分别阐述了人体上肢运动链子系统和下肢运动链子系统，骨骼结构的构成、关节的运动特点、上下肢的运动规律、擒拿的基本形态和锁定原则。

这些是擒拿技术形成的基础，是擒拿三大基础理论（人体生理学、人体运动学、生物运动力学），是本源，是基础中的基础，十分重要。必须认真研习，真正理解掌握，才能知其理、习其技、懂其法，才能举一反三地真正掌握中国传统武术的实用擒拿技术。

要着重说明的是：《七星诀》中所用的文字语言、人体结构名称和分类，都是依据中国古老的哲学《易经》和传统古中医学名称，有些繁、异体字现已不用。不容易读记、读懂。

为了便于大家掌握和理解，我对照引用了现代运动解剖学、人体运动学、生物运动力学等现代科学的名称、术语和概念。因现代科学对人体和人体运动的研究，随着科技的发展而更加深入和细微，更直观而易于学习和理解。何况中华武术的发展也面临现代化的问题。故而读者必须把古代与现代科学名称、术语和概念对照学习，以便熟记和理解掌握。

用现代知识语言取代古奥晦涩的古文，是一项十分困难的工作。它不是简单的“翻译”问题。而是一项涉及多学科的深奥原理的科学研究问题。尤其是涉及人体的整个生命科学，依目前的科学水平对人体的研究和认识还十分有限。我虽多年从事教学和研究，但学识有限，只能依据老师的讲解传授，自己习练的体会和教学研究的心得体会，试加以译注。

但是中华武术作为民族古老文化的载体，我们还是应该学习记住这中华民族文化的结晶——传统医学人体结构名称，中国传统哲学论著《易经》的哲学术语寓意。只有继承才能研究发展，才能深刻理解和体会中华武术的博大精深，才能真正掌握实用擒拿技术。只有使中国传统武术的古老理论和现代科学理论有机地相结合，才能得以科学全面地继承和发展，才能更好地服务于现代社会。不使其失传而愧对先哲前辈,妄负于后人，乃吾辈职责之所在。

古中医学、擒拿秘籍名词注释可参研：

御纂医宗金鉴卷七十二《正骨心法要旨》；明，《经络全书》《经络考》《经络汇编》；元，《扁鹊神应针灸玉龙经》《仙传外科秘方》；清，《全体伤科》《跌打损伤回生集》《外科证治秘要》。

其他还有《江南经略》《灵空禅师点穴秘诀》《岳武穆王打穴法》《少林正宗擒拿法》《擒拿法真传秘诀》《武当拳术秘诀》《鹰爪一百零八擒拿术》《七十二把擒拿技法外编》《七十二把擒拿技法内编》《点穴秘诀拳敌全书》《国术点穴秘诀治法合刊，附正骨止血法》《活手死手伤科接骨柔软生死功秘诀》《拳经·救伤》《人身穴道并治疗法》等。

以上提供的参考书，均是解放前出版的有关古籍版本。有的解放后中国书店和商务印书馆，亦有影印本出版。

同时可参研的现代书籍：

《解剖学》《局部解剖学》《运动解剖学》《运动医学》《运动生物力学》《运动学》《运动学和应用解剖学》。

（二）《七星诀》原谱

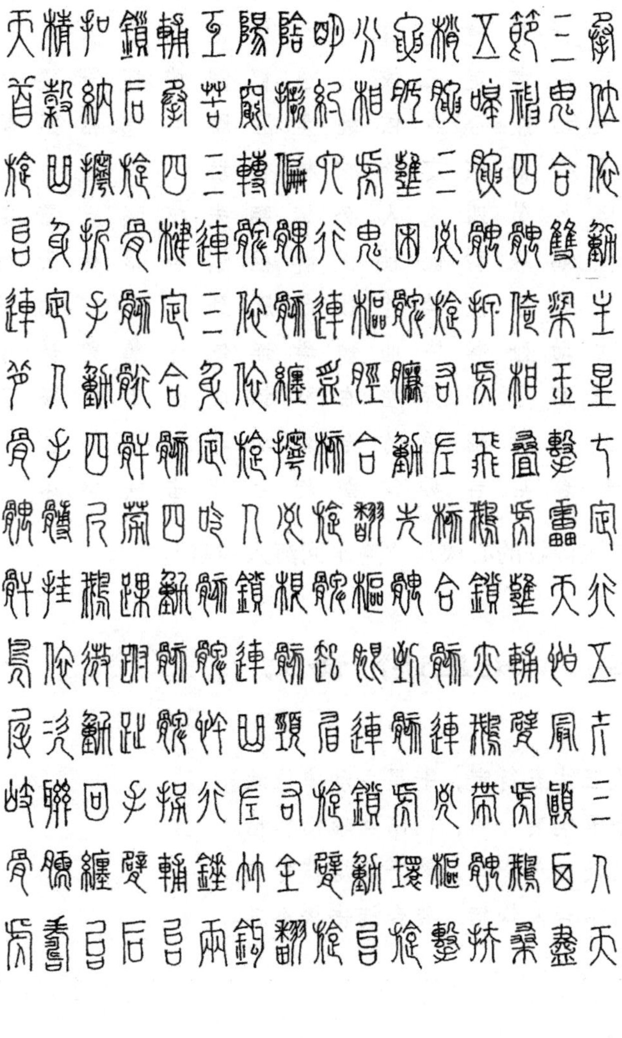

（三）《七星诀》原文

天 精 扣 锁 辅 互 阳 阴 明 分 要 梢 五 节 三 承
首 谷 纳 后 承 苦 穷 撅 约 相 骶 腰 嚎 神 鬼 位
旋 曲 拧 旋 四 三 转 偏 六 虎 壅 三 鹅 四 合 依
台 身 折 骨 楗 连 髀 髁 行 鬼 困 必 髃 髃 双 动
连 定 手 骸 定 三 依 骸 连 枢 髀 旋 押 倚 粱 主
背 人 动 骱 合 身 依 缠 盘 胫 臁 右 虎 相 玉 星
骨 手 四 骭 核 定 旋 拧 核 合 动 左 飞 迭 击 七
髃 髆 尺 劳 四 吃 人 必 旋 翻 先 核 鹅 虎 雷 定
骭 挂 鹅 踝 动 骸 锁 根 髀 枢 髃 合 锁 壅 天 行
凫 依 微 跗 骸 髀 连 骸 起 腿 到 骸 亦 辅 怕 五
尾 次 动 趾 髀 忤 曲 颈 看 连 骸 连 鹅 臂 最 才
岐 联 回 手 拐 行 左 右 旋 锁 虎 必 带 虎 颠 三
骨 臑 缠 臂 辅 锤 竹 全 臂 动 环 枢 髃 鹅 囟 人
虚 寿 台 后 台 两 钩 翻 旋 台 旋 击 扶 桑 尽 天

七星诀译解的心诀是“逆水回流入中宫”。

（四）《七星诀》译文

天人三才五行定，七星主动依位承。
三节五梢要分明，阴阳互辅锁扣精。
天首旋台连背骨，髑骭凫尾岐骨虚。
寿台后台两钩翻，旋台旋击扶桑尽。

囟颠最怕天雷击，玉梁双合鬼神嚎。
腰骶相约撅穷苦，承后纳谷曲身定。
人手髆挂依次联，臑缠臂辅锤竹全。
臂动环枢髃鹅虎，臂辅壅虎迭相倚。
髃四鹅三壅虎六，偏转三四旋拧折。
手动四尺鹅微动，回手拐行左右旋。
锁虎必带鹅亦锁，鹅飞虎押髃必困。
鬼行髁髀连楗骨，骸骱骭劳踝跗趾。
髀杵曲颈看连骸，连骸合核左右旋。
髀枢连骸依三定，合核四动骸髀连。
骸起腿到髃先动，臁胫盘缠依身定。
吃骸锁根髀枢翻，合核拧旋人必旋。

（五）《七星诀》译注

1. 第一部分（前二句）

天人三才五行定，七星主动依位承。
三节五梢要分明，阴阳互辅锁扣精。

此段全面讲述了人体运动系统的结构、人体运动产生的要素，人体运动的特征和要点（人体运动链系统），擒拿技术形成的基本机理。必须认真学习、充分掌握。为学习和掌握传统实用擒拿技术，打下扎实的理论基础。

(1) 天人三才五行定，七星主动依位承。

①天人三才五行定：讲的是苍天创造的人是由三才和五行所组

成确定的。

• 三才（天、地、人）：一般指的是，人是由先天（精、气、神），后天（身、心、意）所构成。但本诀着重指的是人体是由天首、人手、鬼行三大部分所组成。

天首（人体躯干）：也就是主躯干运动链子系统。它是由头、颈、躯干（胸腹）所组成，以脊柱相连结的人体主干。在其体腔内有人体全部的脏器和生命系统，奇经八脉运行其间，保持着人体各种复杂的生命活动。它是人体生命系统和运动系统的主体部分。人手（上肢）、鬼行（下肢）两大运动链子系统均是以它为基础，并围绕它进行生命活动和运动的。

故而在擒拿格斗中，对主躯干运动链子系统要害部位的击打、掐拿，往往能削弱以致使对方完全丧失抵抗能力，能直接损害其生命系统造成重大伤害，甚至危及生命。主躯干运动链子系统本身有较大运动能力的只有颈椎和腰椎。故而对颈椎和腰椎的旋拧锁扣，是擒拿技法的重要组成部分。尤其是对颈椎的旋拧锁扣，更能直接造成擒拿，并直接危及生命。

人手（左右上肢）：也就是上肢运动链子系统，是由锁骨和肩胛骨所构成的上肢带与躯干相连结，并通过肩关节连结上臂（肱骨），通过肘关节连结前臂骨（尺骨、桡骨），通过腕关节连结手骨（腕骨、掌骨、指骨）所组成。形成以骨骼为中轴，关节为枢纽，肌肉以关节运动轴分群、分层排列，有血管和支配手臂运动及感觉的臂丛神经，及手三阳、三阴经脉穿行其间的运动链子系统。

上肢运动链子系统是人体运动功能最多、最活跃、最灵活、运动幅度最大的运动链子系统，是人体运动的主要肢体，也是格斗中攻防的主要手段。故而也是擒拿技术最主要的对象，也是擒拿技术构成的主要部分。对指、腕、肘、肩的擒拿构成擒拿技术的主体。

鬼行（左右下肢）：下肢运动链子系统。是由下肢带与躯干下部相连结，并通过髋关节连结大腿骨（股骨），通过膝关节连结小腿骨（胫骨、腓骨），通过踝关节连结脚而组成。形成以骨骼为中轴，关节为枢纽，肌肉按关节运动轴分群、分层排列，有血管和支配腿运动及感觉的神经，腿三阳、三阴经脉穿行其间的运动链子系统。

下肢运动链子系统具有支持体重，使人直立行走运动和位移的功能。在擒拿格斗中，下肢运动链子系统是人体在空间位移、转移变化和保持人体稳定平衡的基础，也是人体借以支撑（传递）发力的基础。因而也是实用擒拿技术的主要对象，主要是对其运动链髋、膝、踝关节实施破坏性击打、绊锁和擒拿，用以控制下肢运动链子系统，阻止对方身体的转移变化，使其发力失去支撑，破坏其重心并使其失去平衡而前扑、后跌，配合其他各种技法造成擒拿。

● 五行：中国古哲学认为，世界的一切物质都是由金、木、水、火、土（五行）这五种基本物质所构成。

对人体而言，一般指的是人体的五脏，肺（金）、肝（木）、肾（水）、心（火）、脾（土），和其对应属配的六腑构成人体的生命系统。

在这指的是，形成人体运动的五个基本要素。a. 骨（金）——构成人体框架、形成人体的骨骼、骨杠杆。b. 枢（木）——人体运动的枢纽，关节轴和韧带。c. 行（水）—— 产生动力使人体运动的肌肉和肌腱。d. 意（火）—— 传递人体意念、指挥人体运动的大脑和神经。e. 命（土）—— 五脏六腑生命系统和经络。人体是由这五大要素所组成，并统一形成人体的生命运动。也就是说人体的运动是，在生命系统的支持下，在神经系统的支配下，由肌肉的收缩与舒张，通过关节，牵拉骨杠杆，来实现的。

这五大要素就是擒拿格斗技术针对的全部对象，也是构成擒拿技术的源头和基础。

骨 —— 破坏、固锁其骨杠杆，使人体无法运动，从而造成擒拿。

枢 —— 破坏、损伤、固锁人体运动的枢纽（骨连结的关节和韧带），造成运动障碍并实施擒拿。

行 —— 破坏、损伤跨关节连结的肌腱，制造并形成对方肌肉收缩力的主动性和被动性动力不足，使其减弱或发不出力来。

意 —— 掐拿、击打、旋拧、挤压对方神经，造成无法忍受的剧烈疼痛而使其丧失抵抗能力。

命 —— 击打、插拿人体的要害部位和经络穴位，使其完全丧失抵抗能力，甚至危及生命。

骨（金）：骨骼（图 5–1）是人体的框架，骨与骨之间以关节相连结。成人的骨共有 206 块，多数是成对的，只有少数不成对。人体骨骼分为中轴骨和附肢骨两大部分。中轴骨构成人体主躯干运动链子系统，并组成骨腔，保护人体的重要生命系统。附肢骨构成人体主要的运动链系统，上肢和下肢运动链子系统。

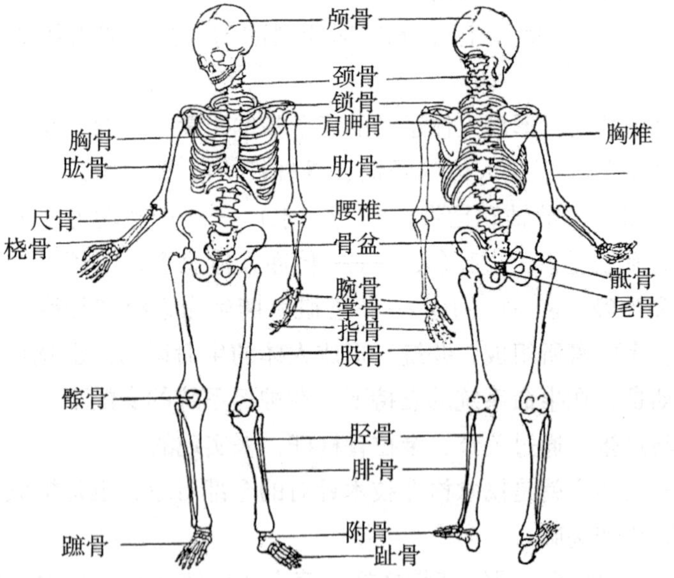

图 5–1　骨骼图解

根据运动生物力学的分折测定，骨的压缩负荷、拉张负荷、弯曲负荷都较强。而它的扭转负荷较弱，也就是骨的扭转强度较小，安全阈小。因而在实施擒拿技术中，应以扭转力量为主，方能造成损伤，在关节部位更是如此。

骨与骨借结缔组织、软骨及骨组织连结，骨连结分为无腔隙的骨连结和有腔隙的骨连结。无腔隙的骨连结即骨与骨之间没有任何间断和缝隙的连结，包括韧带联合、软骨连结和骨性结合。有腔隙的骨连结通常叫做关节，是人体运动的枢纽，即是擒拿格斗中控制对方，实施擒拿的主要部位。

骨骼是人体的框架，除了骨腔保护重要的脏器和生命系统外，同时支撑人体在空间位移运动和肢体运动，人体是通过骨和骨杠杆向外界传递肌肉收缩的力量。因而对骨骼、骨杠杆的破坏固锁是擒拿格斗技法的核心。至于骨杠杆的结构和运动特点以及其规律，在下面具体口诀中有详细阐述。

枢（木）：是指人体运动的枢纽——关节。人体的所有运动都是一对对偶骨围绕着关节轴产生相对运动，必定在两个或两个以上关节上，由多个转动引起所形成的。故而关节是形成人体一切运动的轴。控制固锁了关节，就控制固锁了人体肢体甚至整体的运动。

关节的主要结构（图 5–2）是由关节面、关节面软骨、关节囊

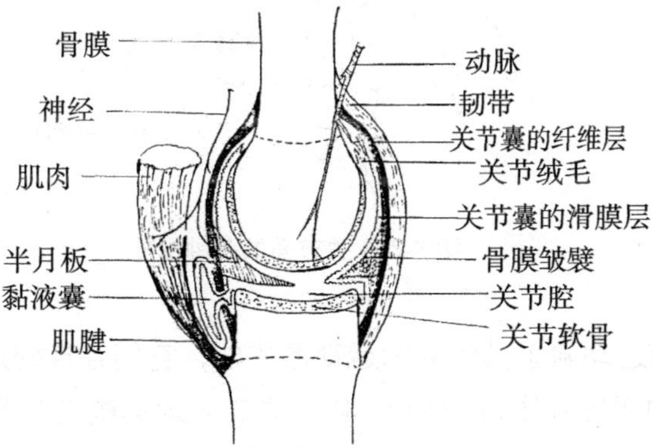

图5–2　关节结构图

和关节腔所组成，并有关节韧带与辅助结构。而且有血管、神经、肌腱穿行跨越其间。擒拿中的分筋错骨，首先要挤压、损伤、破坏的就是神经、关节韧带、关节囊和骨结构。因穿越其间的神经受到挤压必产生剧烈的疼痛。韧带有连结两骨、增加关节稳固性及限止关节过渡运动的作用。在将关节固锁、扭转到其最大限度时，就形成了关节运动的锁定。扭拉韧带和挤压神经造成无法忍受的疼痛，如超过其运动极限时，便造成整个关节结构的破坏性损伤。

关节的不同结构及生理状态，决定了关节的运动轴和运动形式及其运动幅度。关节的运动取决于关节面的形状（图 5-3），有单轴关节（滑车关节和车轴关节）、双轴关节（鞍状关节和椭圆关节）、多轴关节（球窝关节和平面关节）。它们的运动形式有滑动、屈伸、内收、外展、旋转（内旋、外旋）和环转运动。

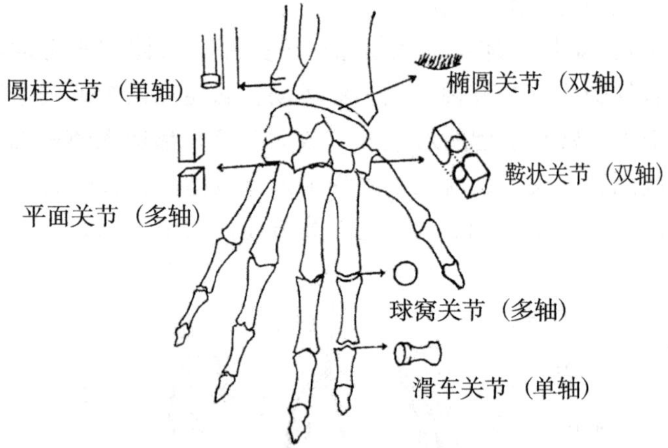

图 5-3　关节面的各种形状

关节运动除了其固有的运动形式外，它们各自的运动方式又都有一定的幅度和限度（图 5-4）。关节的运动幅度是指运动环节围绕某运动轴进行转动的最大活动范围。关节运动幅度的大小，是肌肉工作能力能否充分发挥的前提之一。适宜的关节运动幅度，不仅能保证运动的协调性，而且对充分发挥肌力，防止运动损伤很有意义。这对一般体育运动来说是很重要的，对于学习擒拿技术来讲就更为重要。因为擒拿技术正好反其道而行之，采取相应手法，使对方不能充分发挥肌力甚至到主肌力消失，并使关节的运动超越其最大限度，锁定关节，牵拉破坏韧带，挤压神经，分筋错骨，形成擒拿。

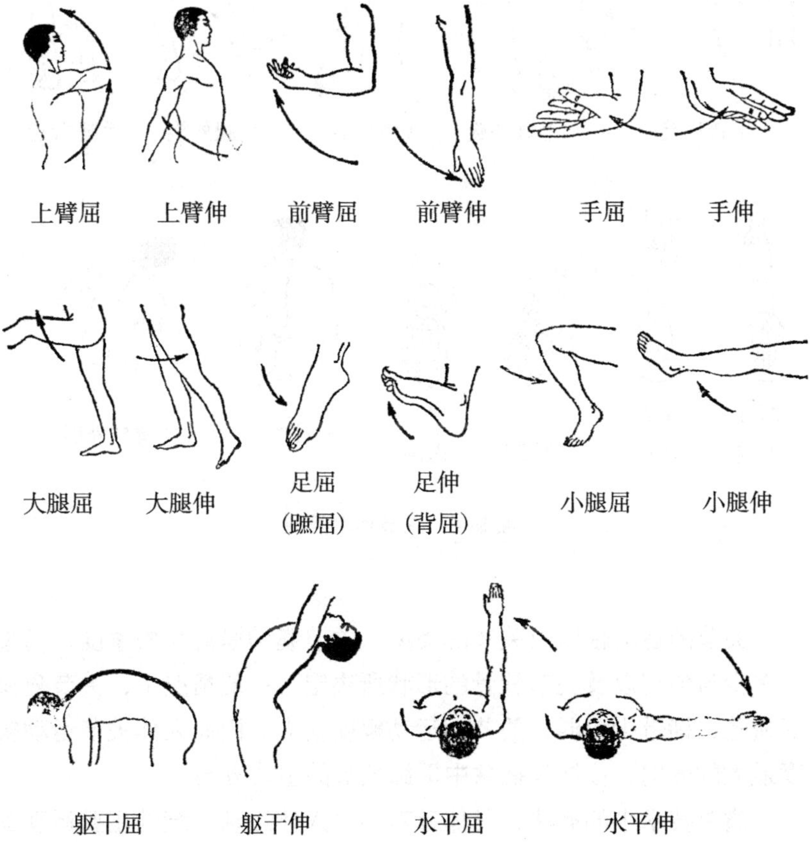

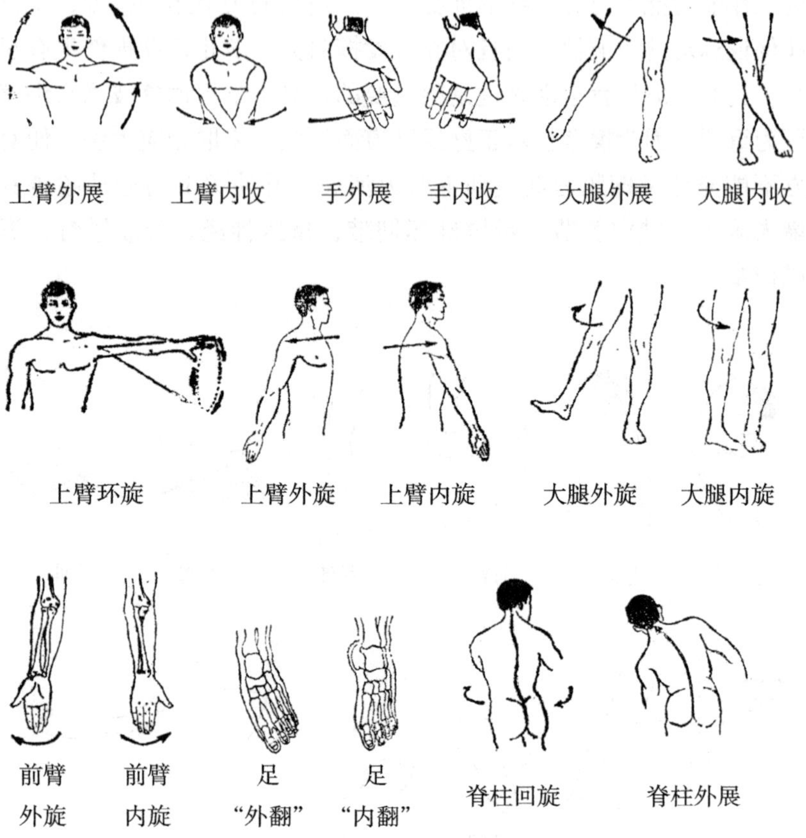

图 5–4　关节运动类型

关节的运动幅度由关节的类型、关节囊的厚薄与松紧度、韧带的多少与强弱以及关节软骨的形状所决定。一般情况下，关节囊薄而松弛，韧带少而弱，关节的运动幅度就大。因而人体关节运动幅度最大的方向，往往是擒拿中拆卸关节的主攻方向。

擒拿技术中的擒法，具体针对的是人体运动系统的主要运动关节。也就是说，《九重天》所寓示的“九宫”是针对人体运动的上肢肩关节、肘关节、腕关节、指关节）；下肢髋关节、膝关节、踝关节；躯干颈椎、腰椎共 9 个环节，实施分筋错骨从而造成擒拿。而人体运动系统的这九大主要运动环节，其运动形式、运动幅度是一定的，是受其所处位置和生理结构所限定的，各关节都有它自己特定的运动方式和一定的运动幅度。擒拿技术就是针对人体各主要关节的生理结构、运动特点以及其锁定机理所形成的。因而擒拿技术虽变化万千，然而在每个擒拿部位（关节）上，无非是依据其特定的生理结构和运动方式，只有几个基本的擒拿状态。技法的变化，只不过是手法的不同。

例如：依据肩关节的生理结构、运动特点和运动幅度，究其机理只有三个基本擒拿状态。一是肩关节伸结合旋内（直臂或屈臂），二是肩关节外展结合旋外，三是肩关节内收。也就是说不管我们采用什么样的手法，只要使其肩关节形成以上三种基本状态，就必然形成擒拿。又如：对腕部擒拿技术中的"金丝缠腕""虎抱头""湘子挎兰""凤凰束翅"等，虽其名称、技法不同，然究其机理，均是使腕关节内旋，分筋错骨造成擒拿。其基本擒拿状态是完全一样的，实质上是一个，只不过外型手法不同。

从以上例子中我们不难看出，擒拿技法虽变化万千，仅我所掌握的各拳种流派的擒拿技术就有九百余种，但究其机理总共只有十几个基本擒拿状态，我们只要熟练地掌握它，就掌握了中国武术擒拿技术的核心。再学习掌握擒拿的基本手法，就可任意组合成各种各样千变万化的擒拿技术来。

行（木）：指的是肉（肌肉），它约占人体重的 50%。按其结构功能，分为骨骼肌、平滑肌和心肌。这里主要指的是牵动骨杠杆产生运动的骨骼肌，它占人体重的 40%，共有 600 多块骨骼肌分布全身，按照关节的运动功能，跨关节、分群、分层有序的排列，组成相关肌群，并有神经、经络、血管和淋巴穿行其间。它是人体运动的主动部分。然据我老师讲：这里并非单纯指的是肌肉，实质上指的是由肌肉收缩牵动骨杠杆产生运动，并通过骨杠杆向外传递所产生的劲力（矢量）。故而本质上讲的是力的产生、力的重要性、力的应用和巧妙的运用原则。

在格斗中实施擒拿技术，格斗双方首先是肢体的接触，擒拿技术的实施也是在肢体接触下进行的。肢体的接触首先是劲力的较量。因而力量是一切技法的基础。没有力量就没有一切，力量一般有两个含意：一是指本体肌肉的收缩力，通常叫做本力。二是指通过合理形态和方式，将肌肉的收缩力通过骨杠杆传递给对方的力，通常叫做劲力。可见力量（本力）的练习增强是本源和源头，而劲力是它的实际运用。劲力的训练形成，是通过各种特定、独特的训练逐步形成的。它是一切擒拿格斗技术的实施基础。

如何合理巧妙地使用力量，制人而不被人所制，就成为擒拿技术的核心之一。而使巧不使拙是擒拿技法的根本大法。因而首先要对擒拿技术中的力学结构、运动力学和应用力学进行分析研究。还要掌握机械力学（人体运动是以骨杠杆的运动而实现的）、运动生物力学（人体运动又比单纯的机械力学复杂而精细，有其特殊性）的基本原则和规律，才能充分发挥自己的劲力，而使对方减弱或根本发不出劲力来，制人而不被人所制。

如何合理地使用自己的劲力，指的是使用劲力的合理性和经济性。就是我如何发挥自己的最大体能，发挥出最强最大的劲力；如何合理巧妙地运用自己的劲力，使之“圆、活、灵、巧”。如何发出“明、暗、化、合、滚、钻、挣、裹、拧、旋、弹、抖”的劲力来；并能巧妙地运用力学原理，利用双方肢体接触所形成的骨杠杆力学结构，经济合理地使用自己的劲力。

如何巧妙地利用合理的技术，使对方减弱或根本发不出劲力来。

第一，因骨骼肌是跨关节并按关节运动轴牵拉骨杠杆产生运动，故而存在着在其运动方向上，肢体的特定位置上，无法充分发挥肌肉力量的特殊体位现象。这在运动生物力学中称为主动性动力不足和被动性动力不足。

例如：我们在掰腕子中，上臂与前臂之间的夹角越小（手离身体越近）就越有力量，反之则无法充分发挥自己的力量。又如：当对方双手推我胸部时，我搓推其肘部，使其直臂并肘关节内旋，其必完全使不出前推的劲力来。因而在实施擒拿格斗技术时，应充分运用这一原理。

第二，就要充分利用力学的基本原理，力有三个要素，即大小、方向和作用点。在任何瞬间要想破坏对方的力，一种方法是用比它大的力反方向抗消它，这势必造成力大胜力小或死拿硬要反被人制的局面。另一种方法强调力的方向和作用点，并注意到力量的较量是在三维空间进行的，这样在瞬间就必然存在无穷个从其他方向上破坏它的力。也必定存在最合理破坏它的作用点。这就要掌握和学会如何运用分力与合力、杠杆与撬杠、转动与旋拧、剪切与别转等力学原理，分化瓦解对方的劲力，也就是用最省的力量，取得最大的劲力效果。这就要掌握、运用“力小胜力大”“以巧破千斤”的四个基本力学法则。它是擒拿技术借以形成的根本大法之一。

意（火）：传递人体意念，指挥人体运动的神经系统。

神经系统在人体内各系统中居于主导地位，是人体内主要的调节系统，它调节人体各器官的功能活动，使人体成为一个统一整体。而人体的一切行为和运动，都是在神经系统的支配下完成的。因而我们在研究学习实用擒拿技术时，除了要掌握骨骼、关节和肌肉的功能、运动外，还必须了解掌握人体的神经系统的组成、分类和功能。特别是神经在躯体、肢体的走向、浅露部位。这是擒拿技术中掐拿击打的要害部位之一，经掐拿、击打就会直接刺激神经系统，使对方立即产生触电状酸麻感和剧烈疼痛，而失去抵抗能力。

神经系统是由脑、脊髓和周围神经组成，按其所在位置的不同，分中枢神经系统（脑和脊髓）、周围神经系统（脑神经和脊神经）；按其分布范围的不同，又可分为躯体神经（分布于皮肤、肌肉、关节等处）、自主神经（分布于内脏、血管、腺体等处）。它是一个不可分割的整体。

对于擒拿格斗技术来说，对神经系统必须重点掌握的是：

①大脑发出的脑神经中的迷走神经（自主神经），它发出的神经到颈、胸、腹部的各种器官，支配平滑肌、心肌的活动和腺体的分泌，以及内脏器官的感觉。

②由脊髓发出的脊神经（运动神经），它分为躯干部：a. 颈丛神经。分布于头颈部肌肉和皮肤，支配头颈部的运动和感觉。其中最重要、最长的是膈神经，它入胸腔分布于膈肌，而膈肌是人体主要的呼吸肌。b. 胸神经。其前支沿肋骨下缘形成肋间神经，分支分布于肋间肌、腹肌及胸腹壁皮肤，支配其运动和感觉。四肢部：c. 臂丛神经。分布于上肢的肌肉和皮肌，主要有肌皮神经、正中神经、尺神经和桡神经,支配上肢的运动和感觉。d. 腰丛神经。分布于大腿前面与内侧面的肌肉和皮肤，主要有股神经和闭孔神经。e. 骶丛神经。分布于臀部、大腿后面、小腿和足等处的肌肉和皮肤，主要有坐骨神经、胫神经和腓神经。腰丛与骶丛一起支配人体下肢的运动和感觉。

神经经常和血管、淋巴沿骨伴行，形成血管淋巴神经束。大都在肌群的深处行走，外部有厚实的肌群保护。但其穿行身体的某些特定部位时，形成浅支，其外没有厚实肌群保护，只有表皮和结缔组织，是擒拿技术掐拿、击打的重点部位。

这是有一定规律和特征的。

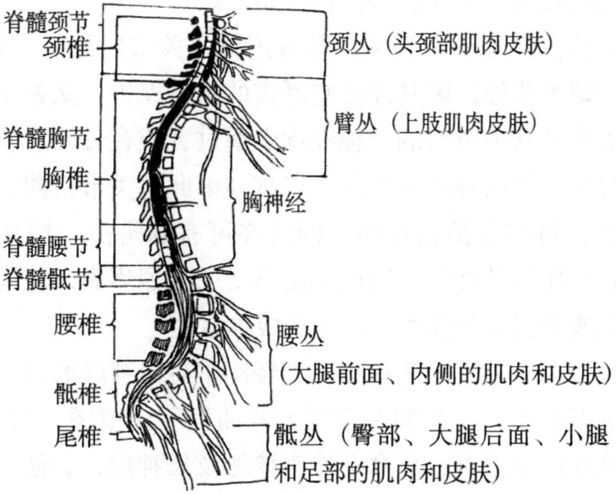

图 5–5　脊神经发支三十一对支配图

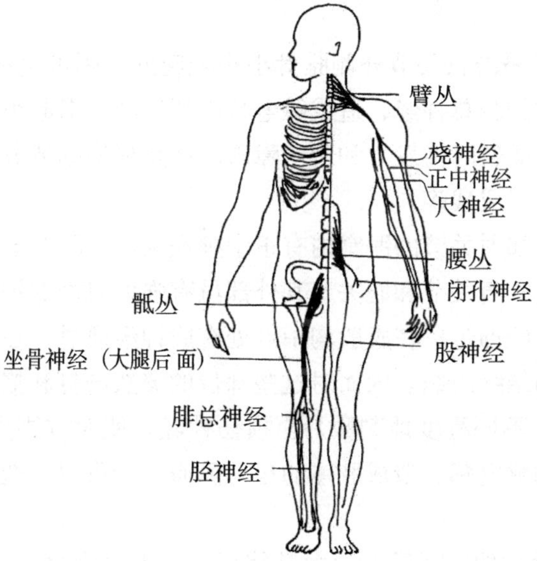

图 5–6　脊神经丛（臂丛、腰丛、骶丛）走向位置

神经所处的特殊薄弱部位特征如下：

关节部位：运动神经在穿越骨连结（关节）处时，如肘、腕、指、膝、踝关节处，因其外没有厚实的肌群保护，又处于经常运动状态，故是在其关节间的骨神经沟中通过，或在骨间、骨内外侧通过。同时关节部的神经分支较为丰富，因此将关节扭曲、折扳到一定位置上，可挤压损伤神经。同时亦可有意击打、掐拿其浅支部位，刺激损伤该处神经，造成无法忍受的剧烈疼痛，使其在一定时间内丧失或消弱反抗能力，从而造成擒拿。

例如：在肘关节的鹰嘴的尺神经沟中有尺神经通过，其外部没有厚实的肌群保护。当肘关节适度弯曲到一定范围，其暴露在外。这时对该部位的击打、掐拿必然直接触及尺神经，会使对方前臂有如触电状无法忍受的疼麻感，手臂在一定时间内丧失运动能力。为我擒敌创造有利条件。我们在平时生活中，常有屈肘不小心磕碰后，手臂突感触电状的疼麻，俗话说碰着麻筋了，就是碰着刺激了肘部的尺神经。

又如：猛烈踢击膝关节外侧腓骨小头隆起处，则可直接刺激、损伤在该处通过的腓总神经，造成触电状剧烈疼麻，引起小腿前外侧肌群麻痹，形成暂时性发力和运动障碍。严重损伤则造成足内翻成马蹄内翻足，形成残疾。

关节窝处：如肘关节的肘窝内有正中神经通过；膝关节的腘窝内有胫神经通过；肩关节和髋关节其外部虽有强大肌群保护，但在腋窝处有臂丛神经通过；在腹股沟中点处有股神经通过。在这些部位，只有松软的结缔组织。因而对这些部位的突然击打和掐拿，可视力量的大小，不同程度地刺激乃至损伤神经。使对方剧烈疼痛、肢体麻痹，有如触电感，造成肢体的运动障碍。严重时可造成永久性损伤。

例如：当对方伸、举臂时（尤其使用凶器劈砍我时），我可疾用四指猛力插击其腋窝，因腋窝内有支配手臂肌肉运动的臂丛神经通过，插击该处使对方感到无法忍受的剧烈疼痛、触电状酸麻、手臂酸软无力，为我擒拿创造条件。

头、颈和躯体部位：神经均在深处行走，但由于人体生理结构的特点，凡是各处的窝就必是掐拿、插打的部位。其内都有重要神经通过。所谓“窝”就是凹陷的松软部位，如耳垂后的耳后窝，内有大量脑神经分支通过；锁骨上大窝，内有臂丛神经通过；锁骨内上小窝，内有锁骨上神经和膈神经通过；另外如胸骨上窝、心口窝等，这些凹陷的窝都是掐拿、插击的擒拿部位。一经掐拿插击必然会造成剧烈疼痛，削弱乃至使对方完全丧失抵抗能力。

例如：在实施携背擒拿技术时，对方用力上挺，全力顽强反抗。我除去反错、折别对方肩、肘关节，使其局部剧烈疼痛外，还可利用插压其肩部的那只手，掐插其锁骨上大窝或锁骨内上小窝，使其身体躯干部也感到难忍的酸痛，身躯无力上挺，而完全丧失抵抗能力。

颈、背脊柱部：中枢神经系统除大脑直接发出的十二对脑神经，分布于头面、颈部外，由脊柱中心脊髓发出脊神经，分为躯体神经（运动、感觉神经）、自主神经（内脏、血管、腺体），也就是说在人体的颈、背部有中枢神经的重要部分，且不易保护。那么对颈部、后背脊柱的击打，必然会直接刺激损伤中枢神经系统，使对方丧失抵抗能力或直接造成伤残死亡。

例如：对颈椎的旋拧切打，可直接使颈椎错动而伤及中枢神经；从背后对胸椎或腰椎的突然猛力击打，也直接损伤中枢神经，从而造成伤害或死亡。美国国防部编制的《一招制敌》技术教材中涉及摸哨技术，用枪托或硬物从背后猛击对手胸椎或腰椎就是一例。

重要脏腑浅表部：自主神经分布于内脏、血管、腺体等处，尤其内脏部位较为丰富。因而对人体重要内脏浅表部位的击打、掐拿，均可造成剧烈疼痛而使对方丧失抵抗能力，严重时甚至造成破坏性损伤而危及生命。如肝区（腰肋部右侧）、脾区（腰肋部左侧)、胃区（心口左下侧）、前胸心区（心窝处）、背后心区、背后腰肾区等。

另外，在腹部（中右部）有腹神经、淋巴丛，一经击打造成剧烈放射状疼痛，可引起整个腹肌痉挛，从而使对方直不起腰来，完全丧失反抗能力，被我擒拿。

命（土）：指的是维持人体生命的生命系统（大脑、神经、五脏六俯、经络、血脉、淋巴）。这些重要的脏器都在骨骼所形成的人体腔隙内保护着，在体腔内构成具有一定功能的体系，保持着人体各种复杂的生命活动。但由于人体生理结构的特殊性，在一些特定部位这些脏器距体表很近，外面没有厚实的肌群或充分的骨骼保护。这也就是我们常说人体的薄弱、要害部位。对该部位的击打、掐拿必然会直接刺激该脏器丰富的神经，造成无法忍受的剧烈疼痛。力量达到一定程度时，必然直接损伤该脏器而危及生命。如前所述的肝区、脾区，当受到猛力击打时，易造成肝脏、脾脏的破裂而危及生命。又如头部的太阳穴、风府穴、百会穴等在遭受重力击打时，易造成大脑、脊髓的损伤而危及生命。

擒拿技术是由擒——分筋错骨，拿——抓经拿脉两大部分所组成，同时还必和踢、打、摔有机地组合在一起，它们是一个不可分割的整体，是相辅相成的。在实施中可先拿后擒，也可擒而拿之，可先打后拿、打中有拿，也可打拿组合循而往之。而拿是占有很重要的地位，拿是指击打、掐拿人体的要害部位，削弱或使对方完全丧失反抗能力。俗话说“只擒不拿，必遭拙打”就是讲的这个道理。

无数前辈经过数千年的实践，总结出三十六大穴（直接危害生命的死穴），二十四麻穴等，及相应的技法，亦称为“点穴法”，就是击打、掐拿要害部位以求出手制胜。称为，擒拿法之妙，技击法之冠。然究其机理，不外是对人体各重要生命系统的薄弱要害部位，实施掐拿与击打。因而研习擒拿技术，就必须了解掌握人体的要害部位及其机理，才能全面学习和掌握擒拿技术（这部分可参研书前面所提供的前辈著述的参考书目）。

在这里要强调：有的人体要害部位，有些所引起的损伤，是可直接危及人的生命的，因而要谨慎使用擒拿技术，不可超出正当防卫限度，以免给他人和自己造成不必要的痛苦和伤害。

①七星主动依位承。

• 七星：是指北斗七星（天枢、天璇、天玑、天权、王衡、开阳、摇光），它们的运行永远直指北方（北极星）。七星寓指人体肢体的七个主要运动环节，上肢 —— 指、腕、肘、肩，下肢 —— 踝、膝、髋，它们依次接连于人体躯干，并永远以人体的重心（丹田）为中心而运动。

• 主动：指的是七星（七个主要运动关节）主宰着人体的主要运动，是人体运动的中枢环节，所以是我们擒法固锁的主要部位。

• 依位承：指的是人体的运动，是按照人体结构的生理位置依次传递承接的。就是俗语讲的“一枝动而百枝摇”“以意领气，以气催力，节节相追”。就是说人体的运动，是相邻关节依其相互的生理结构和运动关系，而依次连续运动的传递式链运动。

用现代语言解说，人体关节只允许做转动或曲线运动，一些关节的滑动十分微小，而且它们经常是沿着弯曲表面而发生，身体某个部分的任何运动，必定是在两个或两个以上关节上，由多个转动所形成。也就是说，人体肢体的运动不是某单一关节、骨杠杆的运动，而是相邻几个关节乃至全身的运动，称为人体运动链系统。

人体运动链系统是由若干运动偶（以关节为转动轴的一对活动杠杆的两骨，互为动骨与不动骨，彼此相对运动，但不分开）相互依次连结而成的运动体系。人体的运动是相邻关节，依其相互的运动关系，而依次连续运动，是以一种传递式的链运动出现。其相邻关节之间相互支持、补充又相互制约，形成人体肢体的各种复杂运动。它是由三个运动链子系统所组成，即主躯干链子系统、左右上

肢链子系统、左右下肢链子系统。（图 5–7）

人体运动链系统又分为开放式运动链和闭锁式运动链。

开放式运动链：是指运动链终端游离的运动链系统。当系统中某一关节固定时，其余关节都可转动，有一定自由度。人体开放式运动链的游离端常常是手、足和头，人体的运动大部是属于开放式运动链的动作。

闭锁式运动链：是指终端固定的运动链系统。当系统中某一关节运动，必然引起该系统其他关节的效应性运动，并受到一定的限止和制约。

总之：《七星诀》第一句讲述了，人体是由（三才）躯干、左右上肢、左右下肢三大部分所组成；人体运动是由（五行）骨、枢、行、意、命组合所产生，是缺一不可的，是我们擒拿格斗所针对的全部对象。人体的运动是，七星以人体重心（丹田）为中心，以传承式链运动方式来实现的。分为开放式运动链和闭锁式运动链。

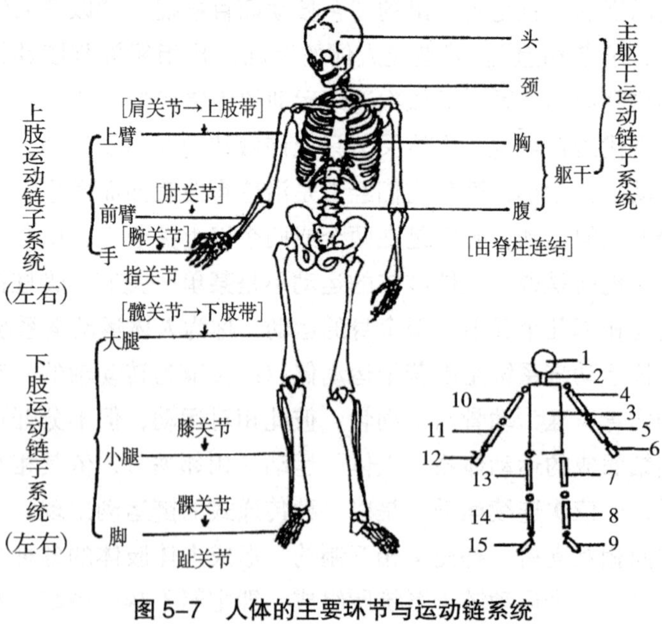

图 5–7 人体的主要环节与运动链系统

(2) 三节五梢要分明，阴阳互辅锁扣精。

三节五梢要分明。

● 三节：这里讲的是人体的运动，是以相关联的三节联动为基础单位的。躯干——头、颈、腰（或头、胸、腹）；臂——肩、肘、腕；手——掌、节、指；腿——髋、膝、足。这就是在其他口诀中所称的“勾、股、弦”或“昆仑、中宫、地府”。它们之间相互连接依存又相互补充和制约，构成人体的统一运动。而这些节和点又是可以攻击对方的部位，在擒拿格斗中要特别注意防备，对方用它来攻击自己。如，在防架对方进攻手臂时，必须小心对方借力突然屈臂肘，而用肘或肩来攻击自己。也就是在擒拿格斗中，要防备对方同一肢体的三节、三点同一动作的连续变幻进攻。我亦要充分把握和运用三节联动的特点来攻击对方。这些节点（关节）就是我们进攻防守、擒拿制敌的主要部位。正如口诀中所述：“擒腕看肘亦锁肩”“肩动肘伸手必到，固手旋肘人必翻”“擒肩必锁肘，否则必受苦”，讲的就是这个道理。

● 五梢：指的是人体运动的五个（梢节）肢体游离端，也就是组成人体的三大部分天首（躯干运动链系统）、人手（上肢运动链系统）、鬼行（下肢运动链系统）的游离端，即头、双手和双足。它们的运动幅度和范围最大，也最为灵活，尤其是双手和双足。

实施擒拿技术的基础，首先就要控制（固锁）住人体运动链系统的游离端（梢节），使其由自由开放式变为闭锁式。如若不控制固锁其手，就无法对腕部实施分筋错骨而形成擒拿；如若不控制前臂，就无法对肘部实施擒拿；如若不控制前臂和肘关节，就无法对肩部实施擒拿。

当控制、固锁其梢节，使其由自由开放式变为闭锁式运动链，并对其中某关节实施强制运动，由于人体运动是依次联动以链运动形式来完成的，并因人体运动系统的生理结构特征，必会使该系统中相临关节产生效应性运动和锁定效应。这是所有擒拿技术形成的基础。

例如：当你旋踢或抱压对方膝关节内侧时，如果只是沿水平面或向上方用力时，则其腿为开放式运动链，其腿（足梢节）随势可做移动卸力，则只能给对方造成局部轻微伤害甚至无功而返（图5–8①②）。但如若你向对方膝关节内侧，向斜后下方旋踢或抱旋压时，由于其膝关节受到向斜下的压力，使腿亦受到垂直向下的分力，而无法离开地面和移动，其下肢运动链系统就由开放式变为闭锁式运动链系统。相邻关节产生效应性运动，由于膝关节没有外旋的运动能力，受到旋冲的压力，必造成大腿髋关节极度外旋。这样就形成了膝关节两端、足踝关节和髋关节的锁定效应。膝关节受到反关节（侧外向）的冲力，整个下肢运动链系统被锁定，人必向后侧倒地，同时踝、膝、髋关节受到损伤（图5–8③④）。

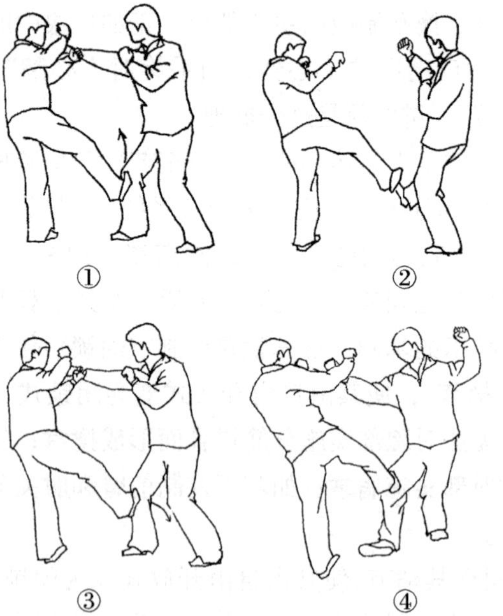

①　②　③　④

图5–8　旋踢技术示意图

又如：擒拿技术中的旋颈技术，如果只是在一个轴上做旋颈，对方为开放式运动链系统，其终端游离，两足可以移动，身体亦可随之转动，无法形成擒拿。如若在垂直轴和额状轴两个轴上做螺旋式旋颈，由于颈椎在转动时同时受到向下的压力，使身体无法或无法及时同时沿两个轴的方向转动，亦受到颈椎生理结构的约束，即使其变为闭锁式运动链，形成擒拿。并使颈椎受到严重损伤，甚至危害生命。

总之在擒拿技术的实施中，要明确三节五梢的作用，注意其三节联动的连环攻击，同时必须首先控制（固锁）对方游离端（五梢），使其由开放式运动链系统变为闭锁式运动链系统。这是锁定肢体，造成擒拿的首要条件。

②阴阳互辅锁扣精。

人体运动链系统其相邻关节和各运动链子系统之间是阴阳互辅的，也就是说它们之间是相互支持、补充又相互制约。

它的要点有二，其一，各子系统之间、本系统左右之间、相邻运动环节（关节）之间是阴阳互辅的。例如，当固锁对方右腕时，必须考虑和防备其左手和非重心脚对我的反击。应充分掌握和运用阴阳互辅的原理，我在固锁对方右腕时，身体必须侧闪，迅速移动到其右臂外侧，使其左手因相隔肩长距离而鞭长莫及，并无法充分发挥肌力。同时对其右臂施加一定一方向的力，使其重心落在右脚上或两腿之间，无法抬腿攻击。又如，当封架或固锁对方右手（腕）时，必须考虑和防备其同一运动链子系统中相邻关节（肘和肩）部对我的反击。尤其是在对其腕实施擒拿分筋错骨时，必须防备其利用肘、肩关节的效应性运动来解脱对腕关节的擒拿，实施反击或反擒拿。

其二，阴阳互辅又相互制约。按现代运动力学来讲指的是：(1) 运动偶——是指由关节连结，形成一对活动杠杆的两骨。运动偶以关节为转动轴，互为动骨与不动骨（阴和阳），彼此相对运动，但不分开。（2）效应性运动——是指在擒拿中对某一运动链子系统中某一环节、某一关节施加一定方向的力，同时固锁其前端骨，则对偶骨必产生相应（阴阳互辅）的运动，并引起对偶骨另一端的关节产生效应性运动。并以此类推产生承接式连锁反应。（3）锁定效应——是指对运动链子系统中某一环节或关节实施擒拿（分筋错骨）时，其相邻关节必会产生相应的效应性运动。当其运动到某一特定位置（依据其生理结构）时，不但可以锁定该关节，而且可同时锁定其相邻关节，乃至整个运动链系统。

相互制约指的就是人体运动链系统的锁定效应。人体运动链系统中，相邻关节的效应性运动和锁定效应，在擒拿技术中十分重要。擒拿技术的本质就是通过抓经拿脉、分筋错骨某一环节或关节时，利用人体效应性（阴阳互辅）运动规律，使其相邻关节或环节（尤其是靠近躯体的上端关节）产生相应运动，依据该运动链系统的生理结构特征，当其运动至某一特定位置时，将该运动链系统中相邻的几个主要关节全部锁定，这样才能真正造成擒拿。反之，如果只对单一关节实施分筋错骨，而不考虑相邻关节的效应性运动和锁定效应，也就是不考虑对整个运动链的锁定，那么最多只能造成单一关节的疼痛和损伤，仍给对方留有充分的运动能力、反抗时机和反击余地。势必变成死拿硬要、反被人制的被动局面。

因此就必须了解掌握，当对某一关节实施擒拿时，其相邻关节会产生什么样的互辅效应性运动，使其处在什么位置情况下，产生锁定效应，能将其主要相邻关节全部锁定，即可锁定整个运动链系统，真正造成擒拿。这是擒拿技术实施的重要原则，下面仅以腕关节内旋擒拿技术为例来加以说明。

例如：在实施擒拿技术“金丝缠腕”中，当你控制住对方腕关节，并施以分筋错骨（使其腕关节极度内旋），如不注意其相邻关节的效应性运动和锁定效应，不同时使腕关节极度内收，从而通过骨杠杆向肘、肩关节传递一个向下的压力，造成其肩、肘关节未被锁定，则对方可疾抬肘、折臂，用肘部扫击你的头部或沉肘直接顶击你的胸肋部。也可疾屈抬肘，向后转身，翻身用另一手插掐你的咽喉，或用肘、臂扫击你头部，腕部擒拿亦被解脱，同时造成反被人制的局面。（图 5–9）

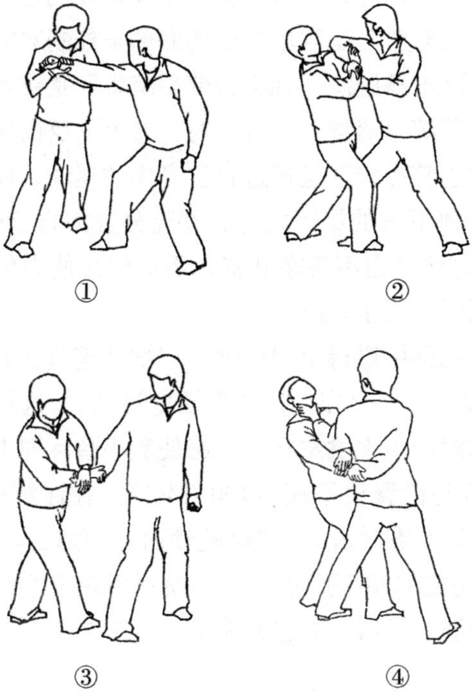

①　②　③　④

图 5–9　金丝缠腕技术失败反被人制示意图

如若对方直臂，则因腕关节的内旋（实质是前臂桡、尺两骨的旋拧交叉），从而使肘关节产生锁定效应，但如果不使肘部外展（实质是肩关节外旋），且传递给肩关节的下压力不够，则其肩关节未被锁定。虽可造成对方腕关节部的剧烈疼痛，但遇顽强之敌，可利用身体通过肩使手臂产生上穿前顶之力，从而使腕、肘关节得以解脱。这就是擒拿口谚中讲的“神拿怕穿顶”。

我国传统擒拿技法对比早有全面而深刻的总结，在“金丝缠腕”的口诀中讲道：“一把金丝是缠腕，锁手侧闪肘对肘。翻腕旋臂切腕骨，坐胯拧腰意守中”。“锁手侧闪”是讲的锁扣对方上肢运动链游离端（手腕）时，同时要侧闪至其臂外侧，使其另一侧手臂无法反击。“肘对肘”是利用自己的肘部来控制对方肘部，使其无法折曲肘进行反击解脱。“翻腕旋臂切腕骨”是讲两手要反向用力旋拧对方腕关节部（前臂骨）的同时，要上下反向用力剪切、压折其腕关节。“坐胯拧腰”是通过自己身体的运动，使对方被擒上肢产生向其臂外侧下方的旋压之力，并充分发挥自身的整体之力。“意守中”是此时注意力不要在其腕，而应注意使力传递至其肩和身体，也就是同时作用于其躯干。

在腕部擒拿总则中讲得也很清楚：“擒手梢节扣旋腕，鱼际望天守中线。两臂平屈六七分，扣切卷插鬼神哀。”这句讲的是腕部外旋和内旋擒拿时的基本擒拿状态。必使其小鱼际向上，手掌正对胸前正中，上臂与前臂要平屈（100~140°）。在注解中同时讲道：“擒腕必锁肘，不锁遭肘击。”“擒腕锁肘亦锁肩，不锁翻身必遭打。”这讲的就是在对腕部擒拿时，必须利用效应性运动和锁定效应原则，同时锁肘、锁肩才能造成擒拿。（图 5–10）

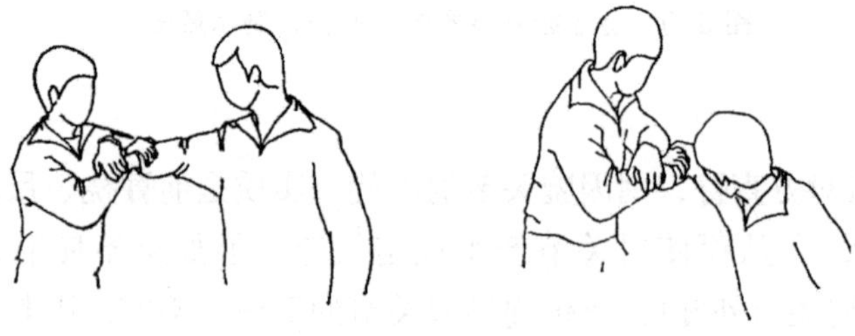

图 5–10　腕部擒拿基本形态

2. 第二部分（第三句到第六句）

天首旋台连背骨，髑骭皃尾歧骨虚。

寿台后台两钩翻，旋台旋击扶桑尽。

囟颠最怕天雷击，玉梁双合鬼神嚎。

腰骶相约撅穷苦，承后纳谷曲身定。

全面讲述了人体躯干（主躯干运动链系统）的生理、骨骼结构和人体的主要要害部位。它寓藏着人体全部的生命系统，因而人体的大穴（死穴）都集聚于此。

(1) 天首旋台连背骨，髑骭皃尾歧骨虚。

这一句讲述了：人体主躯干运动链子系统的骨骼结构，胸部主要要害部位（大穴）。

人体躯干（主躯干运动链子系统）是由：天首（头骨）通过旋台（又名玉柱骨，即头后颈骨三节），来连结背骨（脊骨二十一节）、尻骨（八髎骨）和撅骨。连结成人体躯干的骨骼主干。其内寓藏着人体的全部生命系统。

现代医学分类是：头骨、脊椎骨二十四节（颈椎七节、胸椎十二节、腰椎五节），骶椎和尾椎及胸骨，它们组成了人体主躯干运动链子系统。

• 髑骭：即胸骨（实指肋骨），于胸脊两旁诸骨附接横叠，两弯合于前，乃胸胁众骨之统名也，一名膺骨，一名臆骨，俗名胸膛。其两侧自腋而下至肋骨之尽处，统名曰胁。胁下小肋骨名曰季胁，俗名软肋，肋者单条骨之谓也。统胁肋之总又名曰胠。其内有心君及两肺。主司心志血脉、吐纳呼吸。

• 皃尾：即胸下之边肋也，上下二条易被损伤，俗称两胁（季肋）。现代解剖学验证，胸肋左右各十二条肋骨，最后二条未与胸骨连结成骨腔，其骨端浮离于两腰侧，其内有肝脏（右）脾脏（左），故遭受击打后必向内折曲，直接挤压、震荡或刺破内脏（肝或脾），造成损伤破裂而大出血危及生命。最忌触犯，故格斗中都十分强调以坠肘来保护该处。

• 歧骨：即胸骨，两侧凫骨端相接处，其下即鸠尾骨也。内近心君，最忌触犯或打扑。现代解剖学验证其即指胸骨剑突，它处于两侧胸肋弓与剑突共同形成向下开放的角处，俗称心口窝。击打此处因歧骨下端（剑突）后的内脏器官有心脏下部（心室），下缘正好是肝与胃的重叠处，而剑突往往是软骨组织，此处又无肋骨保护脏器，故而可直接震荡心脏，刺激膈肌与下位肋间神经，使人胸闷呼吸困难、腹壁剧烈疼痛以至强直，丧失抵抗能力。严重的可同时引起胃充血、心脏震颤而心律失常、肝脏破裂，大出血而导致昏厥，或直接引起死亡。

人体胸部凫尾、歧骨这两个部位，是擒拿格斗技法人体上身抓拿和击打的重要部位，即三十六大穴中的死穴。要慎而慎之。

⑵ 寿台后台两钓翻，旋台旋击扶桑尽。

头为六阳之首，是人体的中枢。它由颅和面两部分所组成，颅内包含有人体的中枢指挥系统人脑（含大脑、小脑、间脑、脑干——中脑、脑桥、延髓）。面部有眼、鼻、耳、口，是视、听、嗅特殊的人体感觉器官，呼吸消化系统的门户。对此要害部位的击打、掐拿可直接使对方完全丧失抵抗能力，严重者直接危及生命。

• 寿台：即完骨，在耳后接于耳之玉楼骨者也。在耳垂后方，穴为“翳风穴”，此处有大量的神经血管通过，如有面神经、舌下神经、迷走神经、耳大神经、副神经等。尤其是其为颅底与颈椎连结的侧翼，击打此处必引起严重耳鸣、头脑眩晕而丧失抵抗能力，严重的直接震荡大脑，引起脑、脊神经损伤，轻者昏厥，重者直接死亡。

●后台：即后山骨，头后枕骨也。在穴为“风府穴”，其下沿内处于颅底孔与脊柱（寰椎）连结的起始点，且头部质量较大，此部位又是颈部诸肌前部，切击此处会使头颅内部产生反弹震荡效应，成倍增大作用力，直接震荡损伤大脑，造成眩晕。同时作用于一、二颈椎（寰枕关节、寰枢关节），轻者使寰枢关节的齿突移动，刺激压迫脊髓，使人沿脊柱产生触电热灼感，削弱或丧失抵抗能力；中者使对方立即昏厥并引起严重后果；重者则直接使颈椎错位，切阻断脊神经、脊髓，立即造成死亡。故目前拳击、散打等体育竞赛项目，都严禁对颈部的切打。

●两钩翻：即下牙床骨，承载诸齿能咀食物，有运动之象故又名颊车。其骨尾形如钩，上控于曲颊之环。在穴为“颊车穴”，位于下颌体的下缘与下颌支后缘相交处，下颌角骨质较薄，击打此处常常容易引起骨折，造成剧烈疼痛而丧失抵抗能力。同时此处俗称“跌倒穴”，若用摆拳击打易造成颈椎的震摆锁定效应，从而使人直接跌倒。故谓之两钩翻。所以在实际搏击中，人们常常要微收下颌或做耸肩动作来保护此处。该处也是擒拿中掐拿和扳旋头颈的重要把位之一。

●旋台：又名玉柱骨即头后颈骨三节也。就是第一、二、三节颈椎。现代解剖学证实，颈椎最重要的是寰枕关节和寰枢关节，它是脊柱与颅骨相连结的重要一、二关节，是大脑与脊髓、头与身体相连结的枢纽。

寰枕关节是由颅骨枕骨髁与寰椎上关节凹构成，其关节囊松弛，关节凹较浅，关节囊后部及外侧部肥厚，内侧部则很薄。其关节为椭圆关节，可使头做仰俯和侧屈运动。

寰枢关节是由左右寰枢外侧关节、寰齿前关节、寰齿后关节四个独立的关节构成。其关节囊都薄而松弛。但只有一个通过齿突尖的垂直轴，寰椎与颅骨沿此轴向两侧旋转。此外寰椎与枢椎之间，还可出现轻微的前后和侧方运动。

●旋台旋：指的是对旋台的旋拧技术。在擒拿中针对旋台的骨结构及其运动特点，前辈在实践中摸索形成了一整套的旋颈、断颈技术（断颈八法、八式）。但均视为绝招密不外传，又因其杀伤力极大，往往立即破坏、切断大脑与脊髓、头与身体相连结的枢纽，使人直接死亡，更是慎戒妄使而不外露。恕不详述。

●扶桑：指的是扶桑骨，即两额骨太阳旁太阳囟内凹处也，其位在顶骨、蝶骨翼和颞骨相汇处，在穴为太阳穴和太阴穴，属经外奇穴。此处是颅骨骨质最薄弱的部位，深面有脑膜中动脉前支经过。颅骨平均厚度为 5 毫米，最厚处达 1 厘米。而太阳穴处平均只有 1~2 毫米，医学称此为翼点。扶桑骨为扁骨，内外层为密质，中间为松质，称外层为外板，较厚耐受张力大，弧度小。称内层为内板，较薄而脆弱，有玻璃板之称。故击打此处时，可据力量大小，轻者直接震荡大脑，使人视线模糊、眩晕。重者出现外板完整而内板（玻璃板）发生骨折，骨折片可刺破颅内的血管、静脉窦、脑膜以至脑实质而引起严重合并症。更严重的是引起脑膜中动脉血管破裂，致硬膜下血肿、脑挫裂伤，继而引起脑疝死亡。故不可轻易击打此处。

"旋台旋击扶桑尽"就是说旋拧旋台骨（颈椎尤其是寰椎和枢椎）和击打扶桑（太阳穴和太阴穴）可直接致人死亡。

(3) 囟颠最怕天雷击，玉梁双合鬼神嚎。

囟：囟骨者，婴儿顶骨未合，软而跳动之处，名曰囟门。仍督脉之会，额上入发际二寸，囟会穴之分也。此处为颅骨连结的冠状缝与矢状缝的交点，医学上常借此处的膨出或凹陷，判断颅内压的高低。故而此处也是头部的薄弱要害部位。击打此处，轻者造成震荡而引起眩晕，丧失抵抗能力，重者造成脑损伤，颅内出血而导致死亡。

颠：颠顶骨，颠者头顶，心也，其骨男子三义缝，女子十子缝。一名天灵盖，位居至高，内涵脑髓如盖，以统全体也。在穴为百会穴。击打此处轻者引起眩晕而脑震荡，重者形成颅内脑挫裂伤而引起死亡。

①囟颠最怕天雷击：指的是囟（囟会穴）和颠（百会穴）最怕像天雷一样，由上向下击打，可直接使人死亡。

玉梁：玉梁骨即耳门骨，其处上即曲颊下即颊车两骨之合钳也，耳门内上通脑髓亦关灵明。现代医学证明，耳门前后有大量的重要血管、神经通过，同时击打时造成冲击气流和骨震荡，通过外耳刺激震荡耳前庭器和蜗器，轻者引起耳鸣、眼球震颤、眩晕。重者气流击穿鼓膜导致耳聋，并震荡、刺激脑神经造成休克，使对方丧失抵抗能力。

②玉梁双合鬼神嚎：指的是同时击打或用掌根扇击两耳门，可使对方严重耳鸣、眼球震颤、头晕目眩，直至休克。

(4) 腰骶相约撅穷苦，承后纳谷曲身定。

这句前半句讲的是人体躯干背后的要害部位，后半句讲的是人体躯干腹部的要害部位。

①腰骶相约撅穷苦：这句是最难从字面对应理解和注释，据老师当时的讲解，它说的是，人体躯干部的要害部位是前后、上下两两成对（相约）对应，一直到撅穷（尾闾）。腰部以上前后相对的是，天突—大椎，鸠尾—心俞。腰部以下前后相对的是，中脘—命门，曲骨—尾闾。上下是，百会—会阴。这些都是人体躯干部的要害部位。

● 天突（前阳）：天突穴是任脉经穴位，在胸骨切迹上缘正中上 0.5 寸凹陷处（颈下正中凹陷处）。向斜下方插挑此处，可阻伤气管、颈总动脉和锁骨下动脉。同时刺激膈神经、迷走神经等，造成对方剧烈疼痛、呼吸困难、呕逆，甚至反射性昏厥。一般采用指钩状，一面插挑，一面顺势向前下勾拉，对方必前仆或后跌。在遭遇正面搂抱时常用此术，尤其是女子防身中，简便而易行。

• 大椎（后阴）：大椎在后背第七颈椎和第一胸椎之间，因第七颈椎的棘突在颈椎中最长（手可直接触摸到，常作为生理性标志），受击打后易形成骨折而引起剧烈疼痛。其又处于躯干部上位，受击后人必向前仆跌。

• 鸠尾（前阳）：前面已述。

• 心俞（后阴）：心俞穴俗称后心，在第五胸椎棘突下旁开 5 寸，而第五胸椎至第七胸椎之间正好是心区。俗语讲“前心深如井，后心薄如饼。”击打此处可直接震荡、刺激损伤心脏，并引起突发性窒息，使对方丧失抵抗能力，严重时可直接危及生命。

• 中脘（前阳）：在腹右靠中上部，即胃贲门体表处。击打该处必引起胃痉挛，同时因该处有太阳神经淋巴结丛，受击打后必引起剧烈疼痛，并使整个腹肌反射性痉挛而直不起腰，完全丧失抵抗能力。

• 腰眼（后阴）：腰眼穴在项上大椎下数第十四节骨下缝间（即三、四腰椎间），其左、右各旁开 1.5 寸为右命门、左肾门。击打此处必引起剧烈疼痛，腰背肌反射性强直、身躯背弓而完全丧失抵抗能力，严重时直接导致昏厥。

• 曲骨（前阳）：曲骨即耻骨联合部（骨盆前联合），位于阴部毛际。由于耻骨联合处有软骨垫，富有弹性，此处感觉神经异常敏锐。所以踢、打击此部位虽不伤及脏器，但必引起异常疼痛，并引起反射性腹肌痉挛。人体前俯下蹲、直不起腰而丧失抵抗能力。

• 撅穷——尾闾（后阴）：是指骶骨的骶骨裂，即尾骨部。此处脊神经暴露，受到暴力击打，能直接损伤中枢神经，引起剧痛，造成功能性运动障碍，严重时可导致瘫痪。

• 百会（上阳）：见前所述。

• 会阴（下阴）：会阴部神经非常丰富而且感觉异常敏锐，此处很难承受一定的外力击打。因为盆腔内有膀胱等重要脏器，外有外生殖器、阴茎、阴囊及睾丸等，击打此处，轻者引起异常难忍的巨痛，反射性腹肌痉挛，前俯下蹲而完全丧失抵抗能力；重者引起睾丸、甚至膀胱等脏器破裂，导致休克而死亡。

①承后纳谷曲身定

承后就是指的会阴，而纳谷指的是中脘。其机理和作用前已讲述。这句讲的是承后（会阴）、纳谷（中脘）遭受击打后，必会使人屈身（身躯前俯而下蹲）。而完全丧失抵抗能力。

3. 第三部分（第七句到第十一句）

人手髆挂依次联，臑缠臂辅锤竹全。
臂动环枢髃鹅虎，臂辅壅虎叠相倚。
髃四鹅三壅虎六，偏转三四旋拧折。
手动四尺鹅微动，回手拐行左右旋。
锁虎必带鹅亦锁，鹅飞虎押髃必困。

第三部分全面讲述了：

人手（上肢运动链子系统）的骨骼结构。

关节运动的特点和固锁机理。

上肢（手臂）的运动特点和规律。

上肢擒拿的锁定原则。

人手（上肢运动链子系统）是人体最活跃、最灵活、运动幅度最大的运动链子系统，也是人体擒拿格斗最常用、最重要的运动链子系统，是格斗中用以攻击对方、保护自己的主要环节。因而在整个实用擒拿技术中，对上肢运动链子系统的控制、擒拿是起主要决定性作用的因素，是整个擒拿技术中最多、最常用、最重要的部分。

它的生理解剖及骨连结（关节）特征；运动范围和幅度；运动特点和相邻关节的效应运动及锁定效应；各关节锁定的基本形态和锁定原则，必须清楚地了解和掌握。这样才能明确擒拿技法的机理，正确掌握该系统中各关节的各种基本擒拿形态和技法，才能熟练自如地运用各种擒拿技法。它又是全部擒拿技术应用的前提和主体。

(1) 人手髆挂依次联，臑缠臂辅锤竹全。

这句讲述的是人手（上肢）运动链子系统的骨结构。

①人手髆挂依次联：是说人体的上肢是通过（上肢带）髆骨和挂骨来和身体依次相连结的。髆骨（肩髆）即肩胛骨，其臼含纳臑骨（肱骨），其下附于背脊肋骨成片如翅。挂骨（锁骨）其一头联结髆骨（肩锁关节），一头联结胸骨（胸锁关节），两骨前后相合，组合成上肢带，通过髃（肩关节）将上肢（手臂）和身体相连结。（图 5-11）

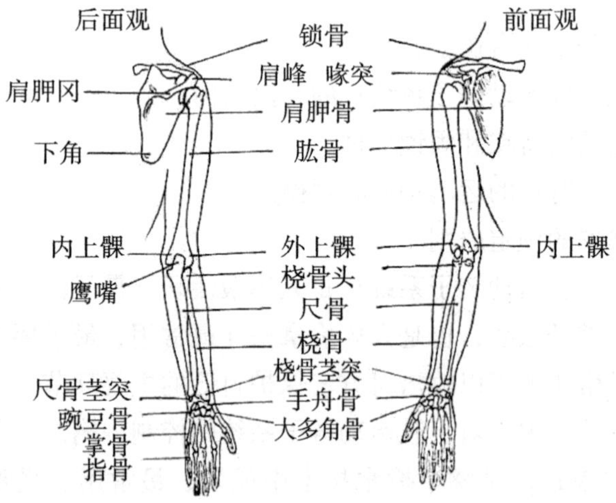

图 5-11　上肢运动链子系统

按现代解剖学来说，就是肩胛骨（髆）和锁骨（挂）一后一前组成上肢带，通过肩关节将手臂和身躯相连结。

②臑挂臂辅锤竹全：臑骨（肱骨），其下端通过䴇（肘关节）连结前臂骨（缠骨）。前臂骨（缠骨）有正辅二根即上臂骨也，其上端入髆骨臼形成髃（肩关节窝）通过上肢带（髆骨和挂骨）连结，其在下而形体长大连肘尖者为臂骨（尺骨），其在上而形体短细者为辅骨（桡骨）所组成。其下端通过虎（桡腕关节）和壅（腕骨间关节）组成腕关节，来连结锤骨（掌骨）和竹骨（指骨）。

按现代解剖学来说，就是手臂是由上肢带 [肩胛骨（髆）、锁骨（挂）]、肩关节（髃）、肱骨（臑）、肘关节（䴇）、前臂骨（缠）包含尺骨（臂）和桡骨（辅）、腕关节（虎和壅）、掌骨（锤）、指骨（竹）所构成。

⑵ 臂动环枢髃䴇虎，臂辅壅虎叠相倚。

①臂动环枢髃䴇虎：这句是说人体手臂的运动主要是由髃（肩关节）、䴇（肘关节）、虎（腕关节）三个关节的运动共同来完成的（图 5-12）。髃、䴇、虎是上肢运动的枢纽，控制固锁了它们就控制固锁了上肢，是上肢擒拿的主要环节和部位。

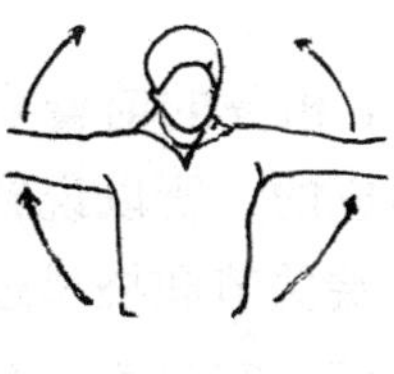
上臂外展

上臂内收

上臂屈

上臂伸

上臂（肩关节）外旋

上臂（肩关节）内旋

上臂内旋

上臂外旋

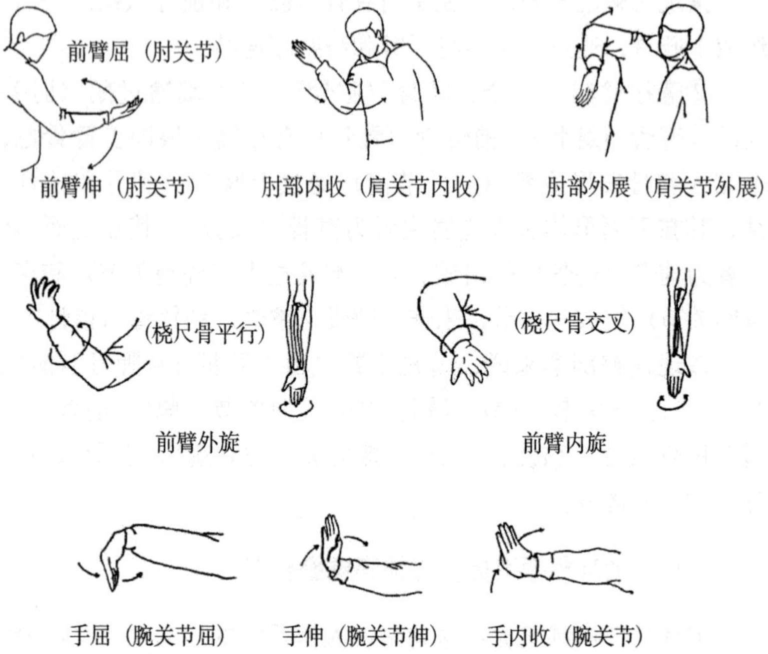

图 5–12　上肢运动形式

②臂辅缠虎叠相倚，此句有两层意思：

第一层意思是指，前臂和手的旋转运动是由相叠的前臂骨——臂（尺骨）、辅（挠骨）相叠交叉运动而形成的，所以说臂辅叠相倚。按现代运动解剖学来说，是由桡尺近端关节和桡尺远端关节共同完成的，它们是联合关节，属车轴关节。它只有一个运动轴，使前臂产生内旋和外旋运动。在形态上是桡、尺骨重叠交叉运动所形成的。而腕关节没有内、外旋的功能，手的内、外旋是由前臂的运动来完成的。同时受到肩关节和上肢带关节的支持。

手的其他运动（屈、伸、内收、外展），是由虎（桡腕关节）

壅（腕骨间关节）相叠共同完成的。两个关节可沿两个运动轴共同进行运动。当然手掌与手指的运动是由掌腕关节、掌指关节和指关节共同完成的。所以说是壅虎叠相倚。

第二层意思是指，再次强调了人体运动“七星主动依位承，阴阳互辅锁扣精”的运动特征（详见前注释），也就是人体运动链系统、效应性运动和锁定效应的特征。

叠（叠加）—— 处于手臂末端的手的运动，必然是手臂各关节的运动相叠加起来所形成的。也就是说人体肢体的运动，都不是单一关节运动所能形成的，而是相邻几个关节，依其相互的运动关系，而依次连续运动（运动链形式）所形成的。

相倚（相互倚重）—— 其相邻关节之间的运动是相互支持、补充又相互制约，是指它的效应性运动和锁定效应。

(3) 髃四鹅三壅虎六，偏转三四旋拧折。

①髃四鹅三壅虎六：这句讲的是，手臂（上肢运动链子系统）的三大主要关节（肩关节、肘关节、腕关节）的基本运动形式和擒拿锁定基本形态。

a. 髃四：是说髃（肩关节）有四种运动形式、三个擒拿锁定的基本形态。

肩关节的结构：肩关节是人体上肢最大的关节，由肱骨头与肩胛骨的关节盂构成，是球窝关节，肩关节面的大小差别明显，关节窝平浅，骨与骨之间的吻合也差，关节囊松弛，韧带少而且弱（图5–13）。所以肩关节是人体最灵活而稳定性差，最容易受伤的一个关节。其关节囊前下壁只有盂肱韧带的中部覆盖，同时约有16%的人在此部有缺失，故而肩关节囊前下壁最为薄弱，肩关节多易于此部位脱位。

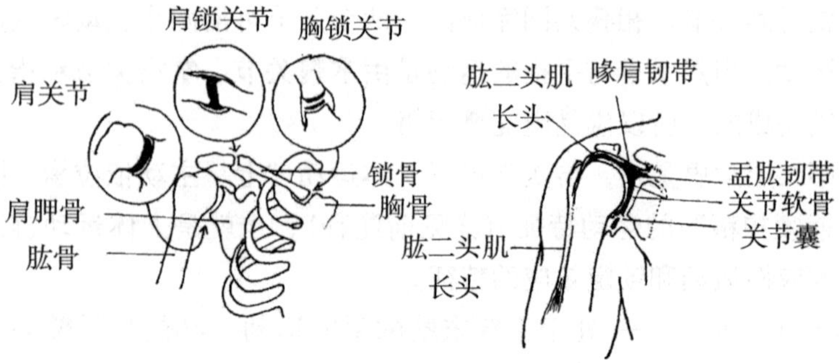

图 5-13　肩关节

肩关节的神经：主要为肩胛上神经分支（分布到关节囊的上壁和后壁）、胸神经的外侧支（关节囊的前壁和上壁）、腋神经（关节囊的前壁和下壁）。故而插、掐、击肩前窝和腋窝，常常同时引起胸前神经和腋神经损伤，而导致上臂无法上抬的创伤性运动功能障碍。在擒拿中若使上臂极度外展和过伸时，因臂丛神经干和血管束以喙突为轴折绕而行，这就使神经干和血管束受压、摩擦和牵扯而致损伤，造成剧痛和损伤而引起功能性运动障碍。

肩关节的运动：有三个运动轴（额状轴、矢状轴、垂直轴），可做屈伸、内收外展、旋内旋外和环转运动，还可以做水平屈伸运动。肩关节不仅可以单独运动，而且常与上肢带关节一起运动。

肩关节的擒拿基本形态和机理：

臂后伸，结合肩关节旋内（图 5-14）。

图 5-14　臂后伸结合肩关节旋内

此擒拿基本形态和机理是：控制对方手臂，使其直臂或屈臂后伸，同时旋拧压向其对侧肩部，使其肩关节旋内并极度后伸。因肩关节后伸受关节囊前壁及肱骨头与喙突结节的限制，其后伸角度只有 70°，旋内又使肱骨头在关节盂内向后滑动，肱骨大结节和肱骨体向前方转动。如果此时继续使其臂极度后伸上抬，同时下压其肩关节，将肱骨头旋压向肩关节前下方薄弱处，必扭拧其韧带、挤压该处神经、破坏关节囊而引起剧烈疼痛，同时锁定肩关节造成擒拿。发抖脆、冷弹劲时，可损伤其肩关节及周围组织，并使其由肩关节前下薄弱部位脱臼。

● 肩关节外展结合旋外（图 5–15）。

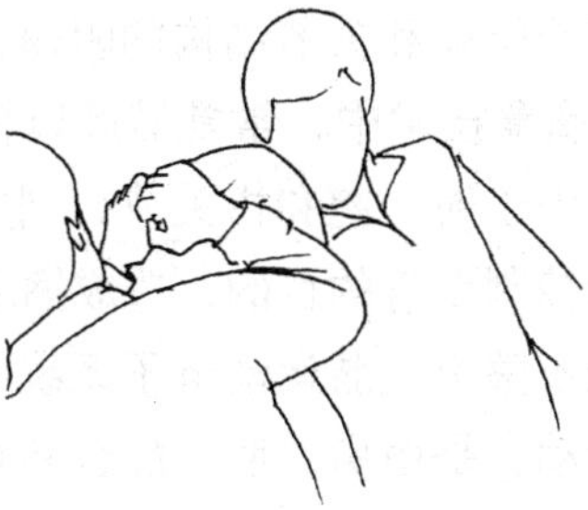

图 5–15　肩关节外展结合旋外

此擒拿基本形态和机理是：控制其臂，使其直臂或屈臂外展，同时旋拧使肩关节旋外。因肩关节上抬外展，使肱骨头向下方滑动，同时因肩关节旋外，使肱骨头同时在关节盂内向前滑动，肱骨大结节和肱骨体向后方转动，因为受到肩峰的限制，故而对肩关节产生锁定。此时如果继续外展并旋外，必造成对方肩关节损伤，产生剧痛，使其后倒造成擒拿。若锁定对方肩后，用冷脆劲向其侧后方做圆弧状抡旋，必使其肩关节全部损伤脱臼，造成终身残疾。

• 肩关节内收（图 5–16）。

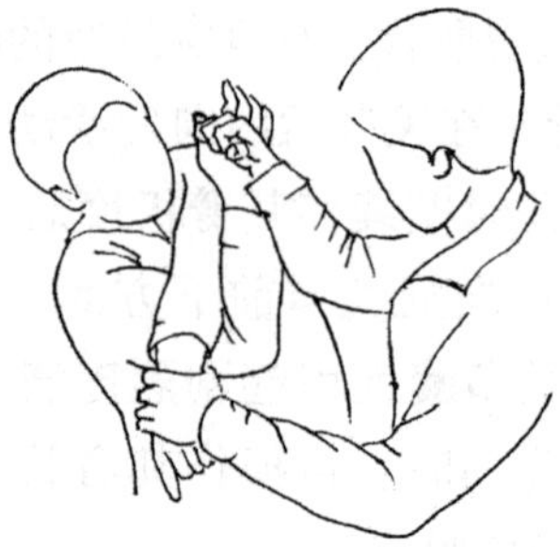

图 5–16　肩关节内收

肩关节内收，因受躯体和关节结构的阻碍，其运动幅度最大只有 45°。因而在实用擒拿技术中，常常借此以控制对方，或借此锁定肩关节，使力量集中于肘、腕和指关节，利用它们之间运动链的锁定效应关系，达到控制全身的目的，造成擒拿。

总之，肩关节处于整个上肢运动链子系统的根（基）部，整个上肢运动链系统的运动，是由肩、肘、配合腕和手的互承运动所组成，并相互支持与制约，产生互动和相互效应。故而在擒拿技术中，往往是利用相邻关节的效应性运动和锁定效应，对肩、肘、腕、指关节的组合擒拿。尤其是肩、肘部的组合擒拿更为多见。单纯的肩部擒拿较少，往往以肘部的擒拿来控制肩部，进而达到控制全身的目的。既是对腕或指部的擒拿，也是通过运动链系统的效应规律，进而造成肘、肩关节的连锁效应性锁定，达到控制全身的目的。否则不管你采用哪种方法，如果肩关节未被锁定，就不可能控制其上肢运动链系统，更谈不上控制全身了。必然使对方有活动反抗的余地和时机，形成不了擒拿，反遭拙打而受制于人。

因而，必须牢牢掌握这样一条基本原则：对上肢运动链系统中各关节的擒拿技术，必须充分利用其效应性锁定规律来锁定肩关节，只有这样才能控制全身，形成擒拿。

肩部的擒拿技术指的是，依据肩关节的结构特征、薄弱环节和它的运动特点，采用合理技法，以破坏和固锁肩关节，进而控制全身为主的擒拿技法。而且必须同时在肩关节两个运动轴上进行旋、拧、扳、折。肩部擒拿的技法多种多样，由各种不同的手法所组成，究其机理，不外上述三个基本擒拿状态。我们掌握基本擒拿形态，明其机理，就不难举一反三，针对不同的格斗态势，采用不同的手法，组合成各种各样的肩部擒拿技法。

b. 鹅三：是说鹅（肘关节）有两种运动形式、三个擒拿锁定的基本形态。

肘关节的结构：鹅（肘关节图 5–17），位于上与前臂之间，是整个上肢运动链系统的中枢环节。它由臑（肱骨）和臂（尺骨）、辅（桡骨）形成运动偶，是一个复合关节，由肱尺关节、肱桡关节和桡尺近侧关节所组成，上述三个关节包在一个关节囊内，有一个共同的关节腔。关节囊的纤维层前后部较薄而松弛，两侧和中部则较厚。由于关节囊的前后壁薄弱，因此当肘关节受到暴力时，往往引起肱骨下端向前移位，尺骨鹰嘴则向后移，造成常见的肘关节后脱位。

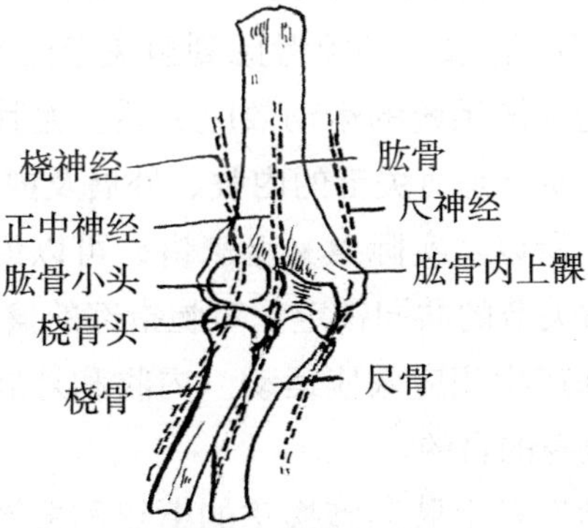

图 5–17　肘关节

肘关节的神经：在肘关节部主要有三条神经通过，在肘后肱骨内上髁与鹰嘴间的尺神经沟中，有尺神经通过下行。平时我们屈肘时不慎肘尖磕碰后，手臂有触电麻疼感时，常说碰了麻筋就是此处。在肘外侧肱骨外上髁上有桡神经通过。在肘窝中，靠尺侧肱二头肌腱下有正中神经通过。是肘部擒拿、掐拿、插挑的主要部位。

肘关节的运动：肘关节是复合关节，从总体上来看是一个蜗状关节。以肱尺关节为主体，与肱桡关节共同做屈、伸运动。桡尺近端关节和肱桡关节一起，使桡骨绕垂直轴做旋内、旋外运动，而使前臂产生内、外旋运动。因而肘部只能做屈伸运动，其屈伸的运动范围约为 140°。后伸时主要受关节前部的关节囊、肌肉和后部的鹰嘴所限制，只能稍后伸，女性后伸角度稍大。

当肘关节全伸和前臂外旋时，前臂和上臂不在一条直线上，前臂略向外侧，二者之间在肘关节处形成一个向外开放的纯角，165°~170°，称为提携角。女性较为显著。当前臂外旋时此角不明显，当屈肘关节时此角消失。在实用擒拿技法中，常利用此自然生理角实施肘部擒拿。

因肘部只能做屈、伸运动，其后伸角度极小，因而上肢主干的其他运动及肘部的内收、外展运动，都是依靠肩关节的运动来完成的。所以对肘部的擒拿，必须考虑到肩关节运动、运动幅度的支持，整个上肢运动链系统的运动效应关系。尤其是对肘部做内收、外展旋拧时，实质上是肩关节的内收、外展及内外旋运动和前臂骨的内外旋运动。所以从实际意义上来讲，可以说对肘关节的锁定，实质上是肩、肘关节的共同锁定。对腕指部的擒拿，亦是通过效应性运动，使肘部产生相应效应运动（内收和外展），进而锁定肩关节，达到控制全身的目的。

肘关节的锁定是上肢实施擒拿的枢纽和关键。这点非常重要，在学习和实施擒拿技术时，必须时刻加以重视。

肘关节擒拿基本形态和机理：

- 肘关节后伸（图 5–18）。

图 5–18　肘关节后伸

当控制整个上肢运动链系统的游离端（手、腕或前臂）时，在肘尖部对肘关节实施反关节击打或旋压、别折、抱缠，使肘关节过度后伸，并锁定肩关节。因肘关节只能做屈伸运动，其后伸角度极小。因受关节前部关节囊、肌肉和关节右部鹰嘴的限制，当肘关节过度后伸时，必牵拉关节、韧带、肌腱及关节周围组织，使鹰嘴部骨损伤，亦使尺神经在鹰嘴沟内受到挤磨损伤，如果同时旋拧并牵拉前臂时，即可形成桡骨小头脱位（脱臼）。

同时因上肢运动链系统相邻关节的效应性运动和锁定效应法则，对肘关节的反关节旋拧，因肘部的旋内、旋外运动实质上是肩关节的内外旋及内收、外展运动，因而对肩关节形成不同的锁定。并使力量集中于肘关节，形成支点在两端（肩部和游离端前臂部），而力点在中间（肘关节），使肘关节遭受破坏性损伤，并锁定整个运动链系统造成擒拿。

•肘关节屈旋内（图 5–19）。

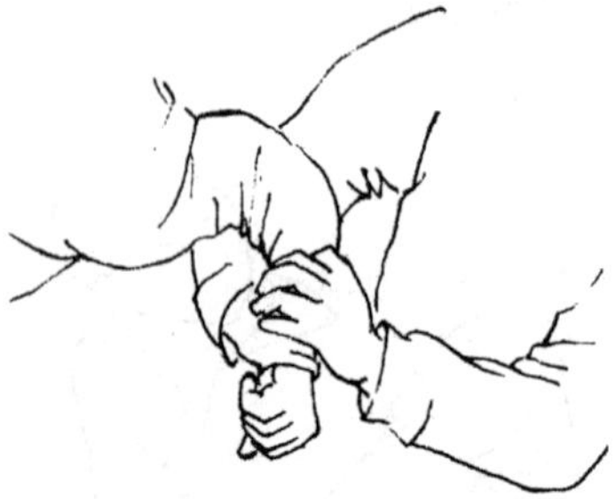

图 5–19　肘关节屈、旋内

当控制对方上肢运动链系统游离端（手、腕或前臂）时，同时使其屈肘，扳拉或利用插入其上臂与前臂之间的手臂作为杠杆，使其肘关节旋内。因肘关节只能做屈伸运动，故而肘部的旋内，是依靠肩关节的内收运动来完成的，而肩关节的内收运动是肱骨头向上方滑动，由于受躯干的阻碍，其运动幅度最大只有 45°。故而对肘关节施加一定的力量并使其旋内时，使肩关节产生效应性内收运动，必将肩关节锁定，从而达到控制全身造成擒拿。

同时由于肩关节的锁定，使其游离端和肘关节两部分所受对偶力（相反方向的力），其剪切力集中于肘关节，使其受到反关节外侧向扳折、旋拧，造成肘关节及尺侧副韧带等损伤，形成剧烈疼痛而造成擒拿。

•肘关节屈、旋外(图 5–20)。

当控制其上肢运动链系统游离端时，使其肘关节屈，利用肩关节与腕关节之间的连线为轴，

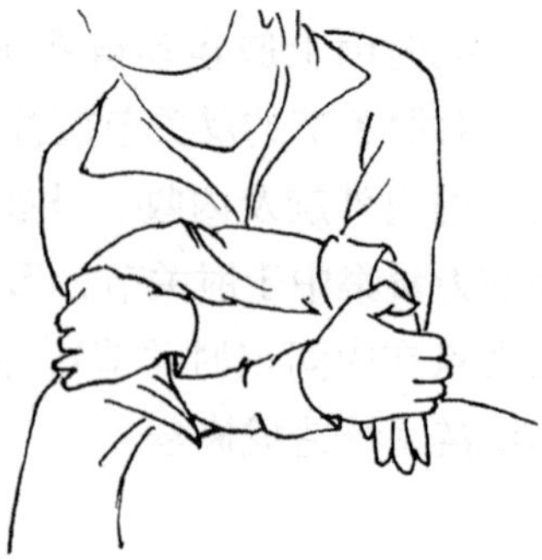

图 5–20　肘关节屈、旋外

以肘关节到其连线轴的垂线为力臂矩，使肘关节绕轴做旋外运动。因肘关节只能做屈伸运动，故而肘部的旋外运动，是依靠肩关节的外展运动来完成。而肩关节的外展因受肩峰的限制，其运动范围为100°~120°，当肘部的绕轴旋外使肩关节至极限时，必将肩关节锁定。并使力量集中于肘关节，使其受到侧向反关节击压，再加上旋拧之力。必使肘关节及桡侧副韧带损伤、桡骨小头脱位，同时使肩关节受到损伤，造成剧烈疼痛，锁定上肢运动链系统乃至全身，造成擒拿。

总之，肘关节处于整个上肢运动链系统的中枢位置，故而在肘部擒拿技术中，首先要控制上肢运动链的游离端（手、掌、腕），从而使其由开放式运动链变为闭锁式运动链。在技法的实施中应注意应用“当运动链系统中某一关节受到一定方向的力而产生变化时。其相邻关节即会产生效应性运动，当达到某一特定位置时，必造成其相邻关节的锁定，乃至整个运动链系统的锁定”的规律。同时亦应考虑到其“相邻关节的运动范围和幅度，对本关节运动的支持和制约。”在肘部擒拿技术的实施中，应重点考虑到肩关节的运动范围和幅度对肘关节的支持。这点极为重要。否则，对肘关节实施反挫关节，而肩关节未能锁定，将使对方具有反击、反抗的余地和时机。故而在擒拿口诀中要求：“擒肘必锁手，看肩锁全身。”

因肘关节位于人体上肢运动链系统的中枢环节，是人体上肢运动用力必不可少的部位。肘关节有强大的肱二头肌、肱三头肌等肌群所牵拉，其屈、伸的力量很大。而肘部旋外、旋内是由肩关节的运动所形成，有胸、背和肩部的强大肌群支持，故而其力量也很大。因而在肘部擒拿技术中，常使对方上臂与前臂屈成一定角度，用我手臂穿插其间，利用上臂与前臂互为力点和支点形成杠杆，采用力学撬杠的省力原理造成擒拿；又常利用自己的双臂叉别对方臂间，以自己双臂为力的支点，以对方前臂或上臂为力点，形成杠杆，使对方无法反抗而造成擒拿。因而要特别注意，依据肩、肘关节的结构特点与其运动用力最薄弱的位置、方向，采用正确的力点和支点的相互合理的力学结构位置。

在肘部擒拿中，常利用对方上臂与前臂间的生理提携角，肘关节内、外旋处于一定位置时，所造成的臂肩部肌群被动性动力不足原理，使对方减弱甚至发不出力来，从而实施擒拿技术。

肘部的擒拿技术是：依据肘关节的结构特征，薄弱环节及其运动特征，在控制对方梢节（末端）的基础上，采用反挫关节、左右旋拧、顶扛、别锁、滚缠等技法，以达到锁定肘、肩关节，进而控制全身的目的。同时采用冷脆、抖发之劲可直接分筋折骨。在整个实用擒拿技术中，以肘部擒拿技术为最多和最常用，据我所掌握的就有 80 余把之多。它是由各种不同手法所组成。但究其机理只有上述三种基本擒拿状态。明其机理，结合各种不同手法，就不难举一反三，针对各种不同的搏击态势，依据搏击、擒拿的基本法则与规律，就能组合成各种各样、千变万化的肘部擒拿技法。

c. 缠虎六：是说腕关节有六种运动形式，六种基本擒拿状态。

腕关节结构：缠虎（腕关节）位于前臂和手之间，它由 8 块小骨（腕骨）排成近侧列和远侧列两列所组成（图 5-21）。近侧列自外侧向内侧分别叫手舟骨、月骨、三角骨及豌豆骨，远侧列自外侧

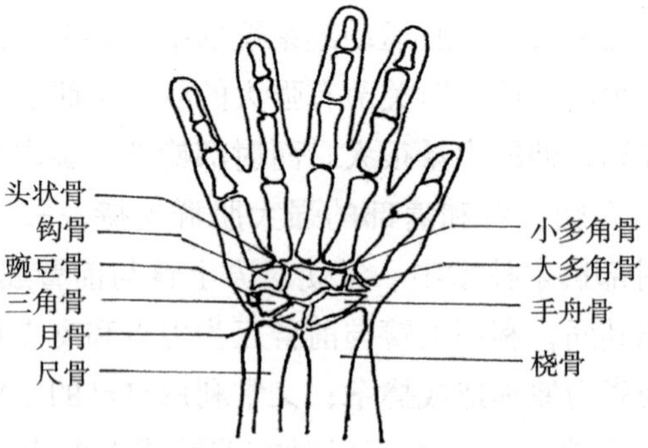

图 5-21 腕关节骨结构

向内侧分别叫做大多角骨、小多角骨、头状骨和钩骨。8 块腕骨不是排列在一个平面上，而是内外侧较高，构成一个掌侧面凹陷的腕骨沟。

腕关节是由桡腕关节和腕骨间关节所组成的联合关节，桡腕关节（虎）是前臂与手骨的连结关节，它是由桡骨下端的桡腕关节面和近侧列腕骨（豌豆骨除外）关节面构成。关节周围有韧带加固，其关节囊薄而松弛，是典型的椭圆关节。腕骨间关节（壅）在近侧列三块腕骨与远侧列腕骨之间形成，周围有韧带加固。腕骨间关节在结构上是独立的，但在机能上与桡腕关节一起组成联合关节（故称为壅虎）。其运动轴与桡腕关节相同，由于腕骨间关节的运动，增大了桡腕关节的运动幅度。

腕关节的神经：腕部有三条运动神经通过，在腕中掌面有一腕骨沟，上方由于腕横韧带跨过而形成一管状，称为腕管，有正中神经通过入手，在桡侧有桡动脉和桡神经伴行通过，在尺侧有尺动脉和尺神经伴行通过。

腕关节的运行：手腕部的运动是桡腕关节和腕骨间关节共同运动的结果。两个关节可沿两个运动轴（额状轴、矢状轴）共同进行运动，使腕部可做屈伸、内收外展和环转运动。由于掌侧韧带比背侧的强，因此屈腕比伸腕的运动幅度大。屈的运动幅度为 60°~70°，而伸的运动幅度只有 45°。因为桡骨茎突比尺骨茎突小，因此外展比内收的运动幅度小。内收的运动幅度为 35°~40°，而外展运动幅度为 20°。内收运动主要为桡腕关节的运动，外展运动则全部发生在腕骨间关节。桡腕关节和腕骨间关节还可共同做环转运动。

特别要指出的是，因腕关节没有内旋和外旋的功能，在擒拿技法中对腕部的内、外旋擒拿，实质上是前臂骨的运动。其内旋运动幅度为 140°~150°，由于上肢运动链系统相邻关节的效应性运动和锁定效应，当手腕、臂部内旋时，肱骨与肩胛骨也同时参加运动。此时若手臂平屈（屈肘），且手腕内旋至 270°时，肩、肘关节被锁定。若屈臂抬肘或沉肘时，则其肘、肩关节无法锁定，腕关节内旋运动可增至360°。此时可直接翻转身解脱。其外旋运动幅度为15°~25°，因整个上肢运动链系统参于运动，直臂时其外旋运动幅度可增至90°。屈臂时随着上臂与前臂间夹角的缩小，其外旋运动幅度可增加到190°。

腕部基本擒拿状态和机理：

- 腕关节背伸（背折）（图5–22）。

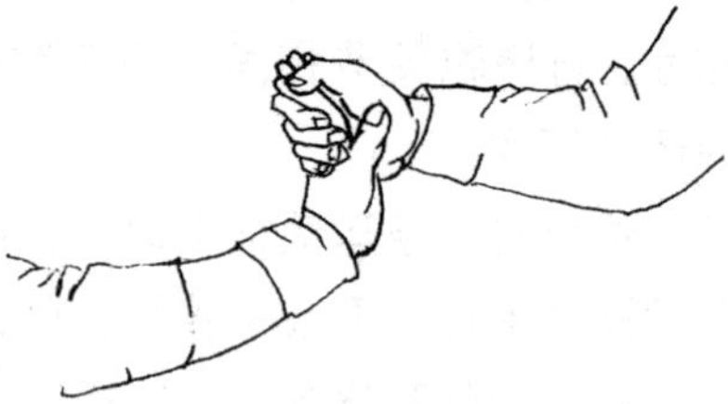

图5–22 腕关节背伸

此擒拿基本状态的机理是：当控制对方腕部，并对其手掌或手指实施一定方向的力，使其腕关节极度背伸时，因腕部的伸运动是由桡腕关节来完成的，其背伸最大运动幅度只有45°，此时可将桡腕关节锁定。并使腕骨间关节、掌腕关节受到反关节侧向搓压，当手在背伸位再加上前臂旋拧时，下桡尺关节趋向分离，处在桡尺远侧关节之间的三角纤维软骨盘，可被暴力所撕裂。损伤严重时，可合并下桡尺关节韧带损伤，进而导致该关节横向分离。

同时可通过腕关节的背伸锁定控制对方肘部，利用力在方向上的变化，使其肘部产生伸直、内收（旋内）、外展（旋外）、直屈（肘尖对地）四种运动形态。进而达到控制肘、肩关节，配合转换各种技法控制整个运动链系统，从而造成擒拿。

• 腕关节极度屈（图 5–23）。

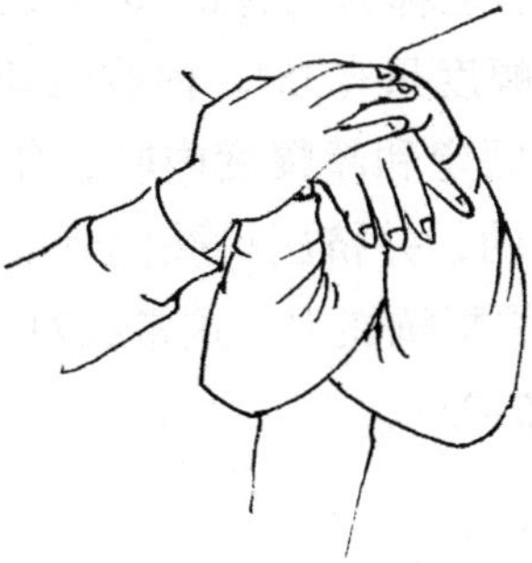

图 5–23　腕关节极度屈

此擒拿基本状态的机理是：当控制并切拿对方腕部时，对其掌背旋施加压力击打，使其腕关节极度屈。因腕部的屈伸运动是由桡腕关节来完成的，其屈的运动幅度只有 60°~70°，此时可将腕关节锁定，挤压桡腕关节和腕骨间关节，使腕部关节组织、神经、肌腱和韧带受到挤压、牵拉形成剧痛，使其完全丧失抵抗能力。并可通过使对方腕关节的极度屈，进一步控制其肘、肩关节，利用效应性锁定规律，进而控制其全身造成擒拿。

在肘部各擒拿技法中，在对肘部分筋错骨的同时，亦常使其腕关节折屈，对肘、腕关节同时实施擒拿。

• 腕关节内收（图 5–24）。

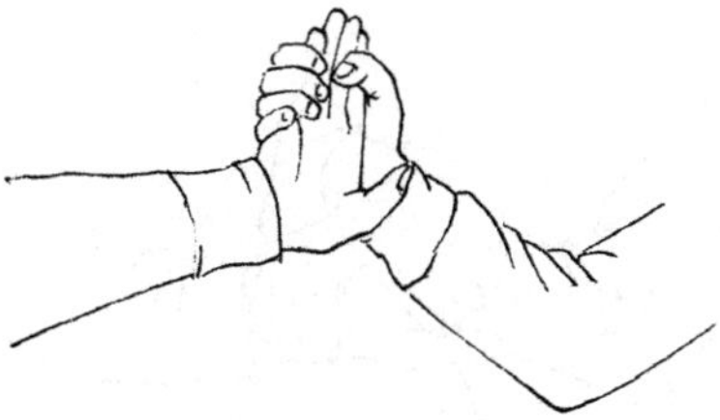

图 5–24　腕关节内收

此擒拿基本状态的机理是：当控制对方游离端之手和臂，使其腕关节极度内收（医学上称为尺骨偏移和尺骨屈曲），并成直臂状，因腕关节内收运动幅度只有35°，内收运动主要为桡腕关节的运动。因桡腔腕关节的锁定和超幅度内收，作用力必使尺骨偏移使腕骨间关节骨结构错动，并挤压尺腕侧骨间通过的尺神经，造成剧烈疼痛，使对方丧失抵抗能力。这常在对方抓握自己时使用。

• 腕关节外展（图 5–25）。

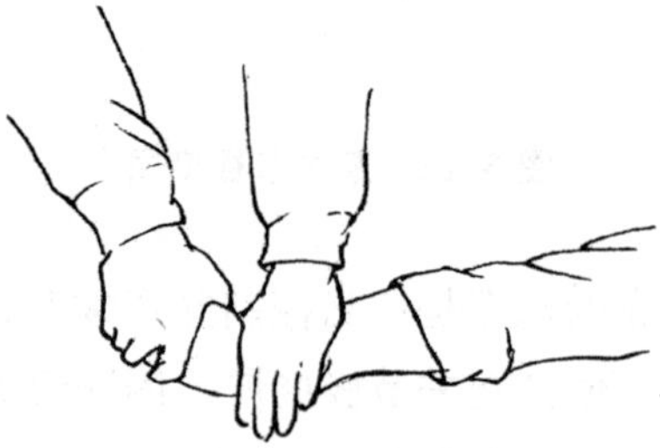

图 5–25　腕关节外展

此擒拿基本状态的机理是：当控制对方游离端之手和臂，使其腕关节极度外展（医学上称为桡骨偏移和桡骨屈曲）使腕向指方面弯曲。因外展运动全部发生在腕骨间关节，且其运动幅度只有 20°，使桡骨偏移，桡腕关节和腕骨间关节同时受到极度挤压、牵拉而损伤。并挤压桡腕侧骨间通过的桡神经，造成剧烈疼痛而丧生抵抗能力。

• 腕部内旋（图 5–26）。

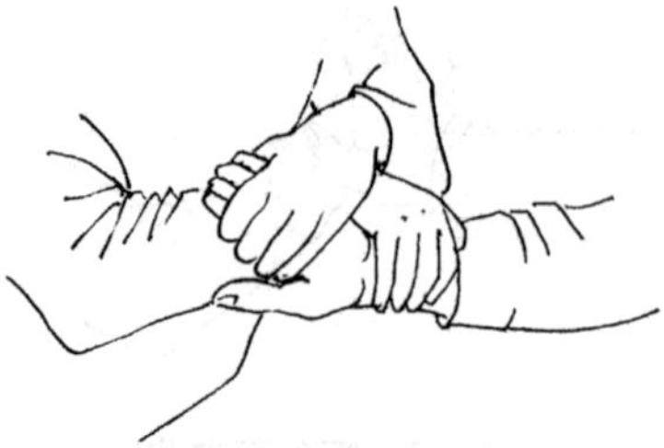

图 5–26　腕部内旋

此擒拿基本状态的机理是：当控制并向内旋拧对方腕部时，因腕关节没有内外旋的能力，实际上是前臂骨的内旋运动。其内旋运动幅度为140°~150°，由于上肢运动链相邻关节的效应性运动和锁定效应，当对腕部实施内旋时，必使前臂骨产生效应性内旋运动，并使肱骨与肩胛骨也产生效应性运动。此时若手臂平屈，则手腕部可内旋至240°（加上臂外展90°）。肘、肩关节亦被同时锁定。若手臂伸直，则肩关节无法锁定，其运动幅度可增至360°，对方翻肩转身就可解脱并进行反击。若其上抬或下沉肘，腕部内旋幅度可增至360°，对方亦可解脱或屈肘用肘尖进行反击。

在腕部内旋擒拿时，可使对方桡尺近、远侧关节受到极度旋拧而损伤。并往往连带有腕关节的背伸旋拧，造成下桡尺关节趋向分离，处在桡尺远侧关节之间的三角纤维软骨盘可被撕裂，使下桡尺关节韧带损伤，导致下桡尺关节横向分离，使腕尺侧产生剧烈疼痛，对方必被迫前下蹲而完全丧失抵抗能力。而当对方上臂外展，平屈肘时，则整个上肢运动链系统完全锁定，造成擒拿。

此基本状态是腕部擒拿技法中最多、最常用的。其外观最佳状况是：腕关节背伸，手掌翻向前，小鱼际（小指侧）向上，上臂外展90°，平屈肘，上臂与前臂间夹角在120°~140°之间。传统武术中腕部擒拿口诀曰："擒手梢节扣旋腕，鱼际望天守中线。两臂平屈六七分，扣拧卷插鬼神哀"，就是对此状态最生动的描述和总结。

● 腕部外旋（图5–27）。

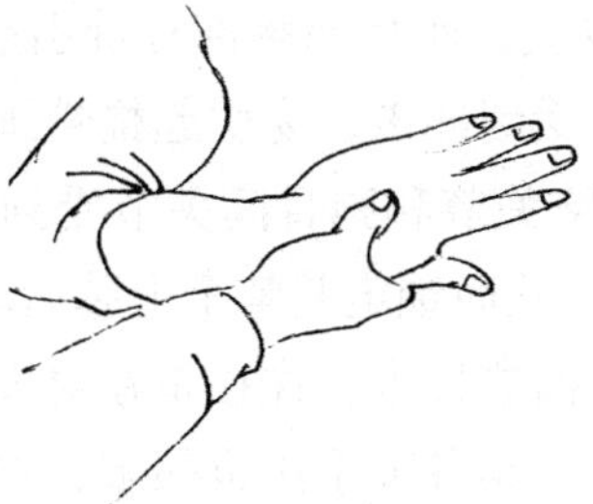

图5–27　腕部外旋

此擒拿基本状态的机理是：当控制对方腕部旋压手背（使其手掌反向向地）进行旋拧时，由于腕关节没有外旋的运动能力，腕部的外旋实质上是前臂骨的外旋运动。其外旋的运动幅度只有15°~25°。但由于整个上肢运动链系统都参与运动，直臂时其外旋运动幅度可增至90°。此时肩关节仍有前顶后伸的运动能力，而未被全部锁定。对方可向旋拧方向转肩以求解脱反击，或全力前顶旋臂造成擒拿的难度。因而在做对方腕部外旋直臂状态下的擒拿时，必须以其肩关节为圆心，使手腕做圆弧运动，同时外旋拧压、边旋边拉带（向其前下方）。否则因肩关节未被锁定，对方仍有反击和解脱的余地。

当外旋引起屈臂，上臂内收时，虽其运动幅度可增至180°，肩关节可完全锁定，但要十分注意，如对方随着肩关节内收而屈肘时，上臂与前臂之间夹角越小，其臂部的反抗力量就越大。上臂和身体之间夹角不能小于90°，否则无法锁定肩关节，对方可顺势转身解脱反击。这就是在做腕部外旋擒拿时，必须边外旋、边拉带（向其前下方）的原因。在做腕部外旋擒拿时，往往伴随着腕部的折屈和旋拉同时进行。这样在肩、肘关节锁定的同时，使外旋力量全部集中在腕关节和前臂骨的桡尺近、远侧关节上，形成剧烈疼痛，造成擒拿。

当对腕部实施外旋并折屈腕关节时，必然使桡尺近、远侧关节趋向分离，三角纤维软骨盘撕裂，桡尺关节韧带损伤，导致桡尺关节横向分离，尺骨小头向背侧隆起。桡骨小头由于正处于由手和前臂传递至上臂的力线上，而且当腕部外旋引起前臂骨极度外旋时，桡骨小头与桡骨颈又受到冲击，易引起桡骨颈断裂。同时因腕关节的旋拧、折屈，使桡腕关节和腕骨间关节受到损伤，造成剧烈疼痛，使对方丧失运动能力，从而锁定其整个上肢运动链系统，形成擒拿。

总之，对腕部的擒拿技术，往往是在对方抓握自己时、解脱反擒拿和夺凶器中使用，其各种手法也很多，然究其机理最常用的是背伸、内旋和外旋三种。在实施腕部擒拿技法时，特别要注意利用效性运动来锁定肘关节，进而锁定肩关节。特别要防备对方利用屈肘、转体来解脱反击或实施反擒拿。

附：手指擒拿的基本状态和机理

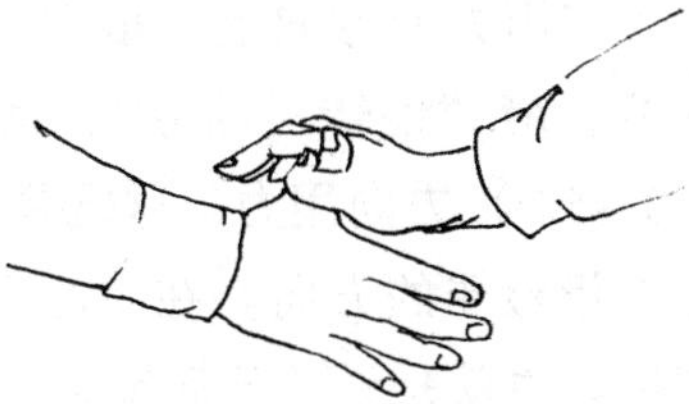

此擒拿基本状态和机理是：因掌指、指间关节囊背侧松弛，关节两侧有韧带加固，侧向运动受到限制。其单指耐力性又差而且力量不足，故而在擒拿技术中常扣抓其一二指，向其关节后侧方旋拧抉折，必造成剧烈疼痛，使指间侧副韧带扭伤和断裂，重者使掌指关节和指间关节脱位，并常伴有指骨基底骨折。同时亦可通过指部擒拿，依据运动链中相邻关节的效应性运动和效应锁定规律，可连续锁定腕、肘和肩关节，形成擒拿。指部擒拿常在被对方抓握时使用，但在实施中常常和腕、肘、肩部的擒拿技术配合连续使用，控制整个上肢运动链系统，从而形成擒拿。

②偏转三四旋拧折。

这句讲的是：擒法中在实施分筋错骨时，其用力的方向和用力的基本方法。

人人都在讲擒拿就是反挫关节，但这里有一个极大的误解。一般人们理解反挫关节指的是向关节运动的反方向用力。但生物尤其是人，在整个生命进化过程中，为了有效地保护自己，在关节运动的反方向上都有相应的生理结构和强大的韧带和肌群所保护。就是一只鸡腿上的关节，要想在其运动的反方向上用力将其拆开，一般人恐怕都很难做到，何况人体强大的关节。

中国传统武术擒拿技术的擒法讲的是“分筋错骨”，所谓“错骨”指的是，使形成关节的一对对偶骨的骨头位置产生相挫和错开，使其关节超功能、超幅度运动。挤压、挫磨相应的关节神经。“分筋”指的是，撕拉、破坏关节韧带和关节囊组织，并扭拉、撕裂跨关节的肌腱。分和错组合，共同破坏人体关节运动的生理结构，并造成人体无法忍受的剧烈疼痛。

在用力的方向上，依据人体运动关节的生理结构特点和薄弱环节，应“偏转三四分”，就是说要向其反关节方向侧斜三四分（35°~50°）方向用力。这既是关节组织结构薄弱部位，也是其关节部力量最弱的方向。在手法上必须边旋、边拧、边折，由旋到拧到折。也就是说“分筋错骨”必须最少同时在两个运动轴上进行，这样才能获得事半功倍的效果。如同我们在拆卸其他动物关节时，向其反关节侧斜方向上实施旋拧折非常省力一样。更重要的是，考虑到相邻关节的效应性运动和锁定效应规律，通过对某一关节的分筋错骨，使相邻关节产生效应性运动，到达其特定位置产生锁定效应，从而锁定其整个运动链系统，正确地实施擒拿。这点在所有的擒拿技术中都是相同的，是根本大法之一，都必须认真遵循。

旋指的是，以分筋错骨的关节为轴，做环转运动。拧指的是，以其臂为轴，做螺旋拧转动作。折指的是，以分筋错骨的关节为中心，在其两端相对（剪切）用力对关节进行扳折，或对已旋拧的关节部实施猛力击打。

(4) 手动四尺鹅微动，回手拐行左右旋。

这句口诀讲的是：人体上肢运动链系统（手臂）的运动规律和运动特征。无论在擒拿技术中或攻防格斗中，都必须加以充分利用。

①手动四尺鹅微动：是说在攻防格斗中，人体手臂的运动，是

以手（拳）的运动为前导的。而手的运动距离和范围比较大（它用四尺来形容），而鹅（肘部）它的运动距离和范围相对非常小。如最常用的直冲拳的收发，拳的运动幅度大而且发收的速度非常快，而肘部的运动幅度非常小，只是略有上提前伸，将手臂伸直。手(拳）向前做直线运动。故而常说“封手不如封肘，手快肘慢全看肩”。封格其肘部比封格其手要容易得多。同时因肘关节处于上肢运动的中枢环节，可以说封格或控制了肘部，就最大限度地限制了对方手臂的自主运动和发力（尤其是在双方抓握缠斗中）。为我的攻防格斗和擒拿技术的实施，创造了有利条件和前提。

②回手拐行左右旋：“手动四尺鹅微动”讲的是出手的运动特征和规律，这半句讲的是出手回收的特征和运动规律。

“回手拐行”是说已伸出的攻击手的回收，并非是直线回收的。它是由肘部下沉略回收，前臂向上臂方向屈折所形成的，也就是说是拐行而回的。这就给我们刁扣锁拿其腕，制造了有利条件。当对方用直拳（冲拳）攻击我时，在封格中，直接刁拿锁扣其腕，因手(拳）的运动幅度大，其速度又非常之快，它的成功率几乎等于零。如果掌握了手（拳）回收的这个特征和规律，在封格其进攻手(拳）时，将封格点略向前，定在近其肘窝部，并扣腕张手以待之。由于对方手（拳）的回收，是由肘窝方向，拐行向上臂折屈而回的。我则张网以待，对方自然将前臂送到我的手中，从而实现对其腕部的刁拿锁扣。这是擒拿技术的最重要的基本功之一。它在攻防格斗中为擒拿技法的实施，创造了先决条件和机会。

“左右旋”有三层意思：一是说，在擒拿中对方左右旋拧发力时，必然通过肘部内收和外展的运动，才能充分发挥上臂、肩、胸、腰乃至全身的劲力来，但如用各种手法控制其肘部的内收外展(左右旋）运动，必极大削弱其左右旋拧的力量。二是说，在出手进攻动作中，除直线攻击手法外，劈、摆、切也都是先由肘部内收外展动作所起始，通过观察对方肘部的内收外展，可较早判断出他的进攻手法和路线及进攻方向。亦可速封其肘来阻止他的进攻。三是说，在控制其手臂游离端（腕、前臂）时，同时对其肘部实施左右旋拧，是上肢擒拿技术的基本技法。

(5) 锁虎必带鹅亦锁，鹅飞虎押髃必困。

这第三部分最后一句讲的是：在对上肢运动链系统实施擒拿时，必须十分注意的几个问题。同对也讲述了髃（肩关节）、鹅（肘关节）、虎（腕关节）在实施擒拿技法时的相互之间的关系和相互作用。

①锁虎必带鹅亦锁：这半句讲的是，在对虎（腕关节）进行锁扣、擒拿时，必须充分利用效应性运动和锁定效应，将肘关节锁定。否则不但腕部的锁扣和擒拿无法实施，而且必然遭到对方利用肩、肘的运动进行解脱和凶猛的反击。

这就是俗语所说：“擒腕必锁肘，否则遭拙打。”

②鹅飞虎押髃必困：鹅飞指的是，肘关节内收和外展，这实质上是肩关节的内、外旋运动。虎押指的是，对腕关节（梢节）的锁定。髃必困指的是，肩关节必然被锁定。这半句讲的是，如果锁定了腕关节，也就是把上肢运动链系统由开放式变为闭锁式，同时使肘关节处于内收或外展状态，并进行旋拧，必然将肩关节锁定，造成擒拿。

4. 第四部分（第十二句至十六句）

鬼行髁髀连楗骨，骸骺骭劳踝跗趾。
髀杵曲颈看连骸，连骸合核左右旋。
髀枢连核依三定，合核四动骸髀连。

骸起腿到髃先动，臁胫盘缠依身定。

吃骸锁根髀枢翻，合核拧旋人必旋。

第四部分全面讲述了鬼行（人体下肢运动链系统）的骨骼结构、运动关节的运动特点和固锁机理，整个下肢运动链系统的运动特点和规律，下肢擒拿的锁定原则。

(1) 鬼行髁髀连楗骨，骸骱骭劳踝跗趾。

这句全面讲述了人体下肢运动链系统的骨骼结构。

髁：即胯骨又名髋骨也。髀：髋骨外向之骨，其形似臼以纳髀骨之上端如杆者也，名曰机又名曰髀枢，即环跳穴处也。也就是现代所称的髋关节。楗：一名髀骨，上端如杵入于髀枢之臼，下端如锤接于骱骨，统名曰股乃下身两大支之通称也，俗名大腿，即现代称股骨。骸：亦名膑骨，形圆而扁，覆于楗、上下两骨之端。在这里指的是膝关节。骱：俗名臁胫骨也，其骨两根，在前者名成骨，又名骭骨其形粗，在后者名辅骨，其形细，又俗名劳堂骨，现代称之为胫骨和腓骨。踝：骱骨之下，足跗之上。两旁突出之骨也。在内者名内踝，俗名合骨。在外者为外踝，俗名核骨。这里指的是踝关节。跗：跗骨足背也，一名足趺，俗称脚面，乃足趾本节之骨也。趾：趾者足之指也，足指骨也。

按现代解剖学来讲，人体下肢运动链系统是由下肢带（髁即髋骨，是由髂骨、耻骨和坐骨骨化而成）与躯干下肢相连接。并通过髋关节（髀枢）连接大腿股骨（楗骨），通过膝关节（骸）连接小腿骨（骱）胫骨和腓骨（骭骨、劳堂骨），通过踝关节（踝）来连接脚骨（跗骨和趾骨）所构成下肢骨骼。以骨骼为中轴，关节为枢纽，肌肉按关节运动轴分群、分层排列，有血管、神经、经络穿行其间的运动链系统。

下肢运动链系统具有支持体重，使人运动行走的功能。在擒拿格斗中是人体在空间转移变化、保持平衡的基础，也是人体借以支撑发力的基础。腿法和步法在搏击格斗技术中占有非常重要的地位，是攻击的犀利武器。但因其骨骼粗大，关节辅助结构坚韧，且肌肉力量相对强大。故在擒拿技术中对腿部直接的擒拿技术相对较少，而摔法较多，大都集中在膝关节。主要是通过绊扣、锁拿对方重心支撑脚（腿）或攻击其腿，破坏其重心，使其失去平衡而仆跌，或阻止对方身体转移变化，配合其他擒拿技术实施擒拿。

(2) 髀杵曲颈看连骸，连骸合核左右旋。

这句讲的是下肢运动链的骨骼结构不同于上肢的结构特征。

髀杵（大腿股骨）并非像上臂骨（肱骨）一样是直的，它的上端有一颈是弯曲的，医学上称为股骨颈。由于支撑人体重力和运动的力学生理结构的特点，当人跌倒或腿部受到暴力时，受力常常集中在股骨颈部，故常引起股骨颈骨折（老年人更是如此）。

人体下肢（髋关节、膝关节和踝关节）是联动的，最怕的是左右旋拧。而对腿部的擒拿技术，则绝大部分是对腿（膝、踝）实施旋拧，来造成髋关节的旋拧而实现的。

(3) 髀枢连骸依三定，合核四动骸髀连。

这句讲的是下肢运动链的髀（髋关节）、骸（膝关节）和合核（踝关节）的运动特征及擒拿锁定的基本形态（图 5-28）。

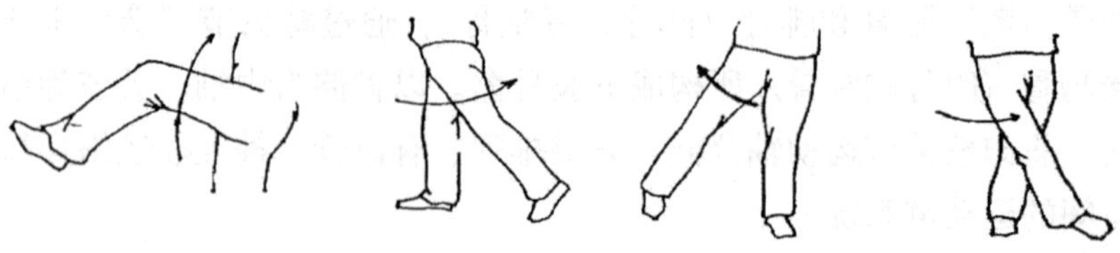

大腿屈　大腿伸　大腿外展　大腿内收

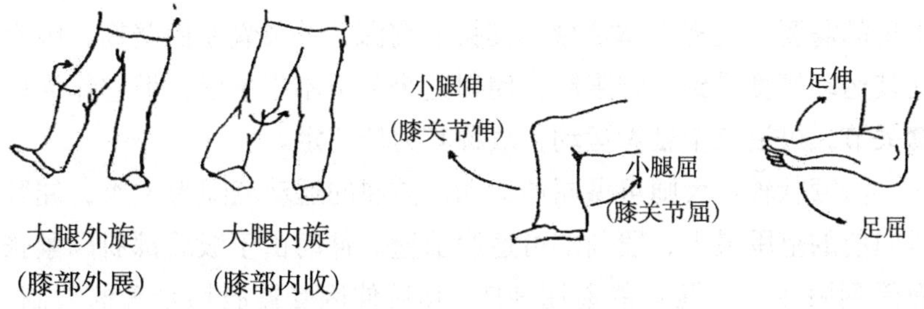

图 5–28　下肢运动形式

①髀枢连骸依三定。髀（髋关节）骸（膝关节）的运动是连带相关联的，对它们的擒拿技法主要是依据髀的三个运动特点所形成的。因为对膝关节的旋拧、折扳，从根本来讲是依据相邻关节的效应性运动和锁定效应，是对髋关节的锁定，它有四个基本擒拿形态。

a. 髀枢（髋关节）：是由髋骨的髋臼与股骨的股骨头构成，在髋臼的围缘有盂缘附着，使关节窝加深，从而加固关节，其关节囊厚而坚韧（图 5–29）。股骨颈的前面完全在关节囊内，后面有一部分则在关节囊外。由于关节囊的后下方和内下方较薄，又无坚韧的韧带和肌肉加强，因此形成薄弱点。当大腿外展并伴有外旋时或内收伴有内旋时，在暴力作用下常形成髋关节脱位，股骨头在此处脱出，造成常见的髋关节后脱位。

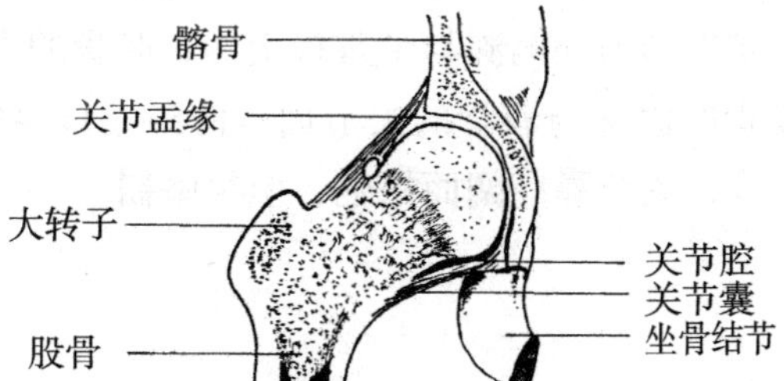

图 5–29　髋关节结构

髋关节是典型的球窝关节，其运动本应相当灵活，但为了适应生理的需要，支持人体重量，其关节窝深，关节囊厚而坚韧，因而使其运动幅度受到一定限制，使得这个关节不很灵活。但它作为球窝关节，可沿三个轴做运动，故称其为依三定。

沿额状轴：大腿可做屈伸运动。前屈的运动范围为114°，屈膝时向前的范围最大，股前部可达腹前壁。伸时由于股后部肌肉紧张而受到限制，大腿只能前屈80°。其后伸因受髂股韧带等的限制，后伸运动范围只有32°。

沿矢状轴：大腿可做内收与外展运动，但内收因受髂骨韧带和关节囊上部等的限制，外展因受耻骨囊韧带及髂骨韧带内侧部的限制，其运动范围较小，只有45°。其内收运动的范围与大腿的伸屈有关，大腿前屈时运动范围增加，大腿后伸时运动范围减小。

沿垂直轴：大腿可做旋内和旋外运动。因受韧带和关节囊的限制，其旋内运动范围很小，只有10°~15°。其旋外运动范围比旋内较大，也只有35°。

髋关节是人体坚固的关节之一，它关节囊厚而坚韧，外部有强大肌群保护，因而直接施于髋关节的擒拿技法很少。大都是利用膝、踝关节的旋拧、折扳技法，利用力臂原理及运动链相邻关节的效应性运动和锁定规律，使髋关节产生旋外加外展，旋内加内收等锁定髋关节，使人失去平衡支撑造成擒拿。

b. 骸（膝关节）：膝关节是人体中较大而最复杂的关节，它由三部分组成，股骨的内外侧髁与半月板上面；胫骨的内外侧髁与半月板下面；股骨的髌面与髌骨的关节面（图5-30）。各关节面均覆盖一层关节软骨，关节囊广阔而松弛，但很坚韧。

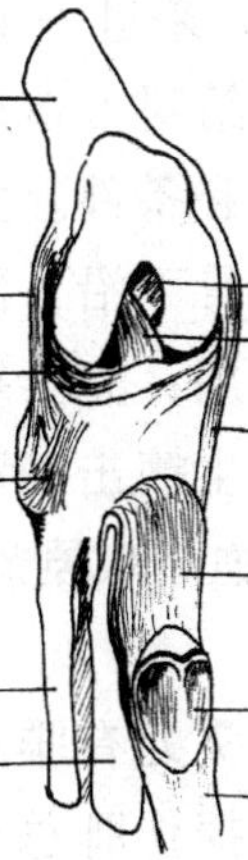

图 5–30　膝关节结构

膝关节的运动：膝关节是滑车关节，可沿两个轴运动。

沿额状轴，可做屈伸运动，其运动范围约 130°。伸膝时因受交叉韧带和副韧带的限制，故而不能背伸。

沿垂直轴，小腿可做旋内与旋外运动，屈膝时其运动范围最大，可达 50°，其中旋内约 10°，旋外约 40°。膝关节的屈伸运动伴随着小腿的旋转运动，屈时小腿旋内，伸时小腿旋外。

另外，膝关节运动时，髌骨也随着运动，深屈时髌骨下移，伸膝时髌骨上移，旋转运动时位置不变。膝关节的半月板也随关节的运动而移动，屈膝时两个半月板后移，伸膝时则前移。当膝关节半屈做小腿外展旋外或内收旋内时，两侧半月板做一前一后的移动。

膝关节的薄弱环节：膝关节处于下肢运动链子系统的中枢位置，其关节面浅而宽，是人体中较大而复杂的一个关节。由于它处于支撑人体重量、人体下肢运动和在空间转移变化的中间位置，故而对膝关节的旋拧折扳，可锁定整个下肢运动链系统。但它是通过效应性运动和锁定效应，来进一步锁定髋关节来实现擒拿的。

猛力踢击髌骨下沿，会给对方造成剧烈疼痛，使其膝关节酸软，给我擒拿造成有利时机和条件。尤其是利用对方移动时，猛力踢击对方重心支撑腿的髌骨下沿，因移动瞬间其支撑腿必处于半蹲位，此时关节的稳定作用，完全靠股四头肌来维持，此时突然击打髌骨，使髌股关节产生撞击锉动，并使处于髌骨下沿股胫关节的脂肪垫损伤、肿胀出血造成剧痛，膝关节酸软无力而坐倒，造成擒拿。

膝关节外侧下沿腓骨小头处有腓总神经通过，猛力踢击此处时，除造成剧烈疼痛外，可损伤腓总神经，使小腿前外侧肌群麻痹，严重时可造成足内屈、内翻成马蹄内翻足，造成终身残疾。

膝关节擒拿基本状态及机理：

• 膝关节后屈（图 5–31）。

图 5–31 膝关节后屈

当对方膝关节后部腘窝处突然受到向斜下方的压力时，其腿无法离开地面移动，必然向前跪倒。可配合其他技法实施擒拿。

●膝关节外展外旋（图 5–32）。

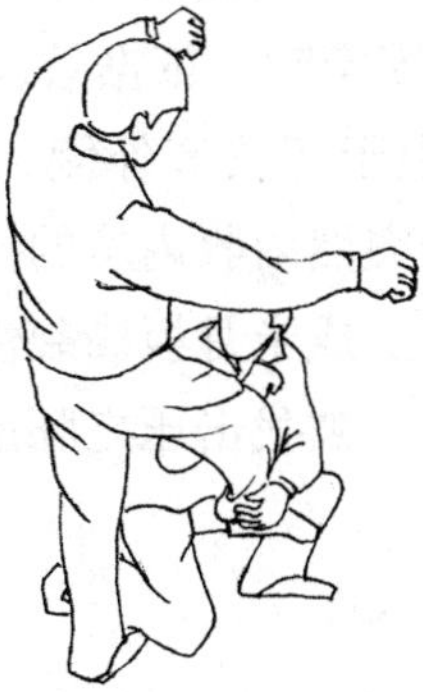

图 5–32　膝关节外展外旋

因膝关节只能做屈伸运动，又处于下肢运动链的中枢环节，因而当膝部受外力外展、外旋时，依据运动链的效应性运动，必引起小腿骨和髋关节的外展旋外。它们的运动幅度又较小，髋关节只有 25°~35°，小腿只有 40°。而当腿被锁定时，下肢运动链即由开放式变为闭锁式运动链，通过膝关节的外展旋外使髋关节外展旋外而被锁定，对方必失去重心而侧后倒。同时造成膝关节、半月板、外侧副韧带和髋关节的损伤，严重时可造成股骨颈骨折。

●膝关节内收内旋（图 5–33）。

图 5–33　膝关节内收内旋

因膝关节只能做屈伸运动，当其受力内收内旋时，此运动实质上是，小腿骨和髋关节的内收内旋运动，而髋关节的内旋运动幅度只有 10°~15°，当小腿被锁定时，依据效应性运动和锁定效应，髋关节必被锁定。力量集中于膝关节外侧，必使对方屈膝前侧跪倒地。膝关节处半蹲位时的突然内收内旋的扭转，使位于两侧一前一后的半月板来不及滑移，造成半月板撕裂性损伤，同时使侧副韧带损伤，在对方前跪倒地时，被我击压之膝前部猛力撞击地面，造成髌骨损伤。

● 膝关节前伸（图 5–34）。

图 5–34　膝关节前伸

当腿部被锁定时，处于屈状的膝关节突然受到来自正前方的猛力打击，使膝关节突然前伸，当伸至大小腿伸直状时，其没有继续背伸的能力，必使髋关节受到前冲向下的压力。而腿又无法移动，造成身体重心后移，超出其支撑投影面，人必失去平衡而后倒。

②合核四动骸髀连：讲的是脚踝的骨结构、运动形式和它的运动特点。

合核四动：指的是踝关节有四种运动形式。

踝关节（图 5-35）是由胫骨下关节面、内踝关节面（合——内踝）、腓骨的外踝关节面与距骨上方的滑车关节面（核——外踝），连结构成的。关节面均覆盖一层透明软骨，关节囊前后较薄而且松弛，借助许多韧带加固。

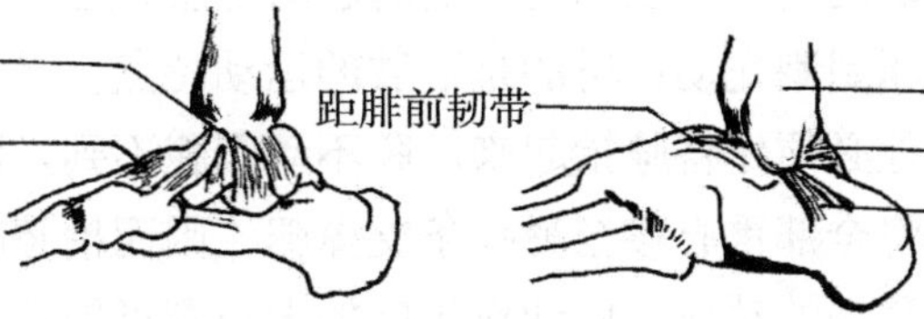

图 5-35 踝关节结构

踝关节是屈戍关节，只有一个运动轴。足在踝关节处只可做屈伸运动。足伸（背屈）的运动幅度为 26°，足屈的运动幅度为 41°~43°。

因踝关节处于整个下肢运动链系统的末端，也是整个人体运动链系统的着地重心支撑点，故而在擒拿技术中，是伴随其他部位的擒拿技法，对踝关节实施踢、拌、锁、崩、弹、挑等技法，阻止对方移动变化，破坏其身体重心支撑点，使人体失去平衡跌倒或因失去支撑力而丧失抵抗能力，实施擒拿。

直接施用于踝关节的擒拿技术只有一种，俗称为“拧脚旋身”，其法是：当对方用脚踢我时，我疾收腰屈肘，用肘或前臂封格其腿，并借势抢抱其小腿。此时我疾退步，两手顺对方小腿向后抓拿其足，一手在其足根部，一手在其足趾部。两手合力一正一反，向内或向外旋拧其脚。对方必旋翻身而倒地。

骸髀连：讲的是在对脚（踝关节）实施旋拧时，因踝关节和膝关节均无内、外旋转的运动功能，故而依据运动链系统的效应性运动，必引起髋关节的内旋或外旋，而髋关节的内、外旋运动范围都很小，其旋内只有 10°~15°，旋外也只有 25°~35。因此必锁定髋关节，使人左右翻跌。如其不能随顺其势而左右翻倒，则力量全部集中于踝关节和髋关节，必然引起踝、髋关节的严重损伤。

(4) 骸起腿到髃先动，臁胫盘缠依身定。

这两句讲的是下肢运动链系统的运动特点和运动规律。

①骸起腿到髃先动：讲的是下肢的运动特点，对方欲起腿进步或踢你时，他必须先将膝抬起来。膝不动则腿不到。而抬膝起腿的首要条件是将全部重心移至另一条支撑腿，因而抬膝腿的胯部首先有一个重心移动的动作。依动作幅度的大小则可判定他是步法移动还是起脚踢你。这就是膝起腿到髋先动的下肢动作规律。这是无数前辈在实战中总结出来的，他能使你通过观察及早判定对方的攻击意图，在实战中非常重要。

②臁胫盘缠依身定：臁胫，指的是小腿。这句讲的是在格斗擒拿中尤其是在双方缠斗在一起时，可利用步法的变换，对对方的小腿采用盘、缠的腿部擒拿锁扣技法，锁定其下肢运动链系统，直接造成擒拿。常用的技法有“古树盘根”“恶蟒咶膝”“小鬼推磨”等。依身定，指的是在使用这些技法时，要依据对方的重心位置和重心移动情况来确定你所使用的技法（图 5–36）。

① ② ③

图 5–36 依据对方重心不同使用不同技法

(5) 吃骸锁根髀枢翻，合核拧旋人必旋。

这两句重点讲的是对下肢运动链系统实施擒拿技法的主要法则。

①吃骸锁根髀枢翻：讲的是对膝关节实施擒拿时，必须首先锁定他的根（脚），这样才能通过效应性运动锁定髋关节，从而使人翻倒造成擒拿。

例如：当你旋踢对方膝关节内或外侧时，如果只是沿水平面或向上方用力，则对方下肢运动链系统为开放式运动链，其腿（脚）随势可做移动，只能给对方造成轻微的局部伤害。但如若你向其斜后下方用力旋踢，由于对方膝关节受到向斜下的力量，亦使脚受到垂直向下的分力而无法离开地面或移动，其下肢运动链系统就由开放式变为闭锁式。相邻关节产生效应性运动，由于膝关节无内、外旋的运动能力，受到旋冲的压力必造成膝部内或外旋，引起髋关节的极度内、外旋。这样就形成了膝关节两端——足踝关节和髋关节的锁定效应，膝关节受到反关节冲力，整个下肢运动链系统被锁定，人必后侧倒地。同时视所受冲力大小，踝、膝、髋关节受到不同程度的损伤（图 5-37）。

① ②

③ ④

图 5-37 吃骸（膝）锁根（脚）

②合核拧旋人必旋：这句据老师对我的讲解是，在防脚抱挟对方的腿时，最好采用拧旋他的脚（合核 —— 踝关节），这样动作简单而又连贯，并可直接连续实施捆锁。反之还要对其另一重心支撑腿进行绊锁，动作繁琐而易于解脱，如“抱腿绊摔”等。人必旋指的是，在实施旋拧时，要特别注意防备对方另一脚会借势反击，旋踢我头部以求解脱（图 5-38）。

① ②

图 5-38 抱腿绊摔

六、《八卦诀 1》译注

（一）译注前言

《八卦诀》是擒拿术中非常重要的一个口诀，它全面讲述了擒拿术中的基本功法、基本手法、练功方法与步骤，是基础的基础。因而先辈将其分成两部分，用两种不同的隐文来叙述。可见它的重要性。学习擒拿者必须在明理的基础上认真研究练习，并按照它的要求逐步深入。要做到明三节九要，苦练三才（天吊、地称、人字桩）而后通八劲二十四字技，纯熟八形、八技是研习实用擒拿技术的基本功。

八劲二十四技均是通过八形、八技的练习来获得的。历来门中人都对此狠下工夫，在此基础上方能研习各种擒拿技法，才能在实战中真正运用。要练到形正、通理、明劲、熟技，为进一步研习掌握实用擒拿技术打下良好的扎实的基础，否则必将“手法不正，劲力不全，气机不顺，技亦无展，出手一场空”。

另外，擒拿技术是依据人体运动系统的结构、运动特点和力学原理所构成的，因而在练习中必须参照前面的《七星诀》，它们是擒拿技术的源头和理论基础，这样才能知道应该怎样去理解，怎样去练，才能做到明理、通劲、熟技、懂法、达变，才能真正研习好基本功，逐步掌握中华武功的精髓——擒拿术。

（二）《八卦诀1》原谱

連步捷擠掛膀擡相連拳猱扣力實
柔過張掙斬拘挾力混云龍騰繞虛
剛宜分力拿鎖扣宜投肯搖插盤環
活手兩堅彈挨寂貫梢掙鑽挑凹連
圜出摟亦暗十四三鼓不旋領中是
流閃挫指四二八卦論與化指宜拿
周須盤柔精傍分法陰需步力跑抓
轉彈影掌化相八三陽分亦全柔翻
輪驚彈活變全勁正形四行擡纏鷹
法走驚腕肘肩松四分靜動壓骨進
變歸是搬折扛別旋螺走旋纏粘閃
相擦撩肩柔寒斷斬截踏隨粘上穿

（三）《八卦诀1》原文

实	刁	扣	疾	隼	连	相	掸	劈	挂	攀	猿	步	连
虚	绕	腾	龙	元	混	力	挟	抱	斩	挣	张	过	柔
环	盘	插	掐	前	投	宜	扣	锁	拿	刁	分	宜	刚
连	曲	挑	钻	挣	梢	贯	气	抖	弹	坚	两	手	活
是	中	顶	旋	九	节	三	四	十	暗	亦	抉	出	园
拿	直	指	化	要	论	卦	八	二	明	指	挫	闪	流
抓	蛇	力	步	需	阴	法	分	承	精	柔	盘	豹	周
翻	柔	全	亦	分	阳	三	八	相	化	掌	剔	弹	转
鹰	缠	拧	行	明	形	正	劲	全	变	活	弹	惊	轮
进	骨	压	动	静	分	明	松	肩	肘	腕	惊	走	法
闪	粘	缠	旋	走	螺	旋	别	杠	折	搬	是	扫	变
穿	上	粘	熊	踞	截	斩	刚	寓	柔	虎	扑	按	相

“中起回文两边顺”指的是八卦诀的前半部分，要由中间一字开始，先左后右循环顺序而读，两边由阴及阳，方得其文。

（四）《八卦诀1》译文

法分八卦论阴阳，三八相承二十四。
三节九要需分明，形正劲全变化精。
明暗弹抖气贯梢，挣钻旋化步亦行。
动静分明松肩肘，腕活掌柔指亦坚。
刁拿锁扣宜投前，掐插挑顶指力全。

拧压缠旋走螺旋，别扛折搬是惊弹。
剔盘挫挟两分张，挣斩抱挟力混元。
龙腾绕盘曲中直，蛇柔缠骨粘上粘。
熊踞截斩刚寓柔，虎扑按扫走惊弹。
豹闪出手宜过步，猿攀挂劈掸相连。
隼疾扣刁穿闪进，鹰翻抓拿是连环。
虚实相变法轮转，周流圆活刚柔连。

（五）《八卦诀1》译注

1. 法分八卦论阴阳，三八相承二十四

擒拿技法是依据“易理”的八卦克生的变化原则，并以其阴阳变化理论为基础。三八相承指的是八劲、八形、八手，与它相承接的是擒拿的“二十四字技”组合生化出无尽的擒拿技法（详见后面的译注）。

2. 三节九要需分明，形正劲全变化精

（1）三节九要需分明：讲的是习研擒拿技术必须首先明确认识三节、九要的重要性。

①三节：是指人体的运动是以相关联的三节联动为基础单位的。

躯干——头、颈、腰（或头、胸、腹）；臂——肩、肘、腕；手——掌、节、指；腿——髋、膝、足。这就是在其他口诀中所称的“勾、股、弦”或“昆仑、中宫、地府”。它们之间相互连接依存又相互补充和制约，构成人体的统一运动。而这些节和点又是

可以攻击对方的部位，在擒拿格斗中要特别注意防备对方用它来攻击自己。如：在防架对方进攻手臂时，必须小心对方借力突然屈肘，用肘或肩来攻击自己。也就是在擒拿格斗中，要防备对方同一肢体的三节、三点同一动作的连续变幻进攻。我亦要充分把握和运用三节联动的特点来攻击对方。这些节点（关节），就是我们进攻防守、擒拿制敌的主要部位。正如口诀中所述："擒腕看肘亦锁肩"，"肩动肘伸手必到，固手旋肘人必翻"，"擒肩必锁肘，否则必受苦"，讲的就是这个道理。

人体三节——梢节、中节、根节，三节劲——明劲、暗劲和化劲。"三节不明浑身是空"，"三节不明，非僵即空"，"三节不明，变换不灵"，这些都是无数前辈们在实践中总结出来的经验。

任何物体，都有末端、根端和中端。末端即谓之梢，根端即谓之根，梢端至根端之间者即谓之中。以人的整体而言，上肢为梢节，身躯为中节，下肢为根节；以身躯部而论，颈项部谓之梢节，胸心部谓之中节，脐下丹田部（即小腹部）谓之根节；以上肢而言，手为梢节，肘为中节，肩为根节；以下肢而言，足为梢节，膝为中节，胯为根节；若单以手来论之，则指为梢节，掌为中节，掌根（腕）为根节；足亦然，趾为梢节，足掌心为中节，足踵为根节。

总之，人之一身，无处不有三节。"梢节不明，无以施用；中节不明，浑身是空；根节不明，无劲无基"。这就说明，如果对梢、中、根三节不明，那么对于真意、真气、真劲在练习时究竟应该从哪里始发，应该在哪里含藏，又应该在哪里发放，必然茫然无知，练拳、练功时，就会分不清劲、节的转换变化，而始终成为一种呆板的僵滞之劲、无用之技。

丹田既是全身整体中节之中，又是一身的根节之根。根节是劲气的发源之渊，中节乃是劲气的含藏之处，梢节则是劲气的发放之点。故言："发之于根节，变化于中节，运达于梢节"。就整体而言，向上则劲发于丹田串脊过肩、催肘达手；向下则劲发于丹田、催胯催膝、顶踝达脚。气发丹田节节相催，才能发出混元的整劲来。所以只有明白了根节，才能逐步掌握和运用好根节的催发劲气。

a. “三节劲”：是擒拿“八劲”中的主要三劲，明劲、暗劲和化劲。明劲主于梢节，暗劲主于中节，化劲主于根节。详见八劲的译注）。

三节劲在躯体部的体现为：丹田蓄劲为根，膻中承藏为中，头颈虚领为梢。

● 梢节在上肢部体现为手，其劲气主要应该聚集在尺骨尽头的神门穴或聚集在劳宫穴上。则阴阳虚实皆备。气劲贯注在神门穴时，臂实而掌虚；而气劲贯注在掌心劳宫穴时，则臂虚而掌实。

● 中节主要是体现和含藏暗劲的地方，对上肢而言中节暗劲在肘。暗劲在肘（同时也包括了肘前的一段前臂）上的阴阳，主要是区别在尺骨和桡骨上的。例如在松肩沉肘中，其劲气和意念主要在尺骨上（即尺骨的根部），若运用外横时，则劲气主要是在桡骨的根部上。桡骨属阳，尺骨属阴，阴阳虚实分清，才能使变化灵敏。

● 根节是体现化劲的场所。化劲是精、气、神、体、功、法的高度综合运用，是擒拿技术中的高级艺术，是圆和巧的综合体现。对上肢来说在肩，对下肢来说在髋，对整体来说化劲在身（丹田），就是说丹田内中之气，独能伸缩往来，变化莫测，动则变，变则化。“朱雀、玄武南北分，震龙、兑虎各东西”，无处不到，无处不变。丹田聚气向左旋，则左为实而右为虚；丹田聚气向右旋，则右为阳而左为阴；丹田聚气向下旋，则下为实而上为虚；丹田聚气向上旋，则上为阳而下为阴。总要虚实兼备，阴阳互易，刚柔相济。

学者在明了三节与三节劲的互相关系以后，还必须进一步掌握三节劲的三种练法。对于三种不同劲节的运用，分而言之乃是，明劲主攻，暗劲主克，化劲主化，并不断在相互转化；合而言之，在一旦得机进攻对方时，必须是三劲合一，三节也为之一体，上自头顶，下至足底，四肢百骸，劲气意力，内外上下，俱要连成一个坚硬如铁的整体，有牵之不离之固，有击之不散之坚，于闪电雷鸣一刹那，爆发出全身之整劲。

b. 在研习实用擒拿技术时对各节的具体要求如下：

• 头颈：实用擒拿技术对练习者的头颈部要求，可总结为“头要顶、颈要稳、目似虎”。

头要顶：就是头要正，不可歪斜，有意识地保持一股向上的顶劲，仿佛头顶的百会穴处有一条线悬于天空。头要顶能使人体自然中正，运动中易于变换重心，身体更加灵便、轻捷。“头为六阳之首，周身之主，五官百骸，莫不以此为向背”。头上顶能振奋精神，归沉内气，运化自然，若失顶劲，则四肢百骸疲软无力，精神靡散。俗语讲：“头上顶有冲天之雄。”

颈要稳：就是在头要顶的前提下，颈要端正有劲，不可松而疲软，方不致于低首俯面，摆头晃脑。但也不可僵硬，致使头部不能转动自如，影响两眼的左顾右盼及下视。

目似虎：就是要聚精会神，手眼相随。眼随式行时，应集中精神逼视对方，虎视眈眈，眼神和一招一式紧密配合，把内在的精神气质，劲力贯于眼，注于目。“人之一身，运用全在一心，而传神全在于目”，“目有杀人之威”就是说的这个道理。

• 躯干：包括胸、腹、腰、髋。要求练习者做到“实腹畅胸、圆背松腰”。具体的做法是，舌顶上颚，丹田蓄气抱紧，周身放松。

实腹畅胸亦可使人体上虚下实，灵于变化，周身神气贯通。所谓畅胸是胸如鞠躬向前微收，四面包涵住，胸要含住劲，又要虚而含实，不可僵挺。实腹可助腰发劲，辅佐胸、腰的活动，还可助气沉丹田，使气上下贯通，并使力达于肩背。

腰是连接上下肢体运动的主要枢纽，是人体运动的主轴，腰对运动时动作的变化，重心的稳定，以及推动劲力使之达到肢体各部都起着主要的作用。在丹田蓄气抱紧的基础上，松腰的目的主要是为了把住劲力，在运动时使重心不上浮，下肢沉稳有力，不使身体在快速的运动中摇晃不定。腰为上下体的枢纽和运转关键处，不可过软，亦不可硬。因而练腰不仅要求把腰练柔，练韧，而且要练得灵活自如。对擒拿技术来说更要练出合扣、旋拧、顶收之劲。

髋（胯）关节上与腰接，下与腿连。腰身的灵活与否，跟胯大有关系。胯不松活，会导致腿的僵直，也必然导致身法的呆滞，亦使下肢不灵，两腿笨拙。只有先松活胯（髋关节），才能使膝、踝关节灵活，运动时的劲力才能顺达于膝足，才能使身法灵活，故而拳谚说："松腰先松胯，胯不松，腰不活。"

●上肢：上肢是人们日常生活中运用最多的肢体，也是人体最活跃，运动功能最多、最灵活，运动幅度最大的肢体，是搏击中用以攻击对方，保护自己的主要环节。上肢包括肩、肘、腕、掌和指几个部分，是实施擒拿技术的主要环节，因而对它们的特殊要求就更高。总的要求概括起来可简述为"松肩、坠肘、活腕、掌柔、坚指"（具体要求详见"动静分明松肩肘，腕活掌柔指亦坚"一诀的译注）。

●下肢：下肢是人体运动、发力的根基。根基不稳，则力无从发，周身运转不灵，更谈不上灵捷变化。要做到"合髋圆裆、柔膝活踝、撑七留三"。

阿基米德曾说：给我一个支点，我能撬起整个地球"。就是说任何力量的施用，都必须有一个稳固的支点，否则力无从以发。从力学角度讲，发力就是把力传递施加给对方，而作用力和反作用力是同等的，你施加给对方一百公斤的力，那么你也要承受一百公斤的反作用力，如果你的支点不稳，力不但不能传递给对方，反而会反击自身。可见支点的重要。而人体发力的支点就在两足，试想两腿站立不稳（如：站在冰上或重心不稳），怎么能发出劲力来。故常言说："蓄劲如压簧，发劲如拨销，消息只在足后跟""拳打三分脚打七"。可见下肢腿的重要。

腿要练得如手臂一样灵活，其活动范围才能大，腿法、步法才能得心应势，移动自如。髋、膝、踝关节的灵活性要好，要具备一定的力度，要柔中有韧，韧中有刚。腿部力量的柔韧可通过站桩、压耗腿、踢腿，各种沙袋、腿靶训练来提高。同时要配合身法，练习各种步法，使之快速有力，不停不滞。

②九要"：是指"正、静、沉、顶、提、松、垂、裹、催"。

- 正：身形要正，正而不僵。身如旋球，圆心（丹田）必正。
- 静：心静如止水，心定则神安，神安则明，明则察微变。
- 沉：气沉丹田，丹田聚气蓄劲，气血通盈。
- 顶：头上顶，神旺威明。舌上顶，任督通盈，吼狮舌象。指掌前顶，力全推山。
- 提：提缩谷道，提卷尾闾，实腹畅胸，上虚下实，通于灵变。
- 松：除丹田抱紧蓄气、蓄劲外，周身要放松，松而不懈。
- 垂：垂肩必沉肘，肘不沉则肩不落。肩垂则气贯肘，肘垂则气贯手，气垂则气贯丹田。
- 裹：两肘向下两臂向里裹劲，两膝两胯内裹之劲，周身整圆。
- 催：丹田气发，意气劲力合一，节节相催，抱七撑三。

(2) 形正劲全变化精：这句讲的是，只要按照"三节"和"九要"的要求做到了，才能达到身形周正圆活。劲力全指的是《五行诀》中所述的整、透、圆、活、灵的劲力（详见《五行诀》译注）和明、暗、弹、抖、挣、钻、旋、化，"八劲"的混元劲力（详见"八劲"的注译）。这是研习实用搏击技术和实用擒拿技术的基础，由此才能精于变化，实施有术。

3. 明暗弹抖气贯梢，挣钻旋化步亦行

这两句讲的是，在掌握“五行”整劲、透劲、圆劲、活劲、灵劲的基础上（详见《五行诀》），在实用擒拿技术中实际应用的八种劲力。

(1) **明暗弹抖气贯梢**。

●明劲：先刚后柔，发似炸雷，干脆集中，一发即收。得实疾长，逢虚转化，柔在刚中。

●暗劲：先柔后刚，刚在柔中，不露其形，外视其弱，触则疾发。富有一种含蓄的弹簧劲，扯不断压不垮，其劲力连绵不断，沉稳绵长。

●弹劲：如惊涛拍岸，缓起疾发。随势蓄劲如压簧，借势发劲如拨销，其劲韧而长。

●抖劲：瞬发即逝，迅如闪电，一发即松，一出疾回。劲短而疾实，抖搜之力，如马之抖蝇，其劲疾实而短。

这四种劲力（明、暗、弹、抖）在运用时，丹田的内气一定要节节相催，贯注至梢节。

(2) **挣钻旋化步亦行**。

●挣劲：劲力左右相挣，反向而行，对向相错。意守膻中，全在腰背丹田，劲力刚疾。

●钻（滚）劲：旋臂转腕触实即滚，滚压其臂，螺旋滚钻，状如丝钉。先柔后刚，触而不离，螺旋逼进之力，迫其失中。其劲疾实而旋。

●旋（拧）劲：转环之力，惊弹螺旋。周身上下，两臂两腕，形如摇轮，其劲疾而刚长。手扣腕发，得于腰肩，左右旋拧，劲如

拧绳翻转一般，其劲沉而圆。

• 化劲：周体相合，气聚不散，劲力合一，劲整而圆。化者圈也，圆弧走化，外似柔韧，内含螺旋。着力疾变，变而不离，如空中浮球，受力则转，分化转变其力方向，或旋转还其身；或引其失中，顺劲顺势借力疾发。其劲柔黏而沉刚。

这四种劲力（挣、钻、旋、化）在应用时，必须和步法相结合，配合协调一致。

4. 动静分明松肩肘，腕活掌柔指亦坚

上肢是实施擒拿技术的主要环节，必须做到动静分明，蓄势待发，因而对它的特殊要求就更高。总的要求概括起来可简述为“松肩、坠肘、活腕、掌柔、坚指”。

(1) 松肩：要想在擒拿格斗中使手臂灵活多变，劲力颇达，刚柔相济，首先要求两肩松沉，不可僵硬。两肩下沉、微微向前，自然形成含胸圆背。“沉肩背圆则力催两肩”，松肩能使身体发出来的劲力顺利地通过肩部到达手臂的各个关节。只有先松肩才能练出灵活多变的内劲，消除身上原有的僵劲，使肘、腕各关节都能随时放松。但要注意，松肩决不能松而无力，应是松中沉实、松而不懈。肩是上肢运动的根节，肩部运动机能的好坏，直接关系着手臂的运动效果，故而必须十分重视肩部的柔韧和力量的练习。从某种意义来讲，实用擒拿技术中很多动作都是要依靠肩部的动作来完成的，因而必须练到使肩部灵活自如，劲力松、活、沉、稳。

(2) 坠肘：肘和肩一样要求松而不懈，柔中有刚。肘要微屈下坠，坠肘时要注意腋下留有一定空隙。在做任何擒拿动作时，肘尖不可高抬外展。肘尖高抬，则前不能呼应掌腕，后不能呼应于肩，臂僵劲软；肘外展则胸肋暴露受敌。翻肩敞肘，力无从以发，变无从以起，易受敌制而百害无一益。

(3) 活腕：腕要活，腕是人体较为灵活的一个关节，前有掌、指，后有肘、肩关节运动的支持，故而腕关节的运动幅度虽然不大，但灵活多变。它是实施擒拿技术的主要环节，故而口诀曰："出手端在指腕求，牵来引去刁锁捆。出不空出回不空，步随身到法全功。"又曰："擒拿先机指腕行，腕动指合肩肘迎，腕为天枢统百术，腕无指术即全空。"由此可见练腕的重要。腕必须练得轻柔灵活，具有一定的力度，尤其是扣翻旋拧之力更要着重练习。即使是一个刁手、旋抖、带扣、翻拧的小动作，也要练得轻快利索，绝不拖泥带水。发力施劲时，腕部才能形成正确的紧张感，使内劲能由腕顺达掌指，疾发而沉稳，才能使劲力随势转换，疾变应势。

(4) 掌柔：掌柔指的是要柔中寓刚，绝不可硬僵。承腕引指，在擒拿中抓握斫击、搓推、扣旋都离不开掌力和握力，掌不柔则指亦无功；掌不柔则活腕亦成空；掌不柔则中节劳宫无以蓄劲。

(5) 坚指：指为上肢之末梢，它是擒拿技术中拿法的主要环节，抓经拿脉、掐插剔抉，刁拿锁扣以及其他技术均离不开"指"的应用技术。指的动作和指力，要求练得指如钢钩一般，硬而有力，而且要灵巧。"五指运功，各有所司"。人手的每个指在擒拿中作用不同，配合掌腕组成不同的擒拿手法。所以练习擒拿十分讲究腕功、掌功和指功，既要有力量（功力），又要灵活，还要统一协调。

5. 刁拿锁扣宜投前，掐插挑顶指力全。
拧压缠旋走螺旋，别扛折扳是惊弹。
剔盘挫抉两分张，挣斩抱挟力混元

这几句讲的是擒拿的基本手法，为"刁拿锁扣，掐插挑顶，拧压缠旋，别杠折扳、剔盘挫抉，挣斫抱挟"二十四字技，但单字单技不成法，每一个擒拿基本手法都是由其中几字相互搭配组合而成的。

在做刁拿锁扣时，必须要有提前量。因为对方出手必是疾出迅回，你必须投前等其屈臂回手。这样他回手时，正好其将腕臂送到你的手中。

掐插挑顶时，全在腕掌指之力。故而你必须挺腕合掌坚指。

拧压缠旋时，力发腰脊，劲力要走螺旋。

别扛折扳时，力要冷弹脆，势如炸雷。

剔盘挫抉时，劲力要两分张，即为相对两个方向同时用力。

挣斩抱挟时，劲力要混元，要有缠裹沉绵之劲。

擒拿技术的基本手法是依据人体的解剖结构、运动特点和力学原理所构成的，它是擒拿技术的关键。正如口诀所述："手法不正技无展，出手一场空。"历来武术家都对此狠下工夫，向以视为密宝，轻不外传。因此我们在练习中必须在基本手法上大下工夫，要明确手法的基本组合手法和形态，它所形成的稳定的三角形力学结构和用力方向。要练到形正、劲脆、力黏，动作协调、迅猛。为进一步掌握实用擒拿技术打下良好扎实的基础。

在练习中既可在丁字桩上练习（将横木当做对方的手臂），也可两人对练。要反复练习纯熟，特别要注意其基本形态所形成的三角形力学结构，合理地使用力量。注意力点、支点和力臂、力距之间的关系，特别要注意用力方向和出手的方位。

(1) 六十四手擒拿基本手法：

旋拧、掐剔、刁手、拿手、扣手、刁旋、刁拿、剔旋、撅指、撅腕、折撅、顶折、旋顶、拧折、抱缠、拧压、旋压、挫旋、剔折、旋盘、刁压、锁盘、盘斫、抱压、挫撅、挣斫、斫挫、挫拧、抱斫、扛挫、缠挫、盘锁、扳折、抱别、挟旋、扳旋、斫挟、挫扛、斫旋、抱扛、抱旋、缠锁、拧扳、拧斫、旋锁、盘别、旋折、别扛、锁扛、锁斫、抱挣、别插、锁别、盘折、搓扳、扳拧、扳斫、搓旋、挣、盘旋、斫盘、锁缠、抱斫、拧旋。

①旋拧：

如对方抓握我手腕时，我突然用力向其拇指方向旋拧，并同时向前顶肘，利用自己前臂在其拇指和食指抓握圈中的撬杠作用，很简单地就能脱离对方的抓握控制，并可顺势迅速实施擒拿。（图6–1）

图 6–1　旋拧

②掐剔：

如对方大力抓握自己，力量悬殊，无法解脱时，可用自己的手指甲，沿对方手指指甲根，顺其指，猛力掐撕其指甲根部，因该处神经丰富，感觉敏锐，故可引起难忍的剧烈疼痛，并同时牵拉其指，必使对方伸指松手。我可顺势迅速对其实施擒拿。（图 6–2）

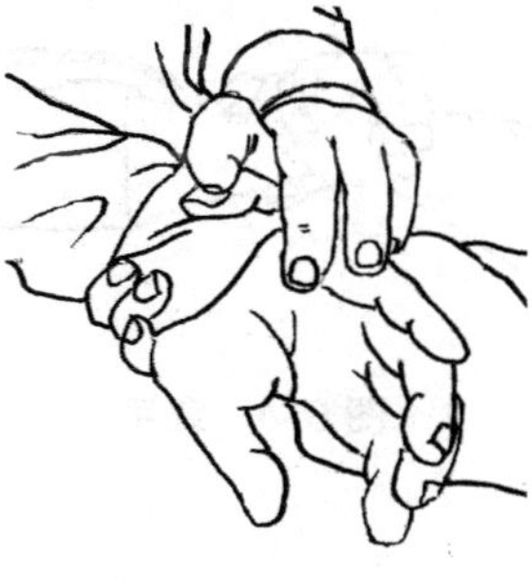

图 6–2　掐剔

③刁手：

当对方伸右手或以右拳击我时，我以右手沿对方手臂外侧格拦其肘臂部，在触及的瞬间快速翻腕，用掌沿其手臂滑向其腕，边滑边扣指，用我右手中指、无名指和小指用力并与腕部合力，刁拿对方前臂或腕。（图 6–3）

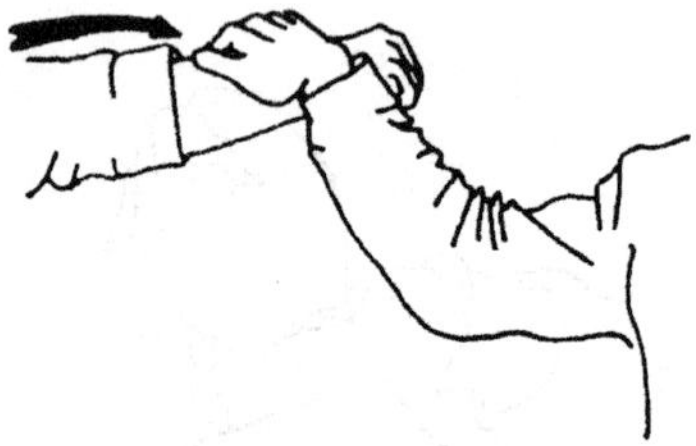

图 6–3　刁手

④拿手：

当对方伸右手或以右拳击我时，我以右手沿对方右臂外格拉，并快速翻腕，用手掌的虎口部沿其臂滑向其腕，边滑边收拢四指与拇指，五指相扣成环状，合力扣拿其腕，尤以拇指与中指和无名指用力扣拿在其腕关节环状带内效果最佳。（图 6–4）

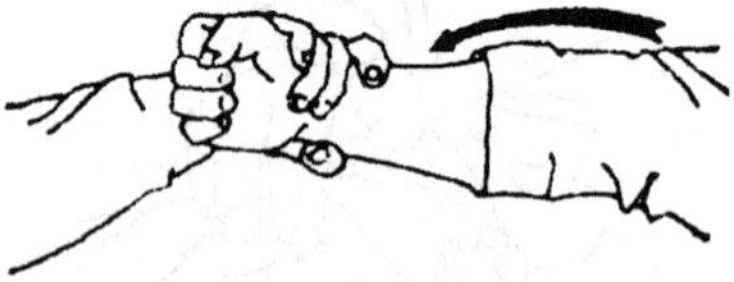

图 6–4　拿手

⑤扣手：

当对方右手抓握或推拍接触我肢体时，我疾用手拍压对方手臂，将其手压紧在接触部位上，同时我拇指在其手的虎口部位，四指在其小指外沿小鱼际处，一则可配合另一手对其实施擒拿，二则以便对方用力抽回时，我可快速收拢五指，扣拿其手指或手掌，采用相应技法，形成擒拿。（图 6–5）

图 6–5　扣手

⑥刁旋：

当对方伸右手或以右拳击我时，我疾以右手沿对方右臂内侧向外格击，并用力下压，在接触的瞬间，三、四、五指成钩状，拇指根（大鱼际）用力将其衣袖或臂肉挤压向三、四、五指钩内。合力扣紧并向内上用力旋拧，将对方手臂锁扣住。这是擒拿最常用手法之一。（图 6–6）

图 6–6　刁旋

⑦刁拿：

当对方伸右手或以右拳击我时，我疾以左手沿对方右臂外侧向内拍格，在接触的瞬间，手掌沿其臂滑向其腕，边滑边收拢四指，四指与掌根合力刁拿其腕，拇指微伸，置于其拳背或掌背三、四指骨间。（图 6–7）

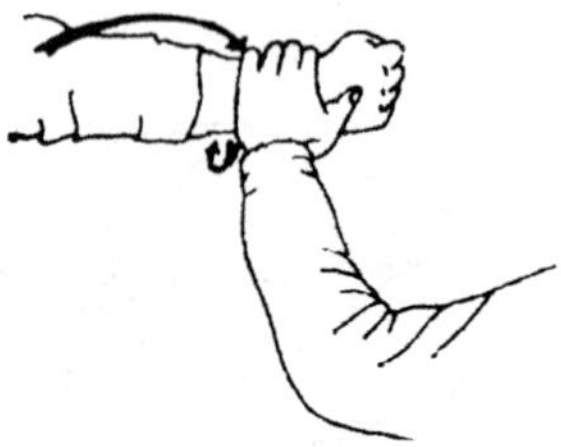

图 6–7　刁拿

⑧剔旋：

当形成刁拿后我可疾翻腕，四指内扣，拇指在对方拳背三、四指骨间，用指甲沿其骨缝用力向前压剔，同时配合四指用力，形成一对力偶合力旋拧，使其前臂外旋，掌心翻向下，如单手力量不够，另一手可快速辅助之。（图 6–8）

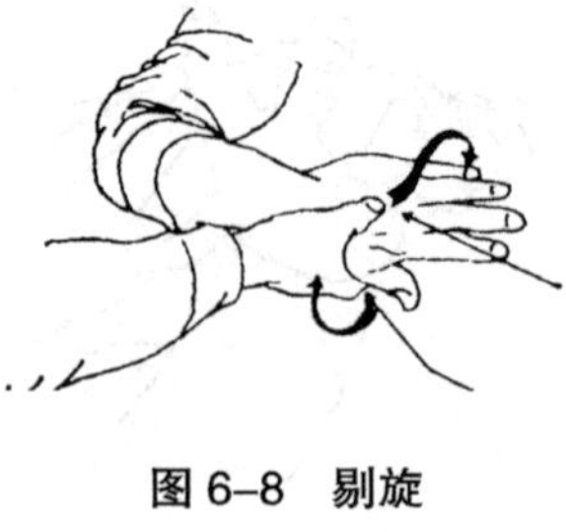

图 6–8　剔旋

⑨撅指：

在与对方握手或对方抓握我时，我可用一手拇指配合四指，快速插拿对方拇指或其余各指，同时拇指用力回扣，食指指根向拇指方向顶其手指指节，造成对方指关节剧烈疼痛，前臂外旋，辅以另一手，对方必被我擒拿。（图 6–9）

图 6–9 撅指

⑩撅腕：

这也是撅字，当对方伸手或抓握、拍击我时，我疾抓握对方四指或掌，用力向回扣腕，四指用力向后、向下扣压，手掌虎口处配合拇指也用力向前下顶扣，形成一对对偶力，使对方腕关节背折，同时其指关节也受到反关节顶压，造成剧痛。（图 6–10）

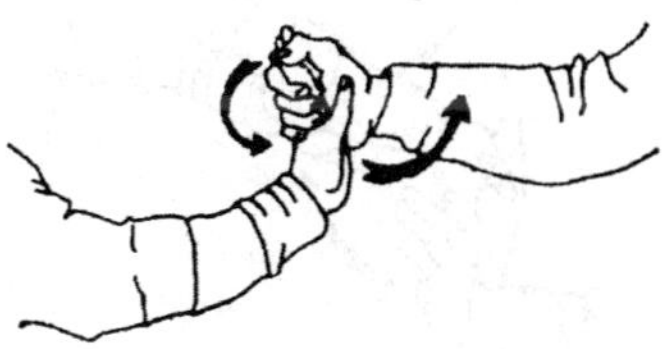

图 6–10 撅腕

⑪折撅：

当我握拿对方四指时，中指、无名指和小指用力回扣，手掌虎口处配合拇指用力向前顶压，同时五指合力扣拿紧对方手掌，使其四指向其前臂尺骨侧折撅，腕关节过度内收，引起腕关节剧痛，并使其前臂内旋、肩肘关节强直而形成擒拿。（图 6-11）

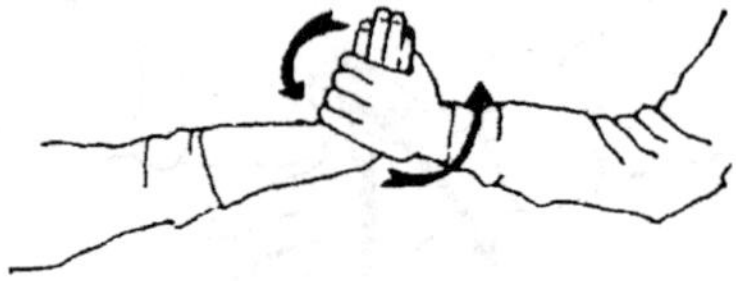

图 6-11　折撅

⑫顶折：

我一手扣拿对方肘关节，使其肘窝向上；另一手向前、向上顶压对方手掌及四指，两手配合，一顶一折，使其腕关节极度背折。因其肘关节受合力而成强直，无法变化，造成腕关节剧烈疼痛，整个上肢运动链子系统被我锁定。（图 6-12）

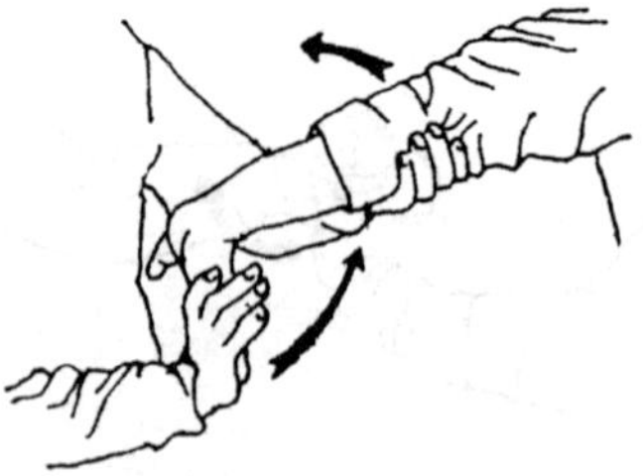

图 6-12　顶折

⑬旋顶：

当我与对方两手相握或我扣抓对方手掌时，我快速沉腕，将对方手向其手背方向旋拧。拇指与食指用力回扣拉其腕，掌根用力前顶其指掌端，成一对对偶力使其手以腕关节为轴，向手背方向转拧，形成腕关节极度背折，同时前臂外旋，使其肘部内收，造成腕关节的剧痛和整个上肢的锁定。（图 6–13）

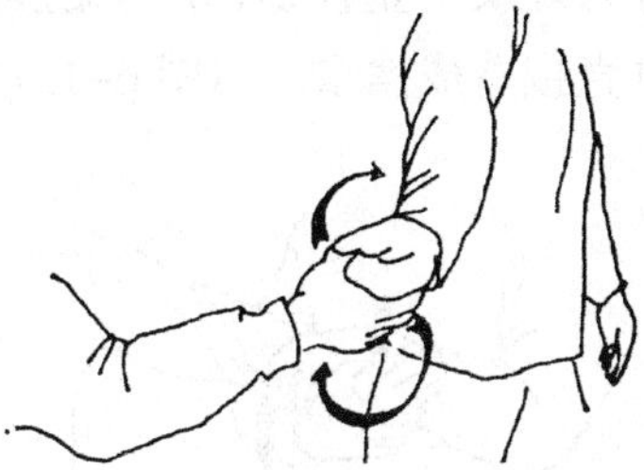

图 6–13　旋顶

⑭拧折：

当我与对方两手相握或扣抓其手掌时，我另一手疾扣抓其腕，用力向尺侧旋拧，使对方前臂极度外旋，同时抓握其手掌，边向内旋拧其手，边用掌根向前顶压其指。两手合力如拧绳一般绞拧其腕，同时顶压其手掌，使其腕关节极度背折。这样腕部关节和桡尺近远端关节受到两个转动轴上的双重拧折，必使对方腕部剧痛难忍并锁定整个上肢。（图 6–14）

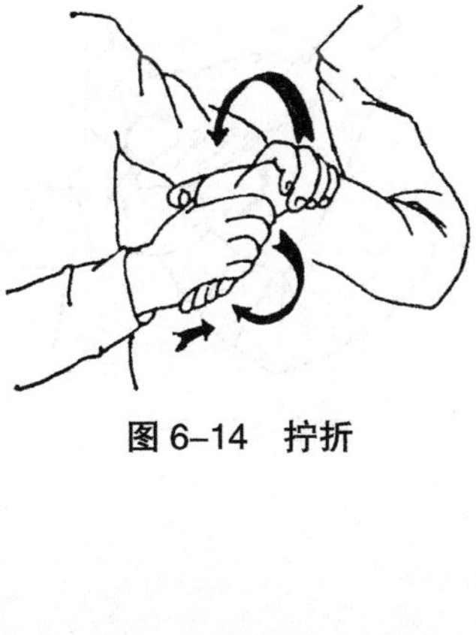

图 6–14　拧折

⑮抱缠：

当对方伸右拳击我时，我疾用右手沿对方右臂外侧刁拿其右腕，同时左手沿其右臂下向回抓扣其右手背。两手合力将对方右前臂抱夹紧。此时我左手执对方右手，用力向上、向其右臂肩关节方向拧顶；我右手在对方右腕部，用力回抱并向下缠切。使对方前臂极度内旋，腕关节受到旋拧，肘部外展，同时腕关节极度外展。使对方腕关节受到旋拧与外展双重损伤，产生剧痛，而且整个上肢运动链亦被我固锁，可直接造成擒拿。（图 6–15）

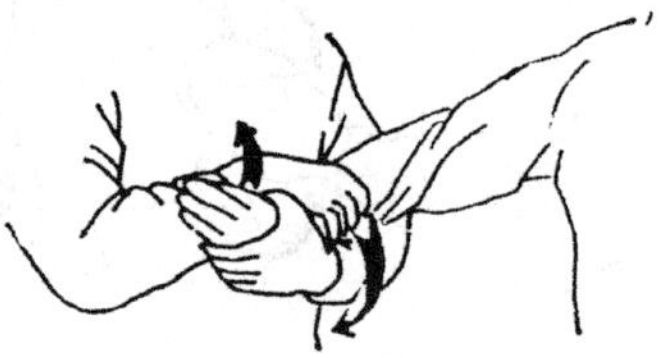

图 6–15　抱缠

⑯拧压：

当对方扶抓我手臂或开掌格拍我手臂时，均可采用此法。我一手锁扣对方腕，向内上方拧顶。另一臂压住其手掌或指，向前下方压挂，注意我手臂必须与对方手掌压紧，不可稍有松离，使其腕、指关节极度背折，造成剧烈疼痛，同时向后下带压，对方必屈肘前跪，锁定整个手臂造成擒拿。（图 6–16）

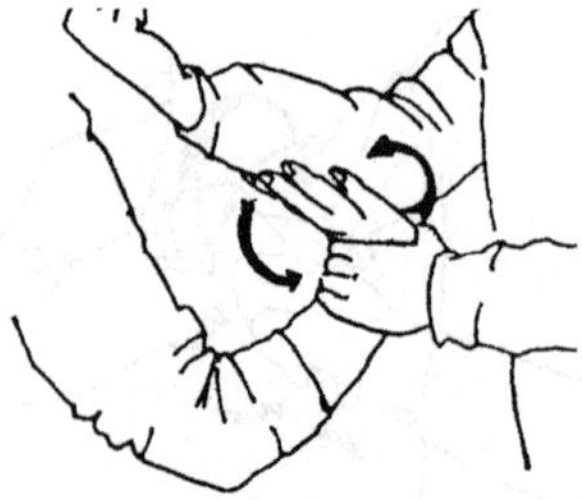

图 6–16　拧压

⑰旋压：

当对方扶抓我手臂或开掌格拍我前臂时，我疾用另一手锁扣对方腕，向其内上旋压，同时手臂压紧其手掌，向其外侧旋压，使其腕、指关节极度背折，肘部极度内收。同时我两手合力向下压带，对方必侧身背向而被我擒锁。（图 6–17）

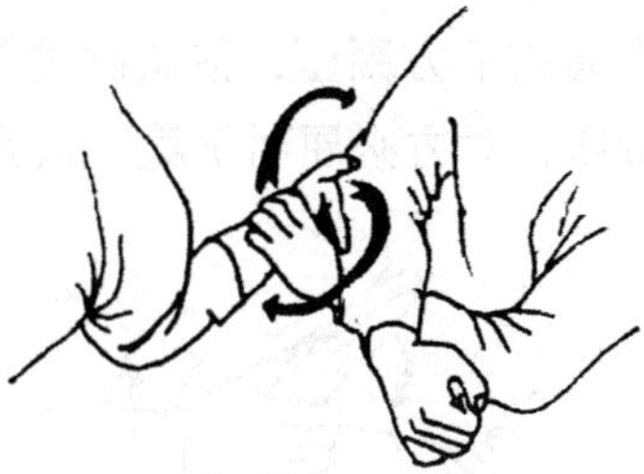

图 6–17　旋压

⑱挫旋：

对方伸右手或以左拳击我，我疾出左手由内侧刁拿对方腕部（见刁拿手），四指在其小指外侧沿，拇指在其掌、拳背三、四指骨缝中剔压（见剔旋），右手疾用掌挫压其掌或拳背。两手合力旋拧对方手，使其腕关节内收、前臂内旋、肘部外展，同时一挫一滚，一旋一剔，并用力向前下挫滚回拉其腕，使作用力全部集中于腕关节，造成剧烈疼痛，对手必被我擒锁。（图 6–18）

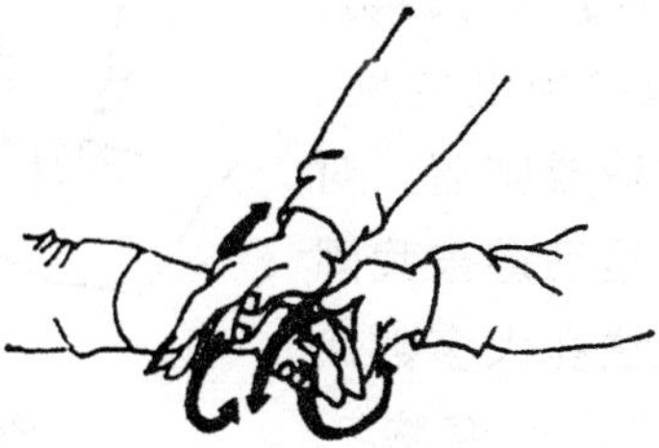

图 6–18　挫旋

另外如对方以右拳击我，我疾出左手由对方外侧刁拿其腕（见刁手，技法同前），使其腕部极度外旋、前臂外旋、肘部内收，挫滚与旋剔同时，并用力向下压带，对方必被我擒锁。

⑲剔折：

我用刁拿手锁扣其腕时，疾以另一手辅之，两手四指配合掌根扣住对方掌腕，用力向后上方扣拉，两手拇指在其掌背，顺其二、三、四掌指骨间用力向前下方剔压，使其腕关节极度伸。同时两手合力，向其前下方带压，对方必屈肘下跪，被我擒锁。（图 6–19）

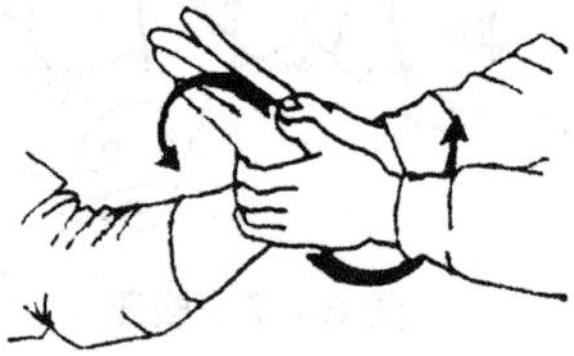

图 6–19　剔折

⑳旋盘：

当对方右手抓握我右腕时，我疾用左手将对方右手紧紧扣锁在我右腕部（见扣手），右手翻掌反刁扣其右腕。此时，我右手用力旋拧、缠切对方右腕部，使其腕部极度内旋；左手在自己右腕臂部压紧控制对方右手，不令其脱逃，同时用力将其手向其尺骨侧（肩关节方向）扳折，两手合力旋切、扳折同行，使其腕部极度内旋、外展，前臂内旋，造成剧痛。对方必平屈肘，上肢运动链被我固锁，造成擒拿。此法在大多数武术流派中都称为“金丝缠腕”。（图 6–20）

图 6–20　旋盘

㉑刁压：

当我使用刁拿手锁扣对方腕时，另一手疾用拳背紧压对方拳背，并用力向其肩关节方向滚压，此时刁手用力将对方腕关节回拉，使其腕关节极度屈，对方必屈肘下跪，被我扣锁。（图 6–21）

如在滚压时，同时向对方臂外侧旋压，刁手用力配合，将其腕部向内上推拉，则使其肘部极度内收，如同旋压。

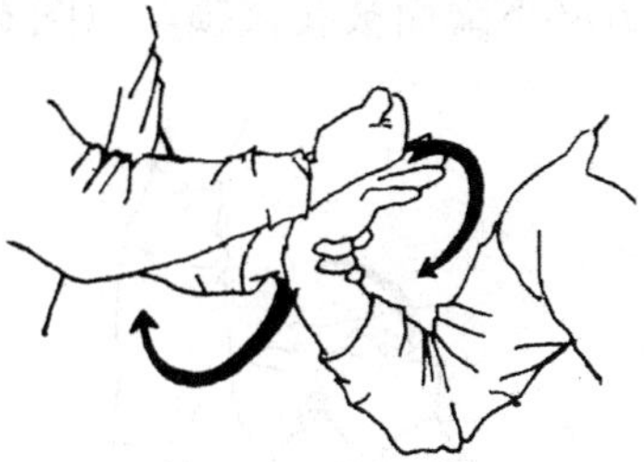

图 6–21　刁压

㉒锁盘：

当对手右手抓握我左腕或左前臂时，我疾用右手将对方左手紧紧扣锁在我左腕（臂）处，同时疾屈左肘，上翻压至其右前臂上，用我前臂紧压在其右腕部，用力向下盘旋压；我右手控制对方右手，压紧在我左臂腕部，并用力将其向尺骨方向（肩关节方向）扳折，使其腕关节极度内收，前臂内旋，使腕部受到旋拧与扳折的双重破坏力。对方必平屈肘，腕部剧痛而被我锁拿。（图 6–22）

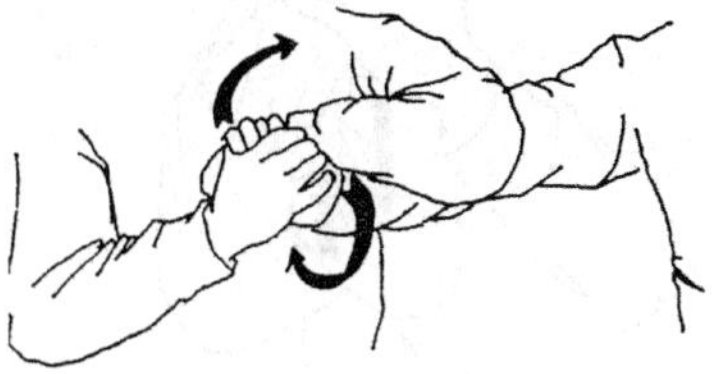

图 6–22　锁盘

㉓盘斫：

当对方拍抓我一侧肩背时，我可疾用另一侧手，将其手扣锁在我肩背处，要紧紧压住，勿令稍有松脱。同时屈肘抬臂，放至其前臂上，用我上臂压紧其前臂，用力向下斫切；同时我扣锁之手将对方手用力向其尺侧扳折，使其腕关节极度内收，前臂极度内旋，造成剧烈疼痛，无论对方屈或直臂，我手臂下斫，肩部向前顶，手扳折，周身合一，对方必下跪而被我擒锁。（图 6–23）

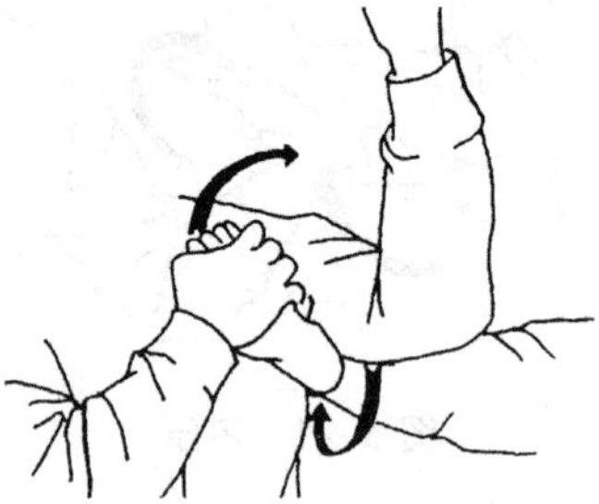

图 6–23 盘斫

㉔抱压：

将对方上臂置于我上臂之上，两手合抱对方手背，使其腕关节极度过伸，我上臂用力向上顶送其上臂，两手合力向下压其掌背，两处相对用力抱紧，必使对方腕关节疼痛难忍，丧失抵抗能力，而被我擒拿。（图 6–24）

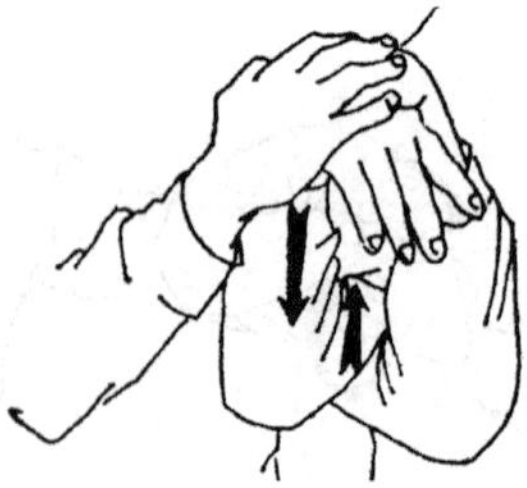

图 6–24 抱压

㉕挫撅：

当我控制对方手腕时，疾用另一手虎口处扣拿其腕部，两手合力使其前臂内旋，旋至其小指侧鱼际向上、掌心向外时，一手执其手用力向其肩部搬折，另一手虎口紧压其腕关节处，用力向下压送。两手成对偶力，剪切其腕部，挫撅同行，必使其腕极度内收，造成剧烈疼痛，被我擒锁。（图 6–25）

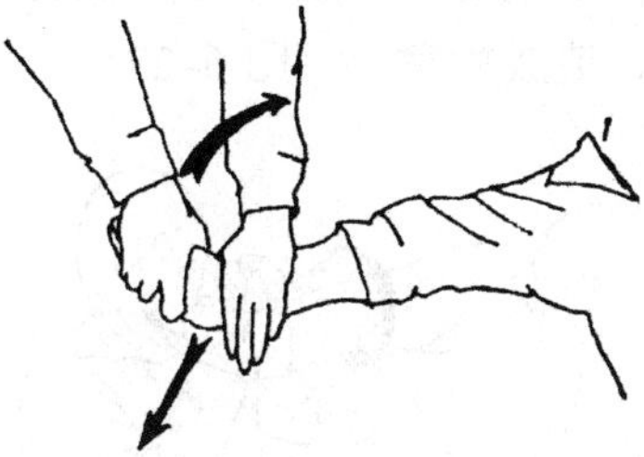

图 6–25　挫撅

㉖挣斫：

当对方伸手或以拳击我时，我可疾用两手在对方臂两侧，一前一后，一在其肘关节部，一在其腕或前臂前部，利用腰劲，两臂用力向相对方向击打，劲要冷脆，使其肘关节受到猛烈的反关节击打，损伤其肘关节，减弱反抗能力，再使用其他技法实施擒拿。(图 6–26)

图 6–26　挣斫

当对方抓拍我胸肩时，我也可用此法，一手固锁对方手或腕，再用另一手前臂或肘，或用我肩部猛力击打其肘部。如果再伸腿绊锁对方脚，则其必前跌，而被我擒锁。

㉗斫挫：

此技法是在挣斫对方肘部的基础上，在使对方肘关节受到猛烈反关节击打时，我前手用前臂压紧其肘尖部，并沿其肘用力向前挫压，利用滚动原理，使其肘部产生内旋，形成反关节捆锁，并使其身体向前下方俯跌，造成擒拿。（图 6–27）

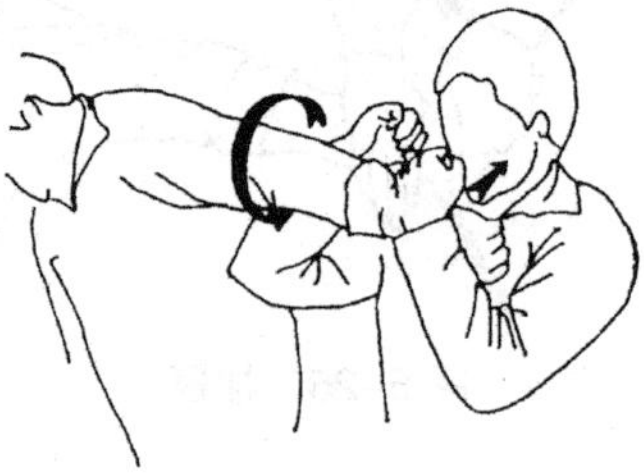

图 6–27　斫挫

㉘挫拧：

当对方伸左手或以左拳击我时，我左手疾用刁拿手刁拿对方腕，同时伸右手，用掌心挫击其肘尖部，两手同时动作，劲力合一，一旋拧其腕，一挫击其肘尖，同时用力向内挫滚其肘部，两手配合使对方左臂内旋，肘窝向下，此时我旋拧手边拧边向上，我挫肘手边挫边向下压送，使对方成反关节擒锁。（图 6–28）

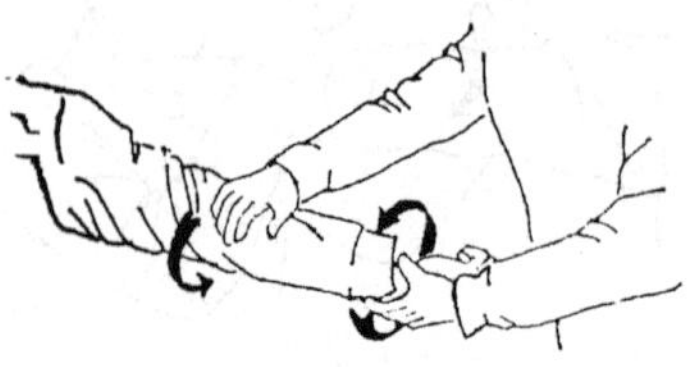

图 6–28　挫拧

㉙抱斫：

当对方伸左手或以左拳击我，或抓拿我右手时，我疾以左手刁拿对方腕，我右臂沿其左臂下沿屈肘回抱自己左手，同时利用我上臂和前臂与其肘部接触的瞬间，向内挫滚其肘，配合双手对其左腕的拧旋，使其臂外旋至肘窝向上，我右臂配双手，将其左臂抱挟紧，两手用力下压，我右肘部向上斫击对方肘尖部，再配合其他技法，形成摔捆式擒锁。（图6–29）

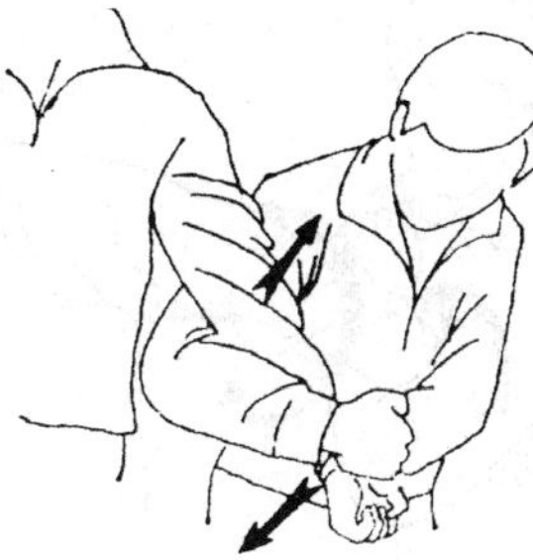

图 6–29　抱斫

㉚扛挫：

当对方右手击我时，我疾用右手刁拿对方右腕，向其桡或尺侧拧旋其腕；同时屈左肘，沿其右臂肘部，向内、向前挫滚其肘，两手合力，使其右臂外旋至肘窝向上；此时我右手执其右腕，用力向下搬压，我左肘在其右肘下，用力上扛（亦可转身，利用肩部用力上扛），使其肘关节极度背伸，造成剧痛，配合其他技法形成摔捆式擒锁。（图 6–30）

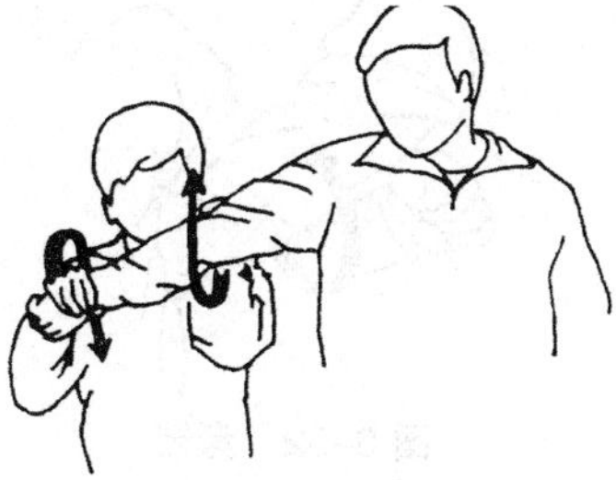

图 6–30　扛挫

㉛缠挫：

当对方伸右拳击我时，我疾以右手在对方右臂外侧拦格，并速沿其右臂向内缠裹（如同龙蛇缠物一样），使其前臂夹紧在我上臂和前臂之间，我身体右转，用右臂夹住其右前臂向自己右肩后缠带；同时左手用手掌用力向上挫滚对方肘尖，使其屈肘，前臂内旋，肘部外展上翻。此时，我上顶其腕，下压搓其肘，可直接造成擒锁。（图 6–31）

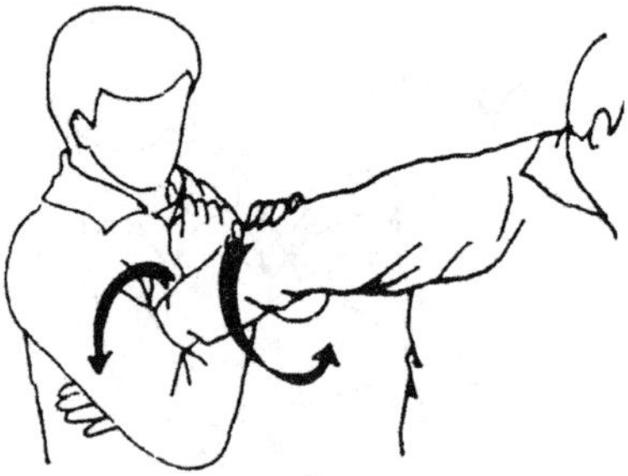

图 6–31　缠挫

㉜盘锁：

当对方伸左手击我，或抓拉我身体右侧时，我疾用右手在对方左臂外侧向内格拦，并沿其左臂在其左肘部，用力向下、向内缠滚。我屈肘将对方左臂置于我身体和右肘部之间，同时转体，猛力挫斫对方左肘部，使其肘部内收，手臂外旋，直接造成擒拿。（图 6–32）

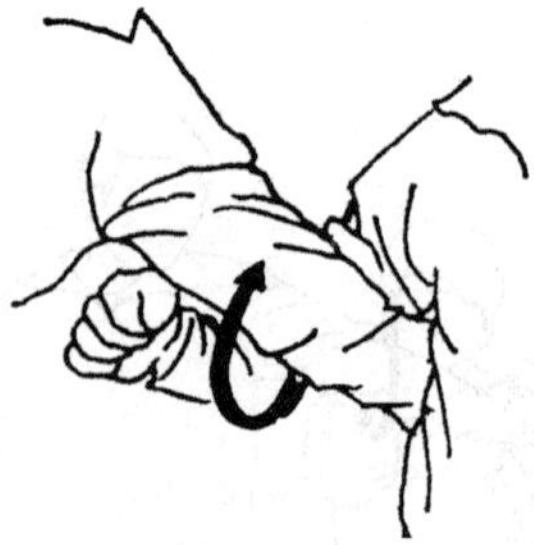

图 6–32　盘锁

㉝扳折：

当对方以右手击我时，我疾用右手刁拿对方右腕，左手掌向上沿其前臂用力向前上挫击其肘尖部；我右手刁拿对方腕时，五指扣紧回拉，掌根在其拳（掌）背部用力前顶，使其极度屈伸。我左手在其肘部，猛力上顶回扳，使其腕关节和肘关节处剧烈疼痛，其整个上肢运动链必被我锁定，造成擒拿。我左手在托顶回扳的同时，四指可猛力掐拿对方肘窝正中神经处，使其臂产生触电状酸麻而无力抵抗。（图 6–33）

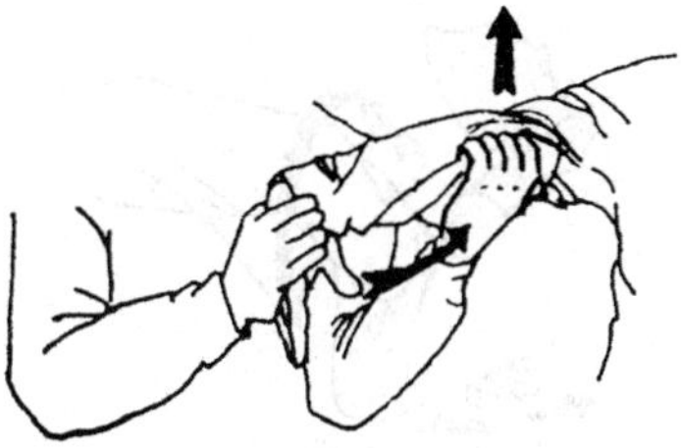

图 6–33　扳折

㉞抱别：

当对方以右手击我时，我以左手在对方右臂内拦格（亦可翻腕刁拿其右腕），同时我右手屈肘，沿其右臂内下侧向外上侧回抓自己的左手（亦可回抓对方右腕）。两手相合抱，我右肘在对方右臂肘关节外侧，向内、向上滚挫其肘部，使其肘部极度外旋内收。两手合抱对方腕旋拧下压，使其前臂极度外旋，可直接造成擒拿。（图 6–34）

图 6–34　抱别

㉟挟旋：

当对方伸右手或以右手击我时，我疾以右手在对方右臂外侧拦格，在接触的瞬间，右手不停，沿其右臂上向内、向下缠滚，将其前臂夹在我上臂与前臂之间，同时疾收上臂，将其手（拳）夹锁在我上臂与身体之间。我右手不停，向内挫旋对方右肘，使其前臂极度内旋，肘部向内上翻旋，将其整个上肢运动链锁定，造成擒拿(同时也可用左手猛击自己右手，给以加力，图 6–35)。

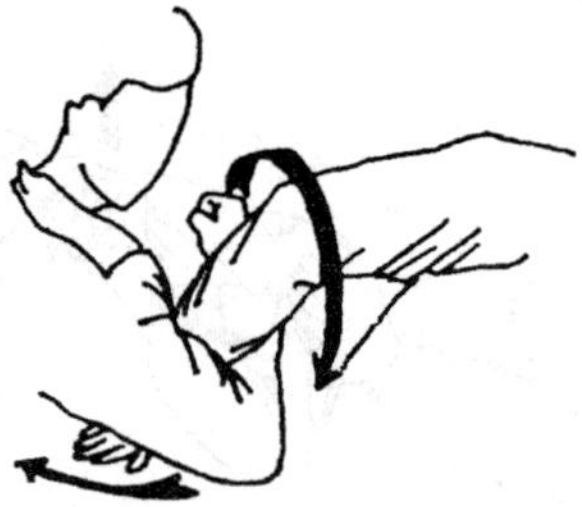

图 6–35　挟旋

㊱扳旋：

当对方推拍我胸，抓领、抓肩或直接用右拳击我时，我可疾用左手将对方右手扣锁在我肢体上，或用刁手扣锁其腕。此时我伸右手至对方右臂下，四指扣掐其肘窝，用力向下、向内扳转，配合左手对其腕的旋拧，使其屈肘、前臂极度外旋，肘部极度内收上翻。两手一向左、一向右成一对对偶力，以对方肩关节为轴，动作如摇轮一般，使其腕、肘、肩关节俱产生剧烈疼痛，整个上肢被我锁定，直接造成擒拿。（图 6–36）

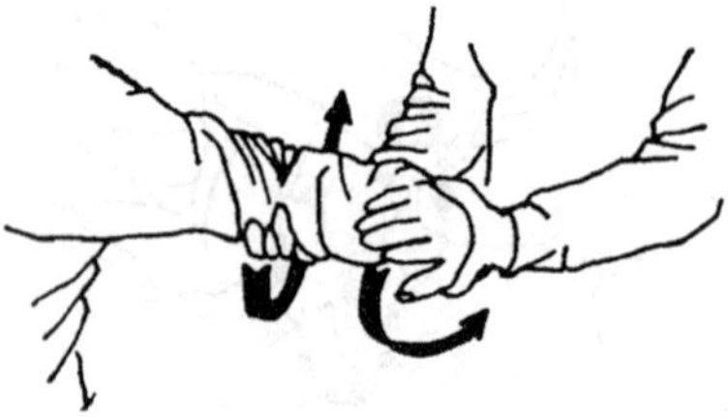

图 6–36　扳旋

㊲斫挟：

当对方抓我肩、胸、衣领或直接用右拳击我时，我可疾用左手封架或扣锁对方右手，同时屈右肘，沿其右臂肘部外侧，向下、向身后收肘，猛击对方肘部，使其肘部极度内收上翻。对方必侧身，同时固锁其上肢，配合其他技法，形成擒拿。（图 6–37）

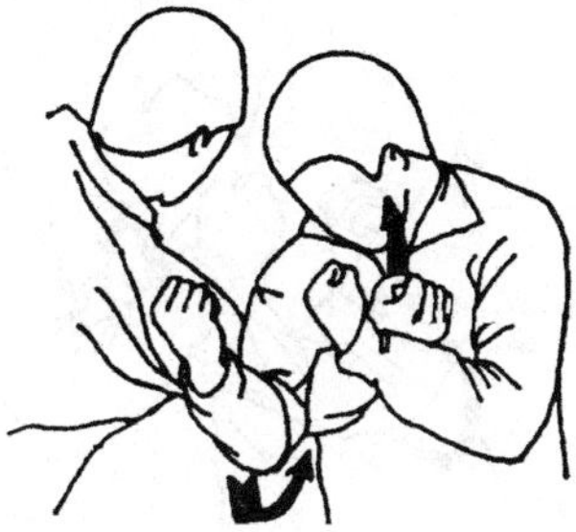

图 6–37　斫挟

㊳挫扛：

当对方抓拍我肩背或以拳击我时（以左手为例），我疾以左手扣锁对方手，或以左手在其左拳内侧拦格。同时我屈右肘、用右前臂在对方左外下侧，向上、向内挫压其肘尖，使其臂极度内旋，成肘窝向下状。同时我身体前靠，使对方左臂置于我右肩上，用力向前扛顶。我右肘尖向下，猛力顶压对方肩胛骨，两手成合抱状。对方肘、肩关节被我固锁，可直接造成擒拿。（图 6–38）

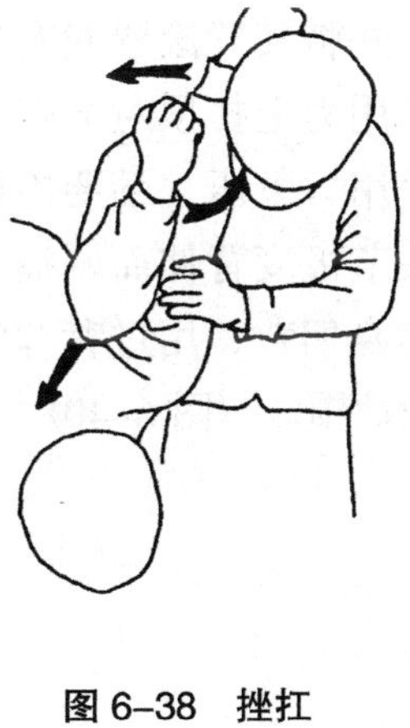

图 6–38　挫扛

㊴斫旋：

当对方抓拍我肩背、衣领或直接用拳击我时（以左手为例），我疾以左手扣锁对方左手，或由其左拳内侧拦格，同时伸右臂屈肘，用右前臂向下猛击对方左肘窝，使其屈肘。此时动作不停，我左右两臂合力，向对方内上滚顶其肘部，使其肘部极度内收上翻，其整个上肢运动链被我固锁，造成擒拿。（图 6–39）

图 6–39　斫旋

㊵抱扛：

当对方抓领、抓肩背或以拳击我时（以左手为例），我可疾用左手扣锁对方左手，或以左手刁拿其左腕。我进右步，右臂自对方左臂下向上回抱，同时利用上臂的挫滚，使其臂产生外旋至肘窝向上，并将其臂滚置我右肩上。我肩部用力上扛顶对方臂，双手执其手用力下压，劲要冷脆，使其肘关节极度背伸而剧痛，同时亦可蹲身躬背，用过背摔法使对方被我擒锁。（图 6–40）

图 6–40　抱扛

㊶抱旋：

此动作基本上同“抱扛”，不同的是，在挫滚对方臂时，有意使其肘关节屈，形成肩、肘关节的锁定。这样更易控制对方，并使对方的肩肘关节遭受更大的损伤,其整个上肢运动链被我固锁。对方背对我,我可拖带其走,或用过背反关节摔形成擒拿。（图 6–41）

图 6–41 抱旋

㊷缠锁：

对方出直拳击我，我疾出左手由内向外刁扣对方右腕，同时向外旋拧，使其屈肘、前臂外旋。同时我右臂的前臂在对方肘关节外侧用力向上、向前旋顶其肘部，使其肘极度内收上翻。两手动作要一致，缠旋顶对方肘时，用力要刚猛快脆。锁定对方肩肘关节，对方必侧后倒被我所擒锁。（图 6–42）

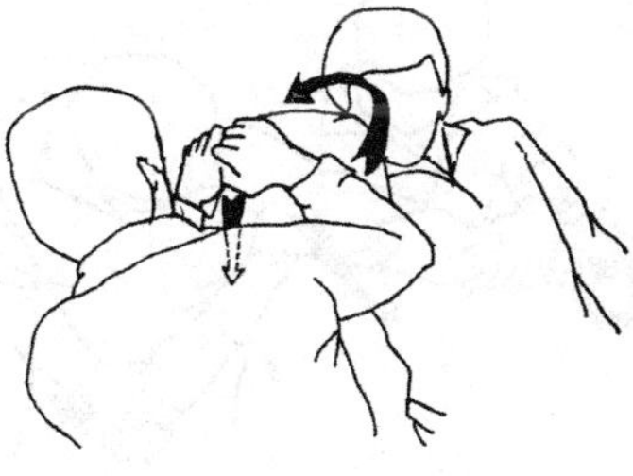

图 6–42 缠锁

㊸拧扳：

对方出直拳击我，我疾出左手刁扣对方腕，由下向上用力，向其身后划弧，边旋拧边带推；右手自对方上臂根部外侧，掐拿其上臂腋窝处的软肉，用力向其肩颈部撕拧。两手动作一致，如同操桨行舟一般，周身合力，对方肩关节被锁定，必前俯而直接造成擒拿。（图 6–43）

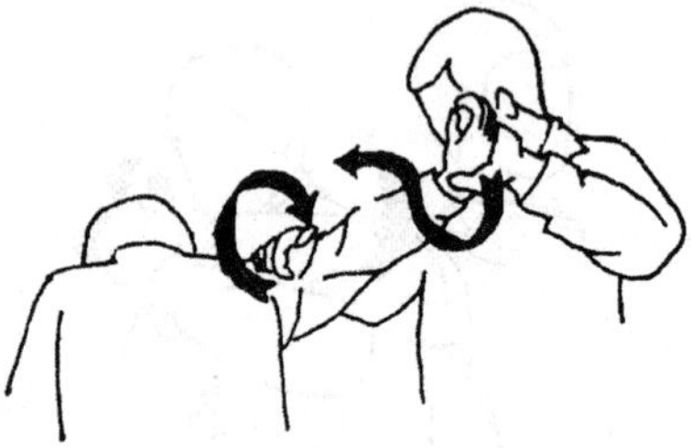

图 6–43　拧扳

㊹拧斫：

对方出右拳击我，我疾以右手刁拿对方右腕，并旋拧其前臂，使前臂外旋，肘窝向内；同时我疾进左步，左手沿对方臂下，开掌击打其下阴部，疾转体，用左肩部猛力向前下方斫击其上臂或肘部。我肩手合力，使对方肩、肘关节受到反关节斫击，上肢被锁定，身体必前俯倒，造成擒拿。（图 6–44）

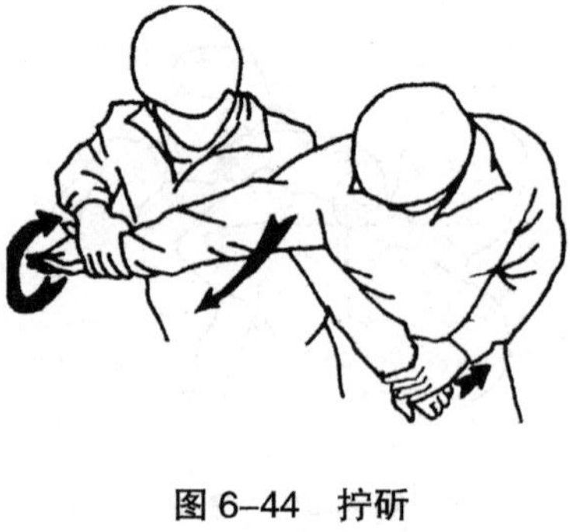

图 6–44　拧斫

㊺旋锁：

我一手刁拿对方右腕，同时旋拧，使其右腕极度内旋，另一手刁拿对方左腕，带掳至其右腋下。两手配合一致，边旋拧对方右臂，边将其左手沿其右腋窝向前下方旋压。此时对方双手俱被锁定，直接造成擒拿。（图 6–45）

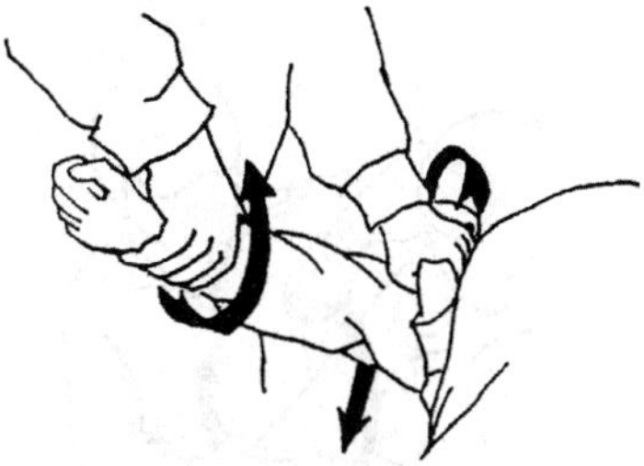

图 6–45　旋锁

㊻盘别：

当对方伸右手抓拍我肩背、衣领或出拳击我时，我可快速采用斫挟（见 34 斫挟）。当对方肘被我肘部斫盘至极度内收时，我可疾进步转体，将右拳沿对方上臂下沿伸向其腋窝处，并利用我上臂和自己的身体将其手腕部挟紧固锁。此时我臂别插在对方上臂与前臂之间，对方背向于我，其整个上肢及全身被我固锁，可直接造成擒拿。（图 6–46）

图 6–46　盘别

㊼旋折：

当对方伸右手或以右拳击我时，我以右手沿对方右臂外刁拿其腕；左手沿其右臂上横击其左脸侧。当对方用左手封架时，我快速翻掌刁拿其左手，并用力向回带掳；我右手刁拿其右腕向上，并用我右肘扫击其头部。此时，我将对方右臂折压在其左臂肘关节处，将其双臂固锁，可直接造成擒拿。（图 6–47）

图 6–47　旋折

㊽别扛：

当对方伸右拳击我时，我疾用右手沿对方右臂外侧向前顶格。同时左臂屈肘，沿对方右臂上回插，抓掳自己的右前臂。我进步向左转身，用右肘横击对方头面部。此时，我左臂别在对方右肘窝与我右臂之间，利用撬杠的省力原理，可向上撬别其肘；右手将对方右臂前端下压。对方整个上肢被我别锁住，肩、肘关节造成剧烈疼痛，人亦后倒，被我擒锁。（图 6–48）

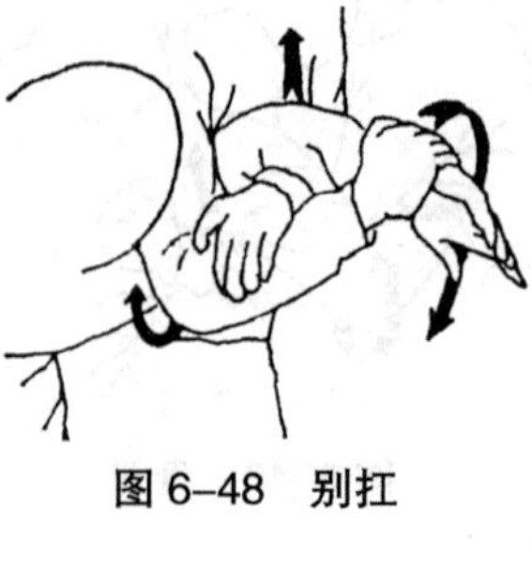

图 6–48　别扛

⑲锁扛：

当对方用右拳击我时，我疾进步，以左手扣拿对方右腕，右摆拳击其头脸左侧。当对方用左手阻格时，我速带扣回掳其左手，同时左手向其左拍推其右臂。我进左步向右后转体，用左肩将对方右手顶锁在我肩背上，两手扣抓其左腕用力下压，肩部向上扛顶。此时，对方双手俱被我固锁，可背拖带走，也可用反关节（肘关节）背摔，造成擒拿。（图 6-49）

使用时注意，要将对方左手用力前拉下压，将其右臂在我肩背处顶紧，勿令松脱。

图 6-49　锁扛

㊿锁斫：

锁斫是利用人体两臂交叉、相互阻碍的生理结构和运动特点，造成锁捆。当对方伸右拳击我时，我疾以右手沿对方右臂外拦格，左手速沿其右臂上，横击其头面部。当对方用左手格架时，我疾翻腕刁拿其左臂腕，用力向自身左侧带掳。我右手不停，利用对方右拳回收屈臂之机，用力向前顶击其右前臂，成图 6-50 所示状。此时，我速进左步抖其右腿，左手回拉，右手顶斫。对方两臂被我锁捆，左肘关节受到反关节斫击，人必后倒，被我直接擒拿。

图 6-50　锁斫

㊿抱挣：

对方出右拳击我，我疾用双手由上而下阻格对方右臂，同时疾进步，双手沿其臂内侧向外上交叉合抱其臂，向其身后折扳，成如图 6-51 所示状。此时我左臂在对方腕肩之间，利用撬杠原理，左手按压其臂向下插卷，左肘上抬折撬其臂；右手扣抓对方掌背，使其腕极度伸。两臂相抱其臂，左右相对用力，使其腕、肘关节极度剧疼。此时，对方肩、肘、腕关节均被我固锁，可直接被我擒拿。

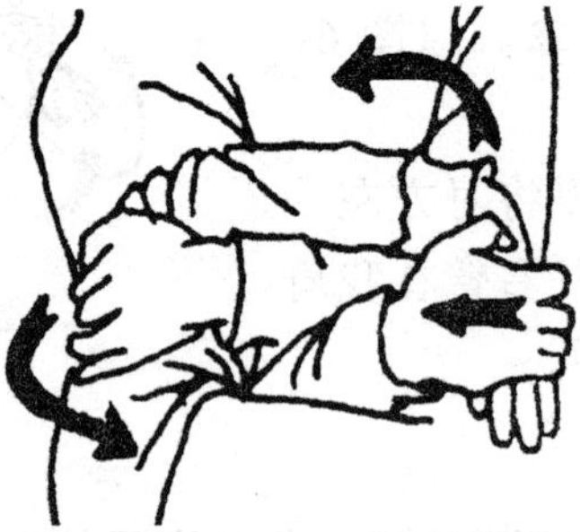

图 6-51　抱挣

㊾别插：

我右臂插别在对方右前臂与肩背之间，右手在其肩背部用力向下插卷，右臂顶住其右前臂用力上撬；左手刁拿其右腕用力前推，使其屈肘，上臂后伸内收。同时我掌根用力，使对方腕关节极度屈，此时对方整体被我锁捆，造成擒拿。（图 6-52）

图 6-52　别插

㊸锁别：

当我采用缠挫手法时，我左手抓扣对方右肘内侧，右臂插别在其右前臂或腕部与我左前臂之间（图 6–53），左手用力下压其肘关节，右手利用自己左臂为支点，肘臂部用力上撬其右前臂，必引起对方肩、肘关节剧痛和损伤，造成擒拿。

图 6–53　锁别

㊹盘折：

当我采用挫扛手法时，接着我左手沿对方右臂内侧，回抓握自己右前臂。我右手前顶对方右腕部，两手合力，别盘抱其右臂（图6–54）。此时我左肘用力回夹对方上臂，同时肘尖下压顶其肩胛，右手向前下猛力折顶其右前臂，必造成对方肩肘关节的剧烈疼痛，形成捆锁而造成擒拿。

图 6–54　盘折

⑮搓扳：

当对方伸右手或出右直拳击我时，我用右前臂由对方右臂外向内格架，同时进左步，右手掌背贴其右臂上滑向其右肩，左手成掌（掌心向前）沿自己右臂横击对方头部。对方必躲闪或以左手格架，此时处于其右肩部的右手掌不停，突然猛力搓向对方下颌角部，左手变向向上抓拿其头发或反手搂向其后脑部，同时疾侧闪左步，两手合力（右手向其左上搓推其右颌角，左手向其右下扳压其头部），向自己腰部扳旋其头部。轻者对方立即倒地，重者发抖脆劲，必使对方颈椎损伤，造成伤残或死亡。此技法为搓扳，搓是指搓击对方下颌部，扳是指扳拿其头部。（图 6–55）

①　　②

图 6–55　搓扳

⑯扳拧：

当对方伸右手或以右直拳击我时，我疾进左脚，用前臂向内横格对方右臂，速翻掌沿其右臂上横击向其左耳部。与此同时，我右手沿自己左臂上反手插向对方右耳部（由于对方右臂在我左臂下，左手又忙于格挡我之左手，因而我右手可较顺利地触及对方头右部），四指扣抓其颈后部，微抬肘，前臂向其右下压旋其头。此时左手突翻掌向上托拿对方头部另一侧，退左步，两手合力向其左下方拧旋其头。必使对方翻身前跌，并损伤颈椎。如使用抖脆之力，常易使对方立即死亡。此技法为扳拧，扳是扳拿对方头部，拧是双手合力拧旋其头。（图 6–56）

①　　②

图 6–56　扳拧

㊲扳斫：

当对方用右拳击我时（其右脚在前），我疾进左步，左手沿对方右前臂内侧格挡，同时屈腿、坐胯前俯下闪，右臂屈肘至胸前，抱挟对方右小腿，用力上抬，此时疾用左肘向下猛击其右大腿根部。对方因大腿被我锁定，髋关节处受到猛力击打，造成剧烈疼痛，必立即后倒。（图 6–57）

①　　②

图 6–57　扳斫

㊽搓旋：

当对方用右脚踢我腹以上部位时，我疾沉肘、俯身，用双手由上而下抱挟对方腿，左手在下，右手在上；同时进右步至对方左腿里侧，绊锁其腿，左手上抱，右手下压，坐腰胯，疾向左后转体。对方必侧倒。这也是目前在散打技术中最常用的抱腿摔法之一。（图 6–58）

①　　②

图 6–58　搓旋

㊾挣：

当对方伸右手或以右拳击我时，我进左步，左侧闪，用左手推格对方右臂。同时我右手顺自己左手上，沿对方右臂上缘疾前伸，抓握其肩、衣领或头发并向后撕拉。我用右脚向对方斜前下方猛力蹬踩其膝关节后面腘窝处。两劲合力相挣，对方必后仰、下跪而被我擒拿。（图 6–59）

图 6–59　挣

⑥0盘旋：

当对方用右拳击我时，我用左手格架，身体下闪，疾进右步至对方右脚外侧，坐腰胯，使对方右腿在我右大、小腿之间，急向左转体。我小腿在对方小腿外侧绊锁，右胯在其腿膝内侧部，两劲相挟，向其右侧旋挤压其膝关节，使其膝部外展旋外。对方必侧后倒，被我擒拿。（图 6-60）

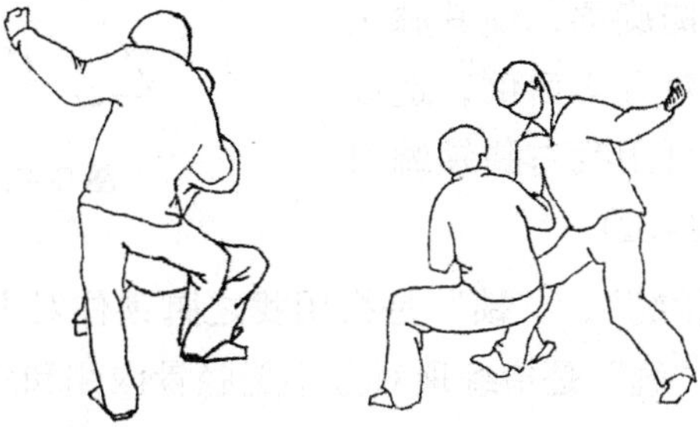

①　　　　②

图 6-60　盘旋

⑥1斫盘：

当对方用拳击我时，我疾下闪，进右步，左手自对方右小腿外侧抱紧其腿，右臂屈肘，用右前臂猛击其膝关节内侧，同时用力向其膝外下侧挫压，使其膝关节外展旋外。对方必后侧倒，造成擒拿。（图 6-61）

图 6-61　斫盘

⑥²锁缠：

在搏击或双方纠缠时，我可暗将左脚置于对方右脚外侧，屈膝，使我膝在对方右膝关节内侧，左脚略勾，锁住其外踝关节。我疾用左膝顶住其右膝关节内侧，用力向其膝外侧旋顶，使其膝关节外展旋外。对方必后倒，造成擒拿。此法也可用我右腿锁缠对方左膝。（图 6–62）

图 6–62　锁缠

此法为“锁缠”，“锁”是指用我之脚锁住对方踝关节外侧和脚跟跟腱处。“缠”是指缠顶对方小腿胫骨内侧和膝关节内侧，使其膝关节外展旋外。

⑥³抱斫：

当对方用右拳击我时，我疾进左步，左侧下闪潜入。我左手自对方小腿外侧抱扣其小腿下端，身微左转，屈右肘，再向右转体，用肘尖或前臂，猛击其右膝关节腘窝外侧缘，使其膝关节内收旋内。我顺势屈右腿，左手向上抱拉对方腿，右前臂随猛击之势，向其左下挫压其右膝关节窝处。对方必屈膝前跪，造成擒拿。（图 6–63）

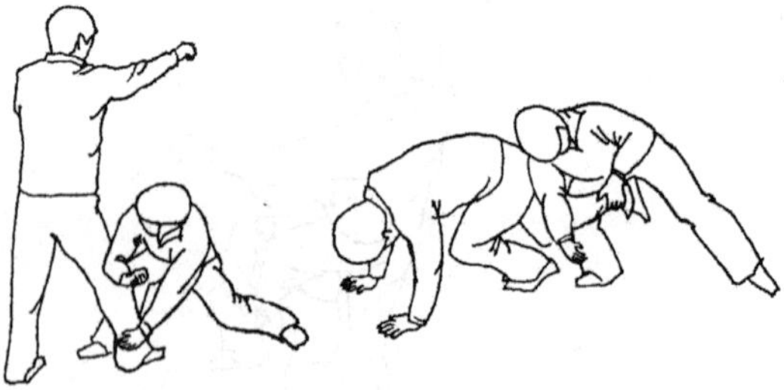

①　　②

图 6–63　抱斫

此法为“抱斫”，“抱”是指我锁抱对方小腿下端，“斫”是指用肘斫击其膝关节外侧腘窝缘，使其膝关节内收旋内，并屈膝前跪倒地。

⑭拧旋：

当对方用脚踢我时，我疾收腰屈肘，用肘或前臂格挡对方腿，并借势抢掳其小腿，此时我疾退步，两手顺其小腿，向后抓拿其足，一手在其足根部，一手在其足趾部。两手合力一正一反，向内或向外拧旋其脚。因踝关节和膝关节均无内外旋转的运动功能，故而依据运动链系统的效应性运动，必引起髋关节的旋内或旋外。而髋关节的内、外旋运动范围都很小，其旋内只有 10°~15°，旋外也只有 25°~35°，因此，必锁定髋关节，使对方左、右翻跌。如对方不能随顺其势而左、右翻倒，则力量全部集中于其踝关节和髋关节，必然引起踝、髋关节严重损伤。（图 6–64）

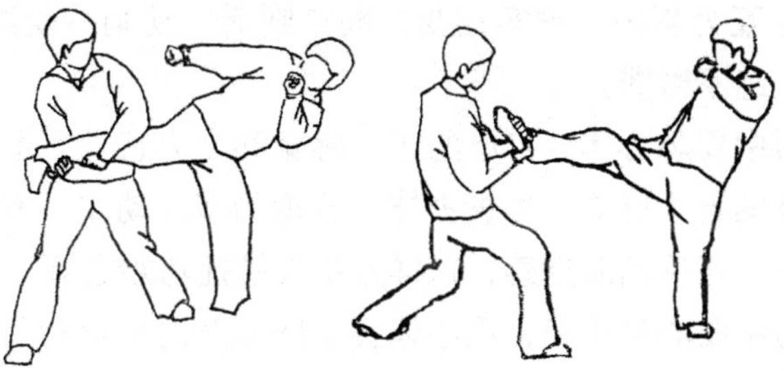

① ②

图 6–64 拧旋

以上六十四手基本擒拿手法是最常用的基本手法，它是《九重天擒拿秘籍》中天罗刹单八手（一百零八手）中择选出来的，是擒拿技术的根本大法，必须认真反复进行练习，熟练地掌握其手位、结构、力量使用的方法与方向。

(2) 基本手法练习：

实用擒拿技术的基本手法练习分徒手、操桩、对练，尤以对练为主。徒手练形，操桩练劲，对练练功，此为手法练习的三步功。徒手学技，要形正、技全，出入有法；操桩学劲，要先松后发，迅猛刚炸；对练学法，要形快、劲活，善于变化。两人相互配合，由慢到快，由给到不给，由顺到抗，先掌握法而后致劲，到每一手必得之境。特别要注意合理地运用力学原理，尤其是是否已构成稳定的三角形力学结构和支点、力点及力的方向。

在基本手法的练习中，每一动作要做到，静则极静，稳如泰山；动则疾动，迅如闪电，干净快速，绝不拖泥带水，突发性要强。要松肩活肘，掌、腕的每一细微动作，也必须异常轻快干净，身、眼、手、法、步合一，精、气、神、力、功合一。上虚下实，每一动气不可上提，须于周身灵通一气，绝不努气、努力。使巧不使拙，两手互为阴阳，虚实相变，周流圆活。动则一动周身俱动，动则不停，绝不微滞。

在练习中要悉心体会自己的运动感觉和受力感觉（本体感觉），要形成正确的自主反应，尽量去掉不合理的多余动作，不必要的习惯动作，建立正确的时空感，这样方不失敏捷巧妙之旨。

在练习中要心静神稳，悉心体会肌肤相触的感觉和劲力变化之细微差异。劲力要刚柔相济，不使拙力。要刚先发而柔紧随其后，柔先黏而刚在其中，劲要沉稳绵长，力走螺旋，不可稍断。劲力以圆活为主，使圆不使单，就是指两手的配合。支点与力点之间的力量，要有横竖螺旋的混元劲力配合。也就是从总体上讲，缠裹拧旋，四正四偶（横竖上下，左右各方）的含蓄力，此力如环而无端，如浪涛之起伏而无尽，在运用上要不偏不倚，圆整灵活。只有缠裹住了，又以冷脆劲抖发之，连拿带打，才能收到分筋错骨的最大效益。只有圆活混元之力，方能趋避得机，审时度势，捷于变化，而立于不败之地。

同时在基本手法的练习中，要注意各种手法之间的相互联系，在对练中要特别注重劲力的转化和劲力的交替使用，只会技术，不懂劲力的变化运用，是无法掌握真正的技法的。

6. 龙腾绕盘曲中直，蛇柔缠骨粘上粘。
熊踞截斩刚寓柔，虎扑按扫走惊弹。
豹闪出手宜过步，猿攀挂劈撣相连。
隼疾扣刁穿闪进，鹰翻抓拿是连环

这几句讲的是八形：龙盘、蛇缠、熊截、虎扑、豹闪、猿攀、隼扣、鹰翻。实质指的是，要吸取这八种动物在自卫搏斗和捕捉食物时所具有的特殊技能，学习掌握这八种动物的特殊本领和技法，这八形即八种主要手法是研习擒拿技术的首习的基本功，是十分重要的，必须下十分的工夫刻苦练习，才能进一步研习实用擒拿技术。

(1) 龙腾绕盘曲中直：

龙是传说中的理想动物，其身可腾飞绕盘，其爪有鹰虎之功，是最具威严、最敏捷又最凶猛的动物，其劲刚猛而内柔，刚柔相合。

练习龙形，必须劲气发至丹田蓄于腰背，带动手臂腾绕盘行（做圆弧盘绕螺旋运动），劲往中（圆的螺旋运动的圆心处）合。掌指如龙爪，得实即扣。

(2) 蛇柔缠骨粘上粘：

蛇为极阴灵巧之物，其击首则尾应，击尾则首应，击中则首尾皆应。有拨草之技，粘黏缠绕之能，行如柔鞭，弹抖伸屈疾而自如之特性。

练习蛇形，要全身松沉而动转灵活，发劲沉黏而柔中含刚。手臂运动则如蛇缠物，盘缠游动迅速，随势黏而螺旋缠进，不可有丝毫僵滞之形。

(3) 熊踞截斩刚寓柔：

熊雄勇而敏捷，直立扑击两臂有千钧之力，凶勇而直入。有截斩抓蹬之技，其劲柔沉而刚猛，其动则疾敏而善变。

练习熊形，就是要学习它两膀臂千钧之力，截斩之能。

(4) 虎扑按扫走惊弹：

虎为兽中之王，其性凶猛，有扑按叼撕之力、剪尾扫击之能。其劲惊疾而刚猛，其身敏捷而柔转自如。

练习虎形，就是要学习它惊疾刚猛的扑按之功，刁撕剪尾之力。而重在腰的弹展之攻。

(5) 豹闪出手宜过步：

豹有虎之凶猛之性，有疾闪疾速之能，是极敏捷之动物。劲韧而长，刚柔相济。

练习豹形，就是要学习它快速敏捷的闪展、疾速的动作速度，而最根本的是配合手法、身法的疾速过身步法。

(6) 猿攀挂劈掸相连：

猿为动物中最为灵巧之物，有纵山跳涧攀树飞身之灵，又有恍忽变化不测之巧；有登枝堕枝之力，展转挪移、神机莫测之妙。其劲柔而速敏。

练习猿形，就是要重点学习猿的展转腾挪之巧，猿臂的灵巧及其攀、挂、劈、掸之能。

(7) 隼疾扣刁穿闪进：

隼雄勇而灵敏，有翻身之巧、入林之奇，又有展翅束身捉物之捷、钻天过身动转无声之妙。

练习隼形，主要学习隼的展翅束身、钻翻过身之技。根基是钻翻的扣、倒步和翻腰之技。

(8) 鹰翻抓拿是连环：

鹰是飞禽中最凶猛疾毒之物，有察微感沓之能，爪有攫抓之巧，身有翻转腾飞之妙。

练习鹰形，主要是学习鹰爪刁旋、翻转之能，重在掌指，要触即扣抓、翻旋腾转而“掌掌见肉”。

注：八形的具体习练方法，详见下册《擒拿秘籍九重天图解》。

7. 虚实变化法轮转，周流圆活刚柔连

这句讲的是，在研习“八形”的过程中要十分明确动作的虚实变化，虚和实的变化要像法轮周转一样而不着痕迹，虚虚实实、虚中有实、实中有虚。

动作劲力要协调连贯一致，要像水流一样，遇阻则过，逢隙必进。动作要圆转而灵活，劲力要刚柔相承，变转连绵。

七、《八卦诀2》译注

（一）《八卦诀 2》原谱

藏身針手搬佔旋陷手手連梢陽乃三偏身包身乾與
叠松分勢能勢別陰隨雙節手扣節手轉搬掌出來巽
捲上籬盤承趁來並在全成見全鎖凭撞陰掃手進搖
封注澤隨雲步手走足旁覆別旋意四陽前巽離太與
來挫橫行跟纏斷捻在腕為山翻陽身劈下連極坎金
坎須手踹盤帶來戶只樞斬吉介緣金斷乾居見八往
旋固身扣易坎肥需別別經手縮偏隨出分巽字坤一
梢定挫鐮陽震陰吹陽斜鎖出弱鋪扣能進手來陰震
別坎鏈陽仰全腕分扣棗月別叠損坎入進不一分陽
如盤滄盃側靁斬如別回扛圈旋中領步見搶居屋乾
領環任身纏收環全翻落須地滿陽行肩位按司三分
掌意腕能領手在滄挨閉个騰先前空躲腴中連手更
行臂地脚沈領坐發帶雙搬劈平際手避躲勢勁乾別
別橫形綠肩粘間翻坤步如金三雙四後勢踏坤勁手
更如手步粘勁相介連及環抄能挫統全先離全脚在
挫入綠貌形占斷偏地个斬十扣柱連至中勢滔陰步
字寒播鎖去翻閉帶陰連合肩留陰居盈貴火步滔行

（二）《八卦诀2》原文

藏 身 针 手 挪 似 旋 胸 手 手 连 梢 阳 刁 三 偏 身 勾 身 干 要
卷 忙 兑 势 龙 势 肘 阴 膝 双 节 手 扣 节 手 转 搬 掌 出 柔 巽
卷 上 帘 盘 承 趁 柔 并 在 全 成 艮 全 锁 凭 撞 阴 挽 手 进 摇
缺 往 泽 膝 云 步 手 先 足 剪 覆 肘 旋 意 四 阳 削 巽 离 太 与
来 挫 横 行 跟 缠 刚 擒 在 碗 为 山 翻 偶 身 劈 下 连 极 坎 走
切 顺 手 踹 盘 带 来 后 只 枢 斩 玄 亦 复 走 断 乾 风 艮 八 往
依 固 身 扣 勾 切 爬 需 肘 别 经 手 缩 偏 随 出 分 巽 字 坤 一
梢 定 挫 镰 阳 震 阴 吃 阳 斜 锁 出 触 舒 扣 龙 进 手 来 阴 震
别 切 铲 阳 仰 全 腕 分 扣 靠 反 别 卷 顶 坎 人 进 不 一 兑 阳
如 盘 滚 盂 侧 雷 斩 如 别 回 扛 圈 旋 中 领 步 见 抢 同 左 乾
顶 环 任 身 缠 吸 环 全 触 落 顺 地 满 为 水 肩 位 投 右 三 分
掌 意 腕 龙 胸 手 在 滚 抖 闪 丁 腾 先 剪 宜 疾 腰 中 连 手 天
行 臂 地 腰 沉 领 坐 发 带 双 挪 臂 子 际 手 趁 疾 势 到 乾 肘
肘 秤 形 绵 肩 粘 间 翻 坤 步 如 走 三 双 四 后 势 发 坤 到 手
天 如 吊 步 粘 到 相 六 连 刃 环 挑 龙 挫 绞 全 先 离 全 腰 在
挫 人 绵 即 别 占 断 偏 地 丁 斩 十 扣 柱 连 至 中 势 活 腹 步
字 里 桩 锁 先 翻 闪 带 腾 连 合 肩 首 阴 尾 虚 贵 火 步 活 行

“三七见角之字行”指的是八卦诀的后半部分的解法。首先从左起将全文分成三行一组，共七组。然后按组而读。读时从第二字开始，成三角延“之”字形而读，读完后，再从第三字开始，也成三角延“之”字形而读，这样读完一组再读一组，始得全文。

（三）《八卦诀 2》译文

乾出巽进离与坎，艮往坤来震兑同。
乾三连天乾坤手，腰活步活身要柔。
手摇太极走八字，一阴一阳左右分。
手到肘到全在腹，步行身转掌阴阳。
巽下断风分龙手，进步抢位疾中疾。
后发先至势贵偏，勾搬撞挽削劈连。
乾出巽进人不见，肩投腰趁势式全。
离中虚火刁扣手，锁旋四偶亦走偏。
触扣顶旋领为先，鱼际三四挫扣连。
阴阳三节全凭意，翻身复缩随舒卷。
坎中满水剪子手，双龙绞柱首尾连。
双手成剪肘为枢，玄经斜出反回圈。
顺闪腾挪步走环，丁十合手梢节全。
艮覆碗山斩别手，锁靠别扛落地丁。
双臂如刃挑斩连，肩胸肘膝并手足。
擒来只需阴阳分，斩别全在抖发间。
坤六断地带旋手，阴柔在先刚在后。
爬肘吃腕扣如环，触滚坐带翻相连。
偏闪腾挪势式承，膝步跟踹带勾镰。
震仰盂雷缠龙手，沉绵粘沾即占先。
手似龙盘趁云行，缠盘扣切阴阳全。
侧身吸胸腰领肩，步到别锁翻身卷。
兑上缺泽挫切手，固梢挫切如滚环。
掌腕臂肘形如挫，绵里藏针忙卷帘。

往来横顺依身定，别铲盘顶任意行。

地秤，天吊，人字桩。

（四）《八卦诀2》译注

《八卦诀2》是实用擒拿技术的最基本的八种起手技法，也是实用搏击格斗的基本攻防技法。它配合八劲、八形、二十四字技组合成千变万化的实用擒拿技术，是研习擒拿攻防技术的首要基本功法。因为实用擒拿技术是建立在格斗攻防的基础上的，没有扎实的格斗攻防技术就无法实施擒拿技术。因此必须对此狠下工夫，为进一步研习实用擒拿技术打下扎实的基础。

1. 乾出巽进离与坎，艮往坤来震兑同

第一句讲述了八手之间的相联关系和作用。

乾坤手和分龙手类似，以出（化）进（击）为分，乾坤手双臂行圈左右而化，分龙手双臂行圈一截一击为进，可通用疾变手也。而刁扣手和剪子手均为锁手也。

斩别手和带旋手则一刚一柔，刚则刚，截斩而往，柔则柔，柔锁而来，刚柔相济，可相互转化通用。而缠龙手和挫切手均为缠手也，一为缠而裹，一为缠而切，亦通用也。

2. 八手

(1) 乾三连：天（父）　乾坤手

乾三连天乾坤手，腰活步活身要柔。

手摇太极走八字，一阴一阳左右分。
手到肘到全在腹，步行身转掌阴阳。

此手重在两手一前一后、一正一反、一阴一阳，在身前做圆弧螺旋运动。一吃腕臂，一吃肘肩，意在腕肘，正反阴阳。乾坤手是圆弧运动，而分龙手是直线运动。

(2) 坤六断：地（母）　带旋手

坤六断地带旋手，阴柔在先刚在后。
爬肘吃腕扣如环，触滚坐带翻相连。
偏闪腾挪势式承，膝步跟踹带勾镰。

此手重在带旋，刁手在先边带边旋之，要左带右，要右带左，触、滚、坐、带、翻、旋相连（一直一旋）。

(3) 离中虚：火（中女）　刁扣手

离中虚火刁扣手，锁旋四偶亦走偏。
触扣顶旋领为先，鱼际三四挫扣连。
阴阳三节全凭意，翻身复缩随舒卷。

此手重在刁扣，以后三指与大鱼际相对，扣锁对方衣或肉，俗说掌掌见肉，拧旋刁扣为要。

(4) 坎中满：水（中男）　剪子手

坎中满水剪子手，双龙绞柱首尾连。
双手成剪肘为枢，玄经斜出反回圈。
顺闪腾挪步走环，丁十合手梢节全。

此手左右两手交叉，以肘为枢，形成剪，双手反扣拿吃腕、吃肘、吃肩。

(1) 天吊：是以练习臂部的各种劲力为主，关键是整合周身的劲力，练习各种、各方向上的整劲和脆劲。（图 7–1）

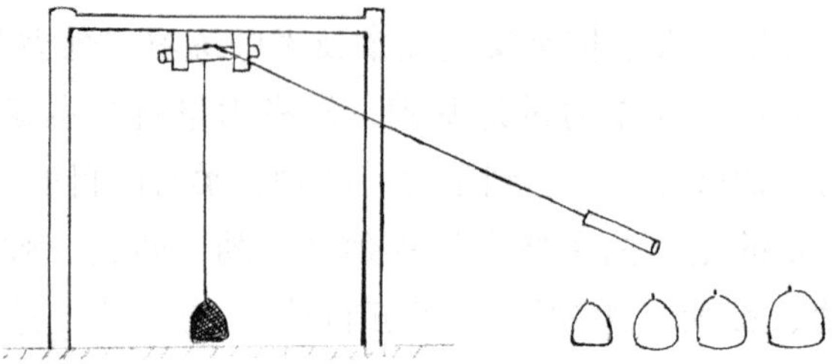

图 7–1　天吊结构图

天吊架高：2 米。架宽：1.8 米。

中为木滚轴：可用现代滑轮代替。

绳长：6 米。一端连钩，一端连一臂长的木柄，粗如手臂。

下钩挂沙袋（重物）：10 斤、20 斤、30 斤、40 斤（因习练需要可挂 2~3 个沙袋）。

天吊练习法为“带、发、搬、折”四法。

(2) 地秤：是以练腿和腰背部力量为主，兼练手、腕、臂的旋拧力量。从技法上来讲，是练习腿部擒拿锁扣和摔技的基本技术。

一种为边长 40cm 的方形石料（可用水泥浇注），中接一臂粗之木柱，长约 2 米，重 30~40 斤。

另一种为边长 50cm 方型石料，中接一臂粗木柱，长约 2 米，重 40~60 斤。（图 7–2）

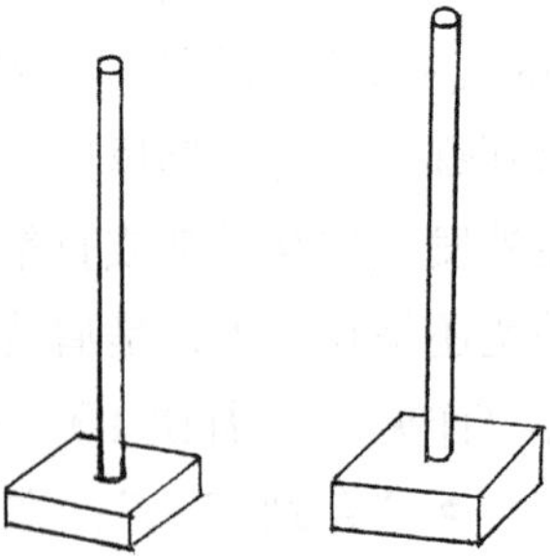

图 7–2　地秤结构图

地秤的练习方法为“拧、旋、搓、挂、过、挑”六法。

(3) 人字桩：是练习各种手法的收、放劲力，是刚、柔劲力综合、转换的基础练习，主要用于八手和八形的发力练习。

人字桩（木制）高 2 米，中有一如上臂粗圆木，长约人之手臂，离地高为 1.2~1.5 米。两圆木成丁字状。（图 7–3）

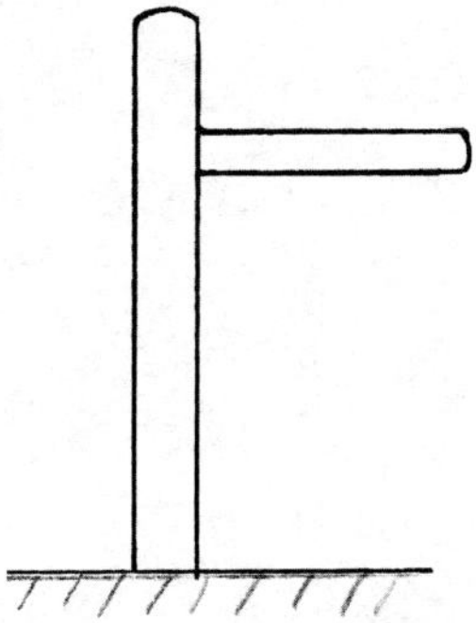

图 7–3　人字桩结构图

人字桩练习法：

• 八手（八技），以人字桩为假想敌的单操练习，可全速发全力。悉心体会动作要领和受力感觉。

• 八形，如上进行单操发力练习。

注：八卦诀的八手（技）、八形、天吊、地秤、人字桩的具体习练方法，详见“擒拿秘籍《九重天》图解”之第一章基本功部分。

八、《六合诀》译注

(一)《六合诀》原谱

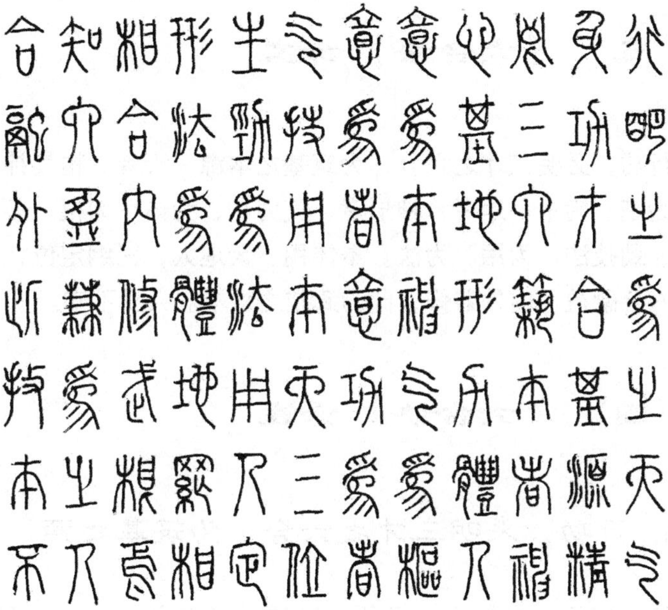

(二)《六合诀》原文

合 知 相 形 生 气 意 意 心 必 身 行
融 六 合 法 劲 技 为 为 基 三 功 明
外 盈 内 为 为 用 者 本 地 六 才 之
此 兼 修 体 法 本 意 神 形 筑 合 为
技 为 武 地 用 天 功 气 力 本 基 之

本 之 根 纲 人 三 为 为 体 者 源 天
不 人 焉 相 定 位 者 枢 人 神 精 气

此诀的破译法为：心诀中“折曲相间尾中连”一句。

（三）《六合诀》译文

行功，必明三才之六合，为筑基之本源。天者，精气神、身心意，为基、为本。地者，神形意、气力功，为体、为枢。人者，意气形、劲技法，为用、为法。本体用、天地人，三纲定位，相生相合，六合融盈。内外兼修，此为武技之根本。人焉不知。

（四）《六合诀》译注

1. 行功，必明三才之六合，为筑基之源

练习实用擒拿技术，必须明确掌握“三才 —— 天、地、人”之六合。这是内外双修的基本功，是一切技术、功法的源头。它指的是在三个不同的研习应用过程中，逐步渐进深化所必须注意做到的六合。

第一阶段：天 —— 习练内功时，要做到“精气神、身心意”之六合。

第二阶段：地 —— 习练技术时，要做到“神形意、气力功”之六合。

第三阶段：人 —— 习练技法和实际应用时，要做到“意气形、劲技法”之六合。

习练者在整个研习的过程中，都必须时刻悉心体验和修习。

2. 天者，精气神、身心意，为基、为本

(1) 天者：指的是三才中的“天之六合”，实质指的是“本一内功功法” 在研习过程中的六合。这是第一阶段，研习中华武功的入门功夫，是体魄强健的内功基本功。它是基础中的基础，是一切功法的根本（详可参阅《无极诀》译解）。

(2) 精、气、神：是天之“内三合”，指的是，精足、气行、神聚。

①精足：精指的是，生命运化所需要的精微物质，精气是生命的基础，人体生长、发育、生殖、衰老、死亡与精气的盛衰有密切关系。精气足则生命力旺盛，精气不足则生命力减弱，外邪侵身而百病无免。

“精”包括先天肾精和后天水谷之精两部分。人出生之前，禀受父母之精华生成己身，出生以后，先天之精藏于肾，属于生理运化的物质基础。然而先天之精气每日都在耗损着，有赖于后天之精的不断濡养。所以必须每日都要“采天地之灵气，集万物之精英”，来弥补你先天的不足和后天的损耗。实质讲的是，练功虽然十分重要，但必须要十分重现你后天的益补和濡养。

后天的益补是要吸取三才（天气、地气、人气）的精微物质来颐养你的本命之精气。才能补充精的损耗，从而达到精足。

《易·系辞下》曰：“有天道焉，有人道焉，有地道焉，兼三才而两之。”三才，古指天、地、人三者。《内经》运用三才学说，将生长繁育的物质基础——气，概括地分为天气、地气、人气三方面，谓之“人生于地，悬命于天，天地合气，命之曰人。”说明了天、地、人这三气的密切关系。

- 天气：指的是，(1) 要在一个自然环境、空气清新的地方，

来和天（自然）进行气机的交流。（2）要平心静气来调整呼吸，要调至呼吸绵、细、沉、稳、长而平和，循乎自然，不可努气、憋气而强求之。按现代科学来讲，这不但可以增大你呼吸的肺通气量，提高了你的氧交换代谢能力（也叫做调理阴阳两气），而且这种形式的呼吸动作，通过膈肌（人体主要的呼吸肌）的大幅度升降和腹压有节律的变化，又可按摩、调理脾、胃、肝等气血运化系统，增强其代谢、运化功能。（3）同时人体内的真气运行，亦可借助外气（呼吸）而推行加强，帮助气沉丹田，气血的运行。

● 地气：指的是“饮食”。要克除贪食、妄食和偏食之欲，饮食要有节制。依据四季、五行——五色归五脏（红、黄、黑、绿、白色的食物）和五味（酸、甜、苦、辣、咸）相应、相生和相克的自然法则，注意食用那些对自己身体有益的食物，不可贪食、妄食和偏食。并依据天地四季的变化和自己身体的状况，随时更改和添补有益、有针对性的饮食，便能从地生万物之中，获取有益的（宝华）万物之精气。

● 人气：“通于人气之变化者，人事也”（《素问·气交变大论》）。指的是“社会交往”。在人际、社会交往中要尽可能地与有诚孝、仁义之心的人，有道德修养、遵纪守法的人和有素质有文化的人交往。便能在接触气机、信息感应的交流中获取（宝华）有益的神识。尽量避免或尽少和神识污浊之人的交往，以免受到污秽气机不良的侵蚀，而神昏入邪。

②气行：指的是要十分关注和有意识地调整、引导你本身气血的运行（气运奇经八脉，十二经络）。

人体的气是怎样生成的呢？主要由以下三个方面合成：

一是秉受于父母的先天之精气简称“先天之炁”。《素问·保命全角论》说：“人以天气之气生，四时之法成”，“天气合气，命之曰人”。意思是说，人是自然界“天地之气”的产物。

二是饮食万物水谷中的营养物质化成，简称“水谷之气”。

《素问·六节藏象论》说："天食（饲）人以五气，地食人以五味"，这些自然之气被摄入人体后，经过代谢，变成精华，以养五脏六腑，从而维持机体的正常生理活动。

三是吸入大气中的清气（阴阳二气），清气则依靠人体和宇宙自然界的气机交流，包括宇宙间的各种辐射、粒子流如阳光等，及空气中的氧气的功能。

此三气合一，方成为人体的元气（真气）。真气循经走络而通连周身五脏六腑，维持着生命的运化。而真气的运化、平秘则是生命现象的基础。三者气机运化正常，人体的气机就充沛。反之，如果任何一方面异常，均能影响气的生成，形成气虚的病理变化。所以，古人说，"气者，人之根本也""人之有生，全赖此气"。

③神聚："神"包括了先天元神和后天的识神两种，元神生化于先天元气，识神生化于后天精气。元神、识神都来源于物质，又皆反作用于物质。《素问·移精变气论》曰："得神者昌，失神者亡。"明确指出了神在生命活动中的重要性。

按现代科学来说：

●对内：指的是使生命有序运化、本体所具有的自我意识、自我组织、自我调控、自我修复的信息（能力）。

●对外：是与自然、社会交流的感知、认知的意识和精神信息。即神者生之制也。

神聚的三个重要内容：一是神正（合乎于"道"），神不正则心神散乱，外邪侵害而邪恶伤身。二是要入静，也就是要排除一切杂念及外来的诱惑和干扰。三是放松和意念集中，没有身体和心理上的放松，意念就无法集中。自然机体的放松，解放了积聚在身体中由于自控系统失调产生的压力。意念的集中使自身逐渐学会对意识的控制，逐渐抛开外部世界的纷扰、烦恼、失望、嗜好、幻想等等，从而使整个心灵获得平静。从而提高自我机体的调控、修复的能力。

要想真正做到神聚，首先要做到“神正”，就是在日常生活中，要排除外来而引起自己身心、神识乱恶的五蕴，才能做到神聚而明。

• 色蕴：“色乃刮骨的钢刀”，色乃人之本性，行而不可过，更不可乱和贪，乱、贪则万恶俱生。

《阴符经》曰：“淫声美色，破骨之斧锯也。世之人不能秉灵烛以照迷情，持慧剑以割爱欲。”

• 受蕴：要注意保持一颗欢愉平和之心，不可受外因（社会）、自我情感的诱促，喜、怒、忧、思、悲、恐、惊七情的扰动，丧失理智而伤神；不可受自然的邪气（风、毒、暑、湿、燥、寒）对身体的侵染，而外邪侵身。

《元始真经》曰：“喜怒损性，哀乐伤神，性损则害生。故养性以全炁，保神以安身，炁全体平，身安神逸。此全生之诀也。”

• 想蕴：要坚决去除一切不合实际的妄念、妄欲、妄嗔，用实际、平和、顺遂自然的平静之心来对待一切事物。

《益州老人》曰：“凡欲身之无病，必须先正其心，使其心不乱求，心不狂思，不贪嗜欲，不著迷惑，则心君泰然矣。”老子曰：“不见可欲，使心不乱。”

• 行蕴：要去除不好的行为举止，要严守礼、义、仁、孝、诚、信，时刻实行之。不要因小善而不为、小恶而从之。

《妙真经》曰：“人常失道，非道失人。人常去生，非生去人。故养生者，慎勿失道，为道者，慎勿失生。使道与生相守，生与道相保。”

《千金要方·养性》曰：“若夫人之所以多病，当由不能养性。平康之日，谓之常然，纵情恣欲，心所欲得，则便为之。不拘禁忌，欺妄幽明，无所不做。自言适性，不知过后，一一皆为病本。”

• 识蕴：要认真识别善与恶。要认真认识事物的客观事实、性质和发展规律，要听辨别人的意见和劝导，不可一己之念而妄认之。

《抱朴子》曰："凡养生者，欲令多闻而体要，博见而善择，偏修一事，不足必赖也。"

精、气、神称为人身三宝。精、气、神三者相互联系，相互促进。三者之中气是基础，因为从广义上讲，气概括了精。一般把精视为根本，气视为动力，神视为主导。《类证治裁》中说："神生于气，气化于精，精化气，气化神。故精者身之本，气者神之室，形者神之宅。"《类经》云，"阴阳应象大论曰：精化为气，先天之气。气化为精，后天之气。精化为气，精之与气，本自互生。精、气既足，神自旺矣。虽神自精气而生，所以统驭精气，而为运用之主者，则又在吾心之神"。练功要以精为本，气为体，以神为用，要本体用结合，体用并重。《胎启·经》云："气入身来为之生，神去离形为之死，知神可以长生，固守虚无以养神气，神行即气行，神住即气住，若欲长生，神气相注。"

此为天之内三合，是你生命、身心健康的基础。更是习练武技的基础。

(3) 身、心、意：为天之"外三合"，指的是身松、心静、意正。

①身松：松指的是，在丹田运气抱紧的前提下（内紧而外松），松而不懈的全身心的放松——肌肉和精神意念的放松，周身要放松和舒展，只有舒展了才能彻底的放松。不可有丝毫僵硬和拘束之感。逐步把全身调整得自然、轻松、舒适，解除一切紧张状态。同时使注意力逐渐集中于丹田气机的运化和自身机体的感受，安定心神，从而达到调和气血、协调脏腑、疏通经络的目的。

要做到身体放松有两种做法：

• 从头到足，笼统地似流水般地逐渐依次向下放松。

• 就整个身体由内向外地，由丹田向四肢四周扩散开去的渐次放松（丹田抱紧气，不可松散）。

这时可以感觉到身体像拉丝棉般地松开，手脚温热，暖气四达，或肌肉微微跳动，或身体轻飘飘的，手脚不知去向，或懒洋洋地舒服愉快，有时像飘荡在水面上，身体各部已无紧张和紧迫感觉，手足感到很安稳，头部很轻松，等等，都是做到了“松”的标志。

“松”可以分三层来体会：

• 松弛，是感到手足摆得很安稳，头部也感觉轻松，全身放松而舒适自在。

• 松开（舒展），有意识地从脊柱开始逐步松开每一个关节，如同伸懒腰一般，进一步放松哪一个部位，便感觉到哪一个部位的关节、肌肉彻底地伸长松开，骨头好像一副骨架子，肌肉很安稳地放在骨架上，全身的血流上下循环，似乎在静静地流着。

• 松净，是再进一步做到身心两方面的彻底放松，全身好像溶化了似的，完全没有什么拘束，悠然自在，杂念全无，感觉着一种说不出的轻爽和安静。

对各种“松”的体会，要有一个锻炼过程。一般来说，通过一段时间的练功，都会有不同程度“松”的感觉。因此，不能强求或主观地去要求。

②心静：就是要入静，排除一切杂念和妄念。就是要排除外界的一切干扰和杂念而入静。“心者，栖神之舍，神者，知识之本，神识之妙用也”，《素问·六节脏象论》曰：“心者，生之本，神之变也”，故心静则神明。

求“静”，那是养生与习武的必然方法，也可以说是基本的方法。一切生命的泉源，都从“静”中生长，都是自然的功用。在自然界中，任何动物、植物、矿物的生长，都在静态中充沛它生命的功能。都是在静态中成长，在动态中凋谢。人的生命过程也是同样，经常需要与动态对等的，便是静态的休息和睡眠。人生日日往复不绝的生命动能，也都靠充分的休息和睡眠，在静中得到自我机体的调整和修复，从而获得新的生机。所以，老子说："文物芸芸，各复归其根，归根日静，是谓复命。"曾子《大学》曰："知止而后能定，定后能静，静而后能安，安而后能虑，虑而后能得。"

入静使身和心两方面都更彻底地放松，使人更完整地认识内心世界，你会发现，在这个通常不被注意的身体内部世界里蕴藏的力量是如此之大，能轻而易举地建造起与外部世界相平衡的桥梁。使你聪觉聪慧，并使你的精神和心灵获得极大的欢愉。

要想快速求得心静，可采用：

● 调息法，就是全神关注你的呼吸，逐步进行调整，使之稳、细、绵、长而匀称，吐纳自然。

● 意守法，就是意念守住丹田穴，悉心体验丹田随呼吸的开合的细微感受。

● 存想法，就是念想法，如：想象太阳的紫气毫光自头顶"百会穴"随呼吸而收放，丹田随而开合，入纳归于丹田。

③意正：就是你的精神意识和作为要纯正，要符合"道"的规范。实质指的是，你的思想和行为的修执。是要坚守住你的一片真诚、平和之心，排除人世间一切干扰和诱惑。要遵易（遵守"易经"阐述的自然发展变化的基本规律）要循理（遵循自然、人世间的根本道理）。用恬淡质朴要求自己，排除那些憎恶利害带来的欢喜悲戚，除去由于得失而产生的荣辱，排除荣华势利的诱惑，割舍众多妄欲、妄念带来的极大毒害，饮食起居有常，待人处事则循礼而祥谐，言行平静安宁，恬静无欲。用真心、诚心、一颗平和之心来对待一切。

3. 地者，神形意、气力功，为体、为枢

（1）地者：指的是三才中的"地之六合"。即"内三合"——神旺、形正、意静。"外三合"——气沉、力蓄、功稳。这里指的

是练功的第二个阶段：在练功学习技术时，所必须进一步注意做到的六合，是人体运动的关键——枢钮。只有这样才能真正地有基础的研习实用擒拿技术，达到事半功倍的效果。

(2) 地之“内三合”：为神旺、形正、意静。

①神旺：丹田抱紧、虚领顶颈，则神必旺。

在研习每一个基本功和技术时，精神要集中不可散乱。在习练中要做到“无人视有人”，也就是意念想象在和对手过招，这样才能真正做到神旺。神开窍于目，神旺则目明，目光沉稳而含威。常言道“目有杀人之威”。

②形正（又称形整）：

• 在任何时候，尤其是在习练擒拿技术时，必须做到身形正直、松沉而舒展，身必以端正、松沉为本。

• 在学习技法时，身虽有时歪斜，而歪斜之中，自寓中正（重心、中心不失），不可拘泥。

• 练习每个具体技术时要做到身形动作正确，不可有丝毫懈怠。

③意静：

一意静指的是静思归一，也就是要排除一切外来的干扰，静下心来悉心体验，每个技术动作的过程、转折、身眼手法步和技术要点。

二要以意领气，以气催力，悉心领会劲力的刚柔、收发、圆转、缠裹和承接变化。

(3) 地之“外三合”：为气沉、力蓄、功稳。

①气沉：气沉丹田不是指把你呼吸的气压沉于丹田，那是根本不可能的，因为你呼吸的气只能到达胸腔的肺叶，不可能直接穿过胸腔、膈膜而到达腹腔和丹田，决不能努气胀腹。气沉丹田实指的是把你的内气聚集于丹田。

简单具体的做法就是：要缩谷道（提肛收紧），同时以意领气，将小腹向丹田部位聚拢收紧。这样就能真正做到下实（下肢、小腹实稳）而上虚（上体松稳而灵变）。从而达到气沉丹田的目的。

②力蓄：就是在入静、意念高度集中的基础上，气沉丹田。也就是小腹以丹田为中心而收紧，但周身其他部位要放松。这样就做到了内紧外松、上虚下实，丹田抱紧，松而不懈的蓄劲状态。

俗语说："蓄劲如压簧"，压在什么地方？那就是丹田。簧又是什么？簧就是你的内气。周身放松而不懈，内气聚集在丹田中抱紧压紧。念有所动，则以意领气，以气催力，节节相追，瞬间由丹田循经串骨爆发而出。在习练技术时要注意时刻保持这种内紧外松的状态。

③功稳：就是在学习和练习每一个实用技术时要稳，要稳扎稳打。

不要急于求成，要稳重，要一点一滴地、分步踏实地练习。对动作的分解顺序步骤和用力（刚、柔）的转换，每一个微小动作，都要悉心理解和体会。

练习时要由慢到快，动作干净利落。由单人练习到打桩练习，再逐渐过渡到由配手配合练习，对练时要由慢到快，由顺给到逐渐加大对抗力度和对抗方法。一切均以实战、实用为准。

4. 人者，意气形、劲技法，为用、为法

⑴ 人者：是指三才中的"人之六合"。即内三合，意、气、形；外三合，劲、技、法。这里指的是练功的第三阶段：在学习掌握单个擒拿技术的基础上，开始习练组合技法和实用转换技法时，所必须注意做到的"六合"。

⑵ 人之"内三合"：为意、气、形。

①意定：心静则意定，万不可想当然而先入为主。意定才能察微变而审时度势以应万变。就是要：

• 心静而感对方之意图，由大量实战经验所养成的综合性判断

的预感。

• 眼察对方微动之起始，察肩、膝及重心变化之微动。

• 肌肤触而感对方劲力之虚实变换。

这样才能先机在握而随势而动，治人而不被人治。

②气引：气聚丹田，丹田要抱要实，周身要松沉。动则以意领气，以气催力，节节相催。也就是动要首先由丹田引动，决不可肢体先动，否则必失根本而力无根，是谓“气引”。

按照先“聚气松沉”。就是将驰散的意识收敛集中，将散向四梢的意气收归丹田，同时以呼吸配合，放松各部肌肉，要松而不懈，肢体外形适度屈曲。以至收敛的内气好似被压紧的弹簧，放松的肌肉被屈曲的关节预先拉长，好似以躯肢为弓胎，以盘肌为弓弦而引满的弓，有一放即发之势。

然后“气由丹田发，节节相催，节节相追，催发于梢”。就是意识支配丹田之气，瞬间运至四梢，其向上运行形成肩催肘，肘催手，其下行胯催膝，膝催足。劲由逐步汇聚成整。达于梢端而发出。这就要发气发力要快疾。也就是人们常讲的“丹田抱紧，蓄劲如压簧，发劲如拔销，逐节催发，消息只在足后根”。

③形圆：形圆而劲活，不受外力，旋转还彼身。

• 身形要圆，是在擒拿中周身无处不圆，“背圆则力在两肱，臂圆则力催肘前，虎口圆则力达指间”。

• 动作要圆，即是直入也要旋拧而进，接受对方劲力时要圆转而化，旋而还彼身。每一动作，都是做圆弧的运动，两手相应互为阴阳。对方施加于你身上的力，都在圆弧运动中的螺旋转滚中得以分解引空，并转回彼身。

(3) 人之“外三合”：为劲活、技全、法随。

①劲活：劲活则力撑八方，随应随答，随势而进。

• 劲力要是混元劲，绝不可发单一方向的力，其运转在气，变化在骨，提领在神。首先是自己丹田之气带动肢体的自转，这就产生了一种螺旋滚转的劲力，也就是我们讲的混元劲。出手似直出直入，然手臂的随势旋拧产生的劲力，任何方向一触即产生螺旋滚动的劲力来。

●劲力以圆活为主，使圆不使单，两手互为阴阳，虚实相变，周流圆活，绝不微滞。也就是两手形如环，在擒拿中缠裹拧旋，圆整灵活，在两手的配合上，在支点和力点之间的力量要有横竖螺旋的混元劲相配合。此力如环而无端，只有这样缠裹住了，又以脆劲抖发之，方能收到分筋错骨最大的效益。

●劲力不可“死”和对方硬顶抗，而要灵活运用，要在听劲、顺劲的原则下，配合擒拿技法而圆转引化，使对方有劲使不上，我则引进落空还彼身。

总之，只有圆活混元之劲力和圆活混元之手臂和身法，方能趋避得机，审时度势，捷于变化，立于不败之地。

②技全：技全则以应万变。

一是指学习擒拿技术必须全面。首先学习和掌握每个擒拿部位，阴阳相对应的两个技术，这是组成实用擒拿技术的基本单元。进而学习在实施擒拿技术时，如遭遇对方强烈反抗时，要遵循当时的对抗态势，及时沿肢体的三个主要运动环节（关节），来变换（迁移）擒拿部位。也就是学习擒拿技术，必须掌握擒拿部位（关节）应激变换的方法和原则。在对其一关节实施擒拿技术时，如遇对方强力反抗，可转变为对同一肢体的相应其他关节的擒拿。如：对腕部的擒拿遭遇到对方强烈反抗时，即可变换成对其肘关节或肩关节的擒拿（详见《四象诀》）。

二是指格斗实用技术要全面。不能只学擒拿技术。踢、打、摔、拿技术必须全面练习和掌握，单纯的擒拿在实际应用中成功的概率是很低的。在实施擒拿过程中，要遵循当时双方攻防态势的变化，踢、打、摔、拿综合运用。能拿即拿、不得拿疾变踢、打，得摔则摔捆。千万不能死拿硬要，必须四技（踢、打、摔、拿）循势而相互转化。

③法随：法随则以我为主，随机适变。

在擒拿中绝不能一厢情愿，凭主观想法，逞一时之能，这样必然失算反被对方所乘。而是要依据对方的动作和变化、对方的情况（身体高矮、力量大小、习惯动作、劲力的虚实等）审势而行，并要随机应势，不顶不抗，曲已从人随其而行，或欲左先右，诱使对方照我意图运动，即顺吾意，一旦得势，要稳、准、狠，轻巧敏捷地施用相应的擒拿技术。如遇对方反抗，解脱时，在变化中要善于抓机得势。要随机变化，机智灵活。切防死拿硬要，要根据实际情况（双方的态势、对手的动作变化、力的方向和大小等）使用不同的手法，抓拿不同的部位，运用不同的变化技法。围绕着擒拿技法，踢、打、摔、拿相辅而变，即是法随。这在擒拿技术中非常重要，是变的机源。

5. 本体用、天地人，三纲定位，相生相合，六合融盈

这句讲的是："本体用、天地人"。这习练擒拿技法的三个练功阶段中的六合已经给你规定得非常明确，你必须严格按照这三个步骤认真习练，这三个阶段的六合不是独立相离的，它们是随着你的习练过程和功夫的深入而会自然融合。最后会自然融合成一体，那时你的内气会充盈而运用自如。

6. 内外兼修，此为武技之根本。人焉不知

这句讲的是：练功必须是内外兼修，绝不是单纯的肢体运动和擒拿技术的练习，更重要的是内功功法（六合）的习练。这是修炼武术和擒拿的根本。修炼者怎么能不知道，而不遵守呢！

九、《五行诀》译注

（一）译注前言

《五行诀》讲的是劲力运用总的原则，它以五行（金、火、水、木、土）的特性来寓示五种劲力运用（整、透、圆、活、灵）的原则。它是实施擒拿技术劲力的本源，是如何将你的“本力”转化成“劲力”的基本原则和方法，是如何整合你的“本力”，使之实际应用如何更合理化、最大效益化的基本方法。故而必须认真研读领会，无论在劲力、基本功、基本技术和实战应用技术的练习中，都必须无时不刻地悉心体会和实践应用。

在格斗中实施擒拿技术，格斗中的双方首先是肢体的接触，擒拿技术的实施也是在肢体接触下进行的。因而首先是劲力的较量。如何合理巧妙的使用力量，制人而不被人所制，就成为擒拿技术的核心之一。而使巧（巧于变化的混元劲）不使拙（方向单一的拙力）是擒拿技法劲力运用的根本大法。因而首先要通过刻苦的练习，将你的“本力”转化为“劲力”，它们是有本质的区别。

“力”是指你本体所具备的在大脑支配下的肌肉收缩所产生的，并通过骨骼传递给对方有方向的力。就是俗语说的“本力”。

“劲”是指在意识支配下的气息吐纳和肌肉有机的舒张和收缩，全身心按照一定规律进行有序化配合产生的。其劲沉绵而宏大，劲圆韧而精巧转换之机。

“力”是先天具有的本能，传递方向单一，变转滞钝，随意性较小。“劲”是后天锻炼出来的，是经过意识支配，经全身心“有序化整合”而产生的。它传递迅速，变转灵活，随意性较大。

从另外一个角度，按中国传统医学、传统武术理论来讲：“劲力”就是“以意领气，以气催力”。擒拿经云：“以劲之运用，则为丹田之气，伸缩往来，循环不已，周流不息，四正四隅无所不有，无所不生，积柔成刚，至大至极。”

力是劲的基础，无力则无劲。而劲是力的全身心整合和巧妙的运用，故合称为“劲力”。

（二）《五行诀》原谱

（三）《五行诀》原文

整 无 如 幻 技 势 之 机 万 态 五
者 千 根 动 技 相 乃 相 活 枝 透
节 巧 沉 似 气 巧 物 疾 发 沉 如
气 及 随 物 如 球 圆 旋 而 力 气
吐 滚 田 旋 物 为 穿 阳 而 环 相
感 不 放 元 必 而 物 随 金 如 者
透 浪 不 滞 无 僵 畅 舒 六 安 催
动 风 可 火 无 者 如 回 飘 旋 形
活 吞 缠 丹 螺 万 互 沉 阴 应 如
入 四 孔 远 形 意 势 透 水 似 者
常 此 变 亦 而 根 应 物 随 行 万
枝 整 则 之 应 万 连 巧 而 圆 万
生 节 木 松 者 聚 变 万 稳 土 涛
如 整 如 处 不 则 不 要 气 发 神

译解的心诀为：“连三反四曲如水，横看众山竖看岭。”

（四）《五行诀》译文

万万涛神者如形气相者催如透五
态枝沉安如环力旋应似发土圆行
随而稳气水阴飘而而金六发活万
机相疾舒随阳旋回沉透要万巧物

应连变不势互如圆穿物畅物乃之
势相巧僵而为球者万意则聚万根
而应者不形螺无如物必无气技技
幻动似滞无旋物火丹远处松之亦
变则木如孔缠可随田放不沉根如
无千巧浪不滚及风吞四整节整此
常枝生如入活动气吐感透节者整

按古中文竖读加标点符号为：

五行万物之根，技亦如此。整、透、圆、活、巧，乃万技之根。整者，如土发万物，聚气松沉，节节催发，六要畅，则无处不整。透者，似金透物，意必远放，四感相应，而沉穿万物。丹田吞吐，气旋而回。圆者，如火随风，气、形、力，飘旋如球，无物可及。动如环，阴阳互为，螺旋缠滚。活者，如水随势而形，无孔不入。神安气舒，不僵不滞，如浪如涛，沉稳疾变。巧者，似木巧生万枝，而相连相应。动则千枝万态，随机应势，而幻变无常。

（五）《五行诀》译注

1. 五行万物之根，技亦如此。整、透、圆、活、巧，乃万技之根

中国传统哲理“五行学说”认为：世界中一切物质，都是由金、火、水、木、土五种基本物质组合演化所产生，擒拿技术的劲力也是这样。劲力运用的整、透、圆、活、巧，是组合应用实施所有实用技术劲力的根本大法。

2. 整者，如土发万物，聚气松沉，节节催发，六要畅，则无处不整

(1) 整劲：就像五行中的中央无极土一样而生发万物，因而整劲是由“本力”向“劲力”转化的基础和根，也是所有劲力运用的基础。

整劲是人体所具备的各部分分散之力，整合汇聚为一。更是“技主在手，根基主在足，吐气主在腹，发劲在丹田，变转在腰间，整劲主在合”。也是“精、气、神、力合一集中”的结果。

以现代运动力学来讲：就是全身劲力的顺序叠加。整劲大于任一局部的肌肉的收缩力，整劲强调一个整字，运劲时要全身各部都在高度集中的唯一意念支配下，遵循同一技法的要求，一动无处不动地进行有机按序专一的配合。

先“聚气松沉”就是将驰散的意识收敛集中，将散向四梢的意气收归丹田，同时以呼吸配合，放松各部肌肉要松而不懈，肢体外形适度屈曲。以至收敛的内气好似被压紧的弹簧，放松的肌肉被屈曲的关节预先拉长，好似以躯肢为弓胎，以盘肌为弓弦而引满的弓，有一放即发之势。

然后“气由丹田发，节节相催，节节相追，催发于梢。”就是意识支配丹田之气，瞬间运至四梢，其向上运行形成肩催肘，肘催手，其下行胯催膝，膝催足。劲由逐步汇聚成整，达于梢端而发出。这就要发气发力要快疾。也就是人们常讲的“丹田抱紧，蓄劲如压簧，发劲如拔销，逐节催发，消息只在足后根”。

(2) 六要：指的是①神凝心静；②聚气松沉；③丹田抱紧；④以意领气，以气催力；⑤节节相催，催发于梢；⑥整劲主在合。这个“六要”习练到自然顺畅，那么你周身的劲力就整了，周身就会自然产生一种浑厚的混元劲力来。

其劲的练习，贵在以意念引导动作，以呼吸配合力的蓄发，从而提高驾驭肌肉张弛收缩的机能、以气催力的能力和周身肌群协调一致的能力。其锻炼步骤是由松静入手，以静练气，以松练体。逐步将显露于外的刚劲，引藏于内。其练习方法是一桩、二盘、三操。

“一桩”是指站桩，保持一定姿势，长时静站练习，借此体会人体各部是有机联系的整体，一静无有不静，一动则百骸俱动。同时体会精神内守，气随意识的引导，以丹田为聚发之地，逐步提高意识支配气息的能力、发劲以整的细微体验。

“二盘”是指盘练架子和试力，也就是徒手练习各种实际技术并试着发力，使周身运动顺达，气血流畅。要用意不用力（拙力）同时体会站桩所得之劲力。随意运往身体某部发出体外的能力。

“三操”指的是实操，分操桩和操手。操桩，是借用练功器械或桩（天吊、地秤、人字桩）来练习发劲（详见《八卦诀》）。操手，是两人对练，动作由慢到快，由随（不对抗）到顶（有意识地对抗），劲力由小到大。通过“三操”来练习运用技法发劲的能力和劲力转换的能力，做到随势随意而行，收发于心，周转圆活，直至劲随意发而无处不整。

3. 透者，似金透物，意必远放，四感相应，而沉穿万物。丹田吞吐，气旋而回

“透劲”要像五行中的“金”一样锐利，能开山透物。

“透劲”是指能穿透攻击目标的劲力。欲发此劲，首先要做到“四感相应”，（1）你的意识要有穿透感，（2）行气要有穿透感，（3）目光要有穿透感，（4）劲力要有穿透感。此四感，实际都是高度集中的意志能力。即为意感，首要的是你的意念必须远放，要放长及远，要透目标而过。全在丹田内气的吞吐之间，透劲发出

后，要由丹田之气旋拧疾吞（收）而回，否则易被对方所利用。

发力时要丹田之气顺腰脊发出，通肩串臂过腕，迅疾暴发，同时要延长发劲的量度，即穿物而过，“意感”与“劲力”相合。如：擒拿中扣断其肘，意感是透过其肘击地面，劲力则到肘透达其背。

因而透劲的练习，是在获得整劲（劲力）后，主要是意念、四感的锻炼培养，通过操桩来培育，通过掌或拳断木碎石来检验。

4. 圆者，如火随风，气、形、力，飘旋如球，无物可及。动如环，阴阳互为，螺旋缠滚

“劲圆”要像五行中的“火”一样而随风旋卷，你的身形动作、内气的运化和劲力的运动，都要像一个飘旋的圆球，随着对方来力的方向和大小而引化旋转，这样任何力量都无法加注你身。

武术、擒拿中的技法无非是阴阳变化，奇正相生，“卒于阳，而生于阴”“拳之大要，重在阴阳”。都离不开阴阳的互易变化和阴阳的相互分合，故阴阳乃术中之妙，术中之诀。而阴阳的变化之妙，犹如太极即在于一个“圆”字，宇宙中的万物，大到星球小到分子、原子，基本运动形态是“圆”，而且都是在做着圆环运动，故“圆”是一切物质运动的基本运动形式，即为物质运动之“道”。所以“圆”为术中之母，万变不离其宗，俱在圆转之中，所以说：“巧从圆中生，妙从圆中得。”

所谓“圆”：

一是在擒拿中周身无处不圆，“背圆则力在两肱，臂圆则力催肘前，虎口圆则力达指间”。

二是指劲力要混元，也就是每一动作劲力不能只有单一方向性，而是要有四面八方的劲，这样才能蓄意变化，周流灵活。

三是指每一动作，都是做圆弧的运动，两手相应互为阴阳。对

方施加于你身上的力，都在圆弧运动中的螺旋转滚中得以分解引空，并转回彼身。

其运转在气，变化在骨，提领在神。首先是自己肢体的自转，这就产生了一种螺旋滚转的劲力，也就是我们讲的混元劲。出手似直出直入，然手臂的随势旋拧产生的劲力，任何方向一触即产生螺旋滚动的劲力来。其次是肢体的运动是圆弧状，力走螺旋，劲力以圆活为主，使圆不使单，两手互为阴阳，虚实相变，周流圆活，绝不微滞。也就是两手形如环，在擒拿中缠裹拧旋，圆整灵活，在两手的配合上，在支点和力点之间的力量要有横竖螺旋的混元劲相配合。此力如环而无端，只有这样缠裹住了，又以脆劲抖发之，方能收到分筋错骨最大的效益。只有圆活混元之力和圆活混元之手臂和身形，方能趋避得机，审时度势，捷于变化，立于不败之地。

然而这个圆的圆心在哪里呢？它就在你气沉裹紧的“丹田”。那么这个圆究竟多大，循什么方向，什么角度，怎样走圆，才能成为擒拿术中的诀窍呢？即是：起钻落翻是法，阴阳变幻（两手互为虚实阴阳）为妙，尺寸角度为诀。具体的说，是以丹田为圆心，每动必圆，“起钻落翻”行手俱是圈，其包括大圆、中圆和小圆。

“大圆”者，臂则以肩为轴。高不过眉，低不过腹，展不过150°（指上臂与前臂的夹角）之圆。身则以丹田（人体重心）为圆心，以腰为轴，以步为渡进行圆转。

“中圆”者，腰带臂动，以肘为轴，全在前臂旋翻之圆。

“小圆”者，丹田气旋，串脊催臂，以腕为轴，指、手拧转之圆。

“阴阳互为”：指的是两手之圆的运动要大、中、小圆相互合理搭配，要圆中套圆，互为虚实阴阳。这里讲的圆不是单一平面的圆，而是呈螺旋状，旋拧进退之圆。“尺寸角度”指的是我应对方之势、劲力之方向，而应势的方位角度，即是有平圆、立圆、斜圆各分左右和正反两个圆，故为八圆。以应八方之势。

在练习中必须是从求大圆开始，逐步把运动中的圆缩小到中圆、小圆。要注意练习各个方位的、左右两手配合的、阴阳互变的圆弧运动。同时要注意周身的整体协调，出手、行步、身动无处不是圆。

5. 活者，如水随势而形，无孔不入。神安气舒，不僵不滞，如浪如涛，沉稳疾变

“劲活”：就是在劲力的运用上，要像五行中的“水”一样，能随着形势而自然调整自己的形态和运动变化，而且没有一点儿空隙。有一点儿空隙对方便能立即渗透而入。

所谓“劲活”，就是说劲力在练习或运用时，不论体内体外，都要没有一点儿僵滞之劲气。要神安、气舒，体则松而不滞，不努气努力，没有一点儿呆板之迹象。内气要随身而洋洋流动，内劲要应势而转移变化。身要随机而应变，步要随势而进退，两手如环出入不乱。这样内外相合如一，气如浮云不断移动，劲力如流水不断变化，身如车轴不断转动，手如车轮不断运转，步如狸猫进退敏捷。总要上下内外，无圆不有，无活不有。就像江河之浪涛，起伏因势而自如，运动滔滔而不绝。

在练习和运用中，手、眼、身、法、步，意、气、劲、力、功，要相合合一，变化要敏捷，动转要迅速，闪展要快，腾挪要得法。也就是说在练习和运用中动作要敏捷迅疾，绝不拖泥带水。要神安而意气集中，在操桩中悉心体会接触时的肌肤感觉，审势度势，随机而变。在对抗练习中更为重要，由不变到变，由顺到顶，依次逐步练。要建立良好的时空感觉，也就是把握相互间的距离，把握住恰到好处的时机，静如安妇，动则敏捷迅疾，才为“活”。

因此在平时的练习过程中，就必须刻意求索，逐步形成：气动如游云，连绵不断；劲动如浪涛，有柔有刚、无有穷尽；身动如车轴，迅速中正；手动如车轮，圆而无角；足动如猿行，轻灵敏捷；体动如翻浪，不停不息。

但是不论是求其身活、手法还是步活，都是从阴阳的互易变化中求得的，都是从圆或圆弧运动中求得的。没有阴阳的互易也就没有圆的产生，没有圆的运动也就谈不上活，没有活就不会有灵，没有灵就无从谈巧。故而说：活从圆中来，灵从活中得，巧从灵中出。相互间是密切相关的。

6. 巧者，似木巧生万枝，而相连相应。动则千枝万态，随机应势，而幻变无常

巧劲：要像五行中的“木”那样，一本生万枝而枝枝相连。一动无有不动，随势而动，却形态万千。

所谓“巧劲”，是指变化中的方法和在实际应用中的技巧。也就是如何合理运用力学原理，如何使用技法和劲力转化之巧。如何合理巧妙地使用力量，制人而不被人所制，就成为擒拿技术的核心之一。而使巧不使拙是擒拿技法的根本大法。因而首先要对擒拿技术中的力学结构、运动力学和应用力学进行分析研究。还要掌握机械力学（人体运动是以骨杠杆的运动而实现的）、运动生物力学（人体运动又比单纯的机械力学复杂得多，有其特殊性）的基本原则和规律。

在擒拿技术的运用中，如何巧妙地运用力学原理，利用双方肢体接触所形成的骨杠杆力学结构，经济合理地使用自己的劲力。也就是用最省的劲力取得最大的擒拿效果。这就要掌握“力小胜力大”“以巧破千斤”的法则，这一法则是擒拿技术借以形成的根本大法之一。

附：擒拿中劲力应用的基本力学原理

力有三个要素，即力的支点、力的大小和方向、力的作用点。在任何瞬间，要想破坏对方的力，一种方法是用比它大的力反方向抗消它，这样势必造成力大胜力小或死拿硬要反被人制的局面。另一种方法强调力的方向和作用点，并注意到搏斗是在三维空间进行的，这样在瞬间就必定存在无穷个从其他方向上破坏它的力，也必定存在最合理的破坏它的作用点。再就是破坏对方发力的支点，使其无法发力。同时时刻保持自己稳固的发力支点。这就要掌握擒拿中的基本力学原理，并在实际中巧妙适宜的应用。

在擒拿中必对对方肢体、关节施加一定方向的力，而对方也必然要加以反抗，这就要求我们十分注意力的三个要素，即力的方向、力的作用点和力的大小。我们要想顺利地消除对方的反抗之力并能将力施于其身。除了抓经拿脉、击打要害部位外，要特别注意利用力学中的省力原理，把握住支点、力点、力臂、力偶等的相应关系，并充分利用杠杆、转动、剪切等原理，以达到克敌制胜的目的。

一、合力与分力在擒拿中的应用

在搏斗擒拿力的较量中，最忌从相反方向去用力抵抗，总是应或多或少地顺着对方的用力方向，加力于对方力上，以产生更大的合力，转变其用力方向，并使对方失中，从而陷入不利的地位。有时用化劲，目的在引动对方重心。有时是发劲，将二劲合而为一，施还于彼身。总之都离不开顺着来力的方向及时加力，从合力上来提高效果，这是借人之力以供我用的方法，也是以小力胜大力的基础之一。那么什么是合力，它的原理是什么？为了便于了解和掌握，请见下面的图示。

已知两个或两个以上的力，求它们的合力，称力的合成。若两个平行力，方向一致，则合力为两个力的代数和，其力的方向不变；若两个力方向互成角度则其合力$\sum F=\sqrt{F_1^2+F_2^2+2F_1F_2\cos\alpha}$，其力的方向改变。用代表这两个力的线段做邻边，画出平行四边形，对角线即为两个力的合力及其方向。

以AB线作为对方所出的力及其方向，以AC线作为我应势所发出的力及其方向，那么就产生了AD的合力及其方向。从图中就不难看出，对方的力F_2和我的力F_1所产生的合力$\sum F_1$要大于我所发出的力。而且还使对方力的方向产生偏移，离开了对方施力的方向和攻击的目标。（图1）

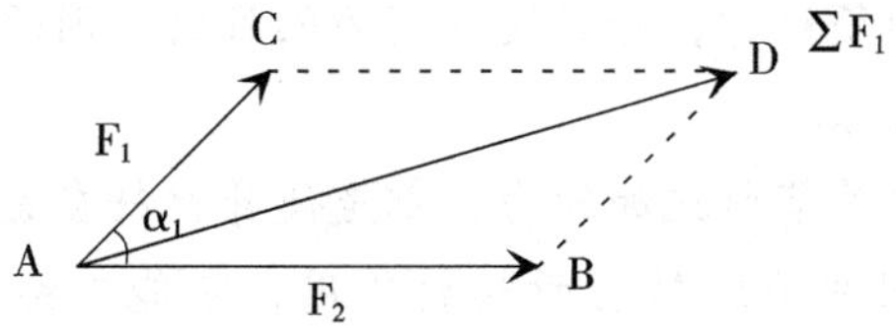

图1

同时从合力的计算公式中可以得到：两个分力大小不变，两分力间的夹角越小，它的合力越大；夹角越大，合力就越小。如果我们把图1和图2相比较就一目了然了。F_1和F_2大小不变，而$\alpha_2<\alpha_1$，因而$\sum F_1<\sum F_2$。

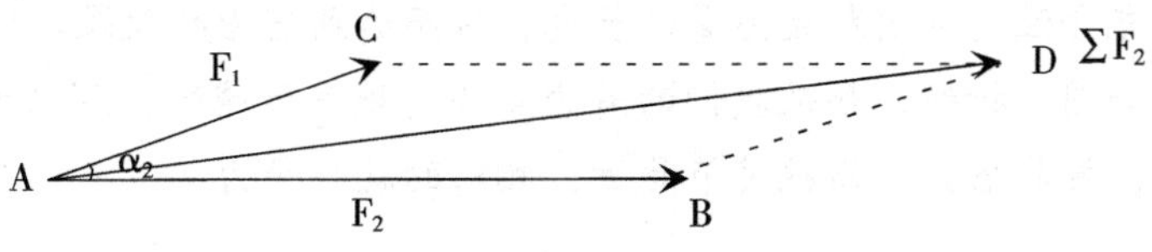

图2

从以上合力的力学原理就可以知道，当对方对我施加一定力时，不可反向硬顶，要顺其力的方向，及时施加一个同向或斜向的力。两力之间的夹角越小，合力的力量就越大，同时使其用力方向产生变化。

如果我顺对方来力方向，施加一圆弧的力向，那么随着合力的不断变化，力方向的不断改变，必然产生力还彼身的巧妙效果。也就是擒拿诀中所说："环转化力还彼身。"

二、杠杆与撬杠在擒拿中的应用

在擒拿技术中的所有技法，都是利用双方的肢体和力线（合力的传递路线和方向）构成稳定的三角形力学结构，利用人体运动链的锁定效应，使对方无法位移，使对方肢体锁定而形成硬捧，并利用杠杆原理分筋错骨，并且达到省力的目的。因而我们首先要掌握了解杠杆省力原理。

擒拿中对关节所施加的力，都是使骨杠杆在关节（轴）处超限度扭转，而研究力对转动所起的作用，不能单纯看力的大小和方向，还要看它与转动轴（关节）的距离，力矩的概念就是把这两个因素概括起来。力臂是指由转动轴到力的作用线的垂直距离，而力和力臂的乘积叫力矩。

力矩（M）=力（F）×力臂（l）

由以上力矩公式我们可以看出，力与力矩，力臂与力矩都是成正比的，也就是说如果力不变，力臂增加两倍，那么改变其转动状态的作用（也就是力）就增大两倍。这就是为什么在擒拿技术中，往往充分注意利用加大力臂的长度，从而达到省力的效果。

如图 3 折腕，如果我们的着力点距离腕关节越远，那么力臂就越长，就越省力，离腕关节越近，相对的就越费力。

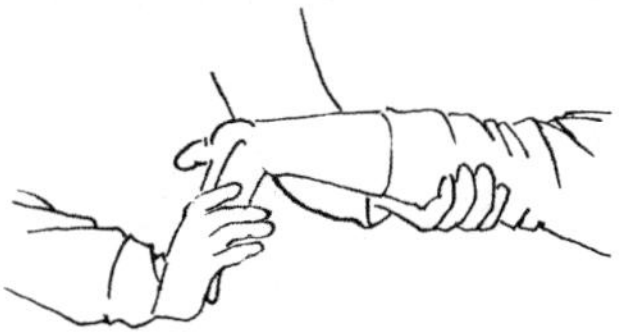

①

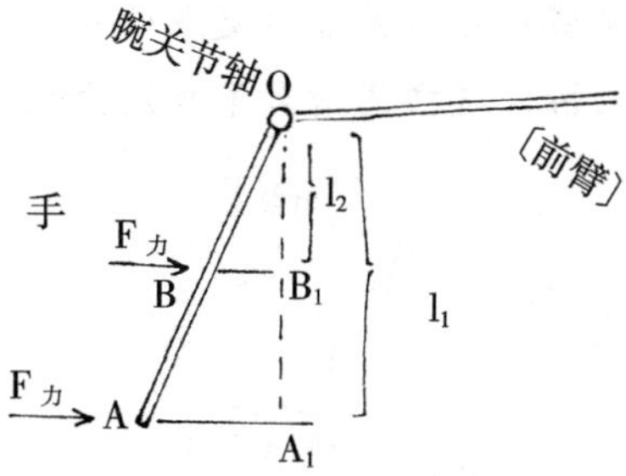

②

图 3　折腕

很显然，施用同样的力 F，而 A 点到腕关节 O 点的力臂是l_1，而 B 点到腕关节的 O 点的力臂是 l_2。因 $l_1>l_2$，所以 $Fl_1>Fl_2$。

● 杠杆

人体肢体的运动都是骨杠杆的运动所构成的，而在擒拿中就更要充分利用杠杆（撬杠）的省力原理，来达到既省力又能产生更大力效果的目的。在擒拿中所利用的省力杠杆有两种，一种是单臂杠杆，其重点在支点和力点之间。一种是双臂杠杆，其重点和力点位于支点的两侧。

根据杠杆平衡（力矩平衡）原理

$\sum M_{顺}=\sum M_{逆}$

即：$F_{顺}\cdot l_{顺}=F_{逆}\cdot l_{逆}$（顺是指顺时针方向，逆则反）

当 $l_{顺}>l_{逆}$时，则 $F_{顺}<F_{逆}$

也就是说当 $l_{顺}$（力臂）大时，只需要较小的力就可产生较大的力的效果。

1. 单臂杠杆

从图 4 中可看出是以对方肩关节为支点，以其前臂为重点，以我臂为撬杠对其肩、肘关节进行分筋错骨。从杠杆原理中得知，力点距支点越远，而重点距支点越近就越省力。

所以应尽力将对方前臂前推，其上臂与前臂间的夹角越小，则其前臂距其肩关节（交点）就越近。而我的手臂要伸直，以肩部用力上撬，这样又增大了我用力的力臂长度，从而达到省力的目的。

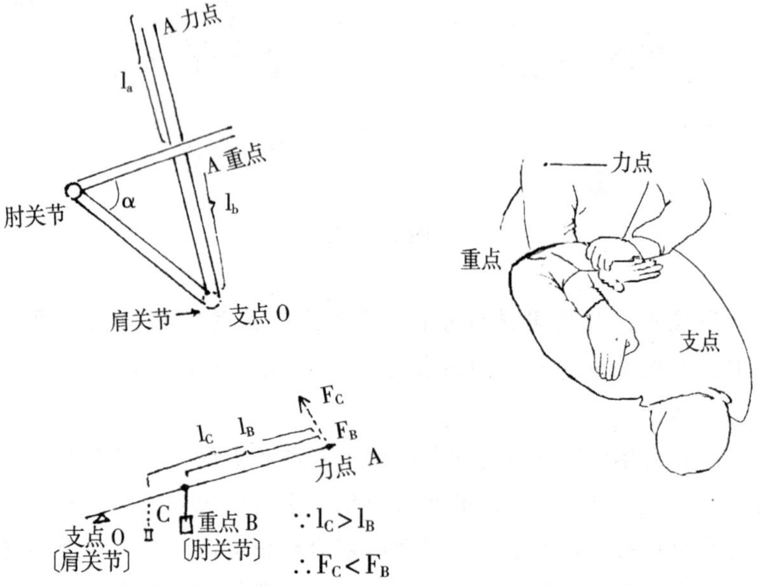

图 4　单臂杠杆

2. 双臂杠杆

从图 5 中我们可以看出是以对方肘关节为支点，以其肩关节为重点，以其前臂腕部为力点，以我双臂形成三角形稳定力学结构，对其肘、肩关节采用双重撬杠，进行分筋错骨。对肘关节的单臂杠杆原理、法则，在前面已经讲述了，这里重点讲述对其肩关节所形成的双臂杠杆原理和法则。

从杠杆原理中我们得知，在双臂杠杆中支点在重点与力点之间，那么力点距支点越远，而重点距支点越近，那么就越省力，也就是说我用力点尽量远（在其手臂的最远端），而支点尽量靠近肩关节，就越省力。

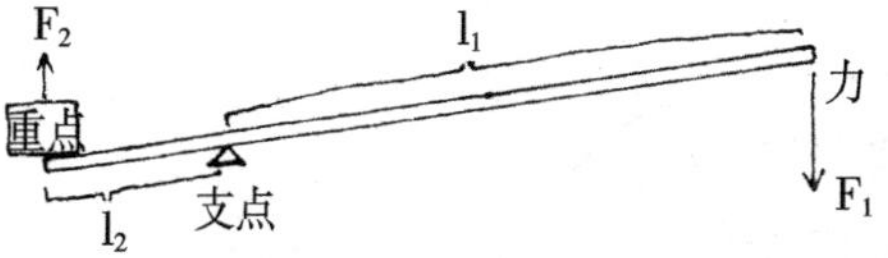

$$\sum M_{顺}=\sum M_{逆}$$

$$F_1\times l_1=F_2\times l_2$$

$$F_1=\frac{F_2\cdot l_2}{l_1}$$

l_1 越大 l_2 越小　F_2 不变

则 F_1 较小（也就是越省力）

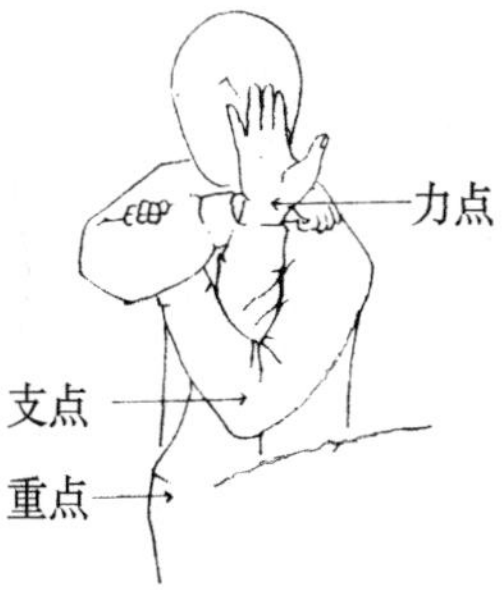

图 5　双臂杠杆

三、转动与旋拧在擒拿中的应用

我们在擒拿技术中常常运用手法，使对方肢体发生转动，从而拧错其关节。因此，我们要了解转动的力学特征与应用中的省力原则。在打开门窗时，门窗上的各部分都绕着合页的轴线做圆周运动，像这样物体在运动中，它的各点都绕同一直线做圆周运动，就叫做转动，这条直线叫做转轴，物体最远（外）端到转轴的距离叫转动半径。

（一）物体转动的力学

（1）转动物体上离转轴远近不同的点，如图 6 所示，A、A_1、A_2 在同一时间内通过圆弧的长度是不相等的，离转轴越远的点，通过的弧线越长。其不同点的线速度是不同的，而其角速度是相同的。其线速度的大小等于角速度与半径的乘积。

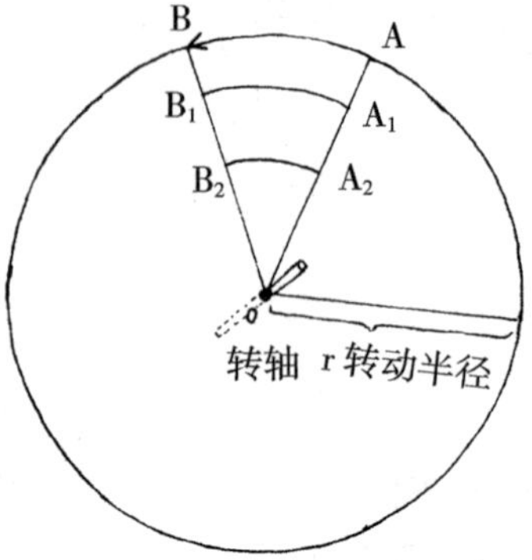

图6 转动

(2) 依据力学公式 M=Fl 可知，我们加以外力使其转动，那么力点距其转轴越远，则越省力。也就是转动半径越大就越省力。如自行车的脚蹬子、汽车的方向盘都是利用了这个省力原理。

(3) 平动物体有惯性，转动物体也有惯性。表示物体转动惯性大小的量叫转动惯量 (I)。物体的质量越大，各部分质量到转轴的距离越大，它的转动惯量 I 也越大。而转动惯量和角速度的乘积叫角动量，角动量与动量相似，也是一个守衡量。角动量守衡是自然界的一条重要规律，无论天体的运行或微观粒子的运动，都遵循这一规律。

从角动量守恒定律中可看出，当人体转动身体姿势改变时，他的转动惯量就改变，而角动量不变，因此角速度就随着改变，转动惯量大时角速度就小，转动惯量小时，角速度就大。在人体运动中常常利用以上原理，例如舞蹈演员或滑冰运动员有时只用一只脚着地，把另一只脚伸开，慢慢转动起来后，身体直立，把伸出的脚收回，双臂抱起，转动半径缩小，这时他的转速立即增大。

（二）转动原理在擒拿中的运用

我们了解和掌握了物体（人体）的转动原理，那么在实用擒拿技术中如何运用：

1. 搓滚

在利用物体（人体）转动规律时，同时利用了摩擦力。摩擦力是相互接触的物体发生相对运动或有相对运动趋势时产生的，摩擦力的方向永远沿着接触面的切线方向，跟相对运动或相对运动趋势的方向相反。

当对方对我施力时，在接触点上我疾做同向滚动，利用摩擦力使对方的力沿切线方向产生一个加速度，使其沿其用力方向突然加速而失中，或被我控制。一是在阻格对方进攻时，我手臂在与对方手臂接触的瞬间要做滚动（圆转动作），二是对方施力于我身体时，我疾圆转，既卸其力又使其失中（图7）。

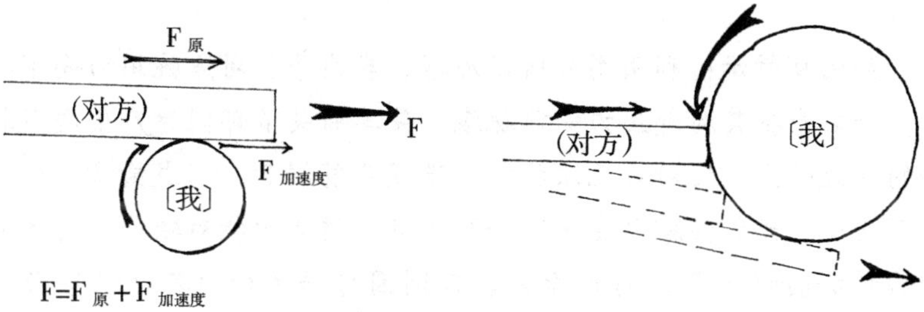

图7　搓滚示意图

如图8所示：利用摩擦力，我压在对方肢体上的手臂做直线运动，而对方必然产生滚动。因人体腕部的拧转力量远远小于手臂的直线力量，因此我双手同样拧转对方手臂时，不如一手控其游离端、一臂搓滚其臂，从而使其臂（关节）拧转，更加省力。从对方来讲，若我单纯双手同握拧其臂腕，我拧转力又相对较小，对方可用强大的直伸力量来解脱。如果我搓滚其臂，则我的力量相对增大许多，而其直伸力量无法应用，其旋臂腕力量相对较弱，此长彼消，使其无法应势而造成擒拿。即是擒拿经中云："人言神拿怕穿，我则搓滚以应势，无往不利……"

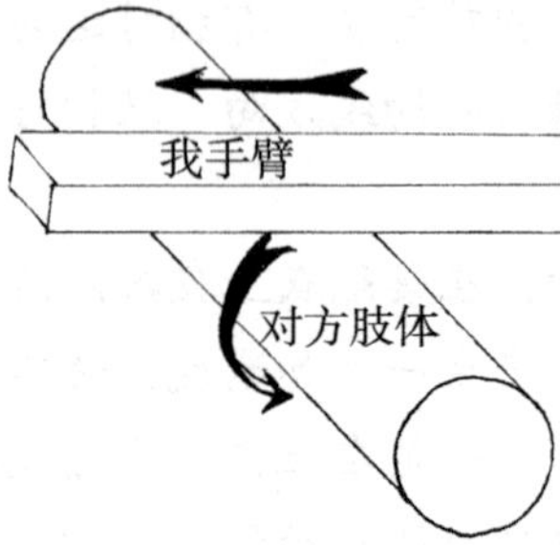

图 8　搓滚省力原理

如图 9 所示：利用图 8 所示原理，我左手扣对方腕用力向下拧转，而右手在其肘部用力向前搓滚，使其肘关节部同时产生向下转动的强大的力，使对方无法抗拒，造成分筋错骨，形成擒拿。从图中可看出，我扣其腕之左手，一则腕部拧转力量相对较弱，对方直伸力量加转动力量，对抗力大。二则因拧转半径（其转动半径 r）小而费力。而搓滚对方肘部，一是我手臂直伸力量相对大得多，对方转动力量小，直伸力量无，对抗力小。二是对方肘部的形态与结构决定了其转动半径 r 大，因而省力。从这两手的不同用力点和用力方向上我们就可以看出，要达到同样的效果，左手就比右手费力得多。但是在擒拿技术中都是拧转与搓滚相互配合同时进行的，而且是以搓滚为主，这样两力相合，必然造成势不可挡而又省力的目的。

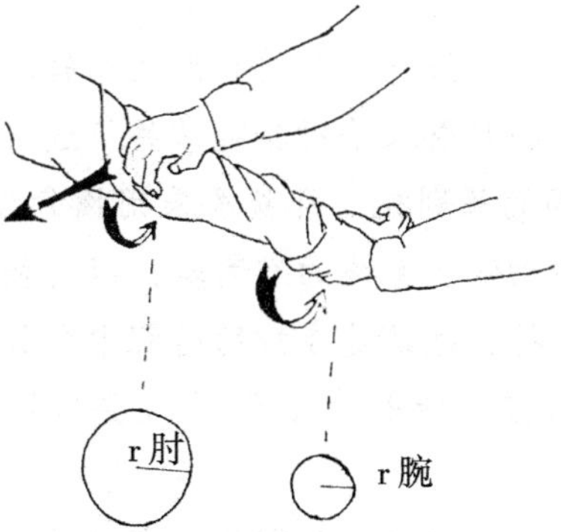

图 9　搓滚在擒拿中的应用

2. 别转

别转，首先是利用撬杠省力原理，对对方肘关节进行别锁，再是利用物体圆转的法则，使对方手腕关节与肩关节之间形成一条无形的转轴，使其屈肘，使肘关节到转轴的垂线（转动半径 r 或叫力臂 l）加大，对其肩关节进行拧转，形成腕、肩、肘三关节同时锁定，进行扭转分筋错骨，造成擒拿。

因利用双方肢体形成了最稳定的三角形力学结构，锁定了对方整个上肢链系统，既造成对方被动性动力不足（在此状态下发不出力），我方处于最有力的发力位置，又利用了力学省力原理。因而，此种技法虽因手法不同而状态不同，但都是实用擒拿技术中的主要技法。（图 10）

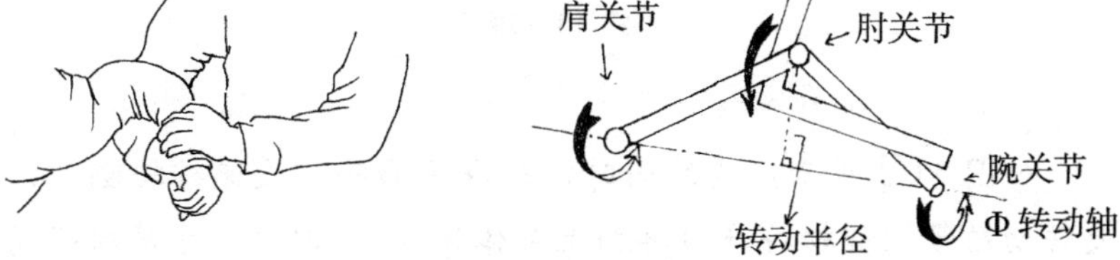

图 10　别转

3. 旋拧

在前面搓滚小节中讲到了如何利用物体转动的力学原则，那么当我双手扣握对方腕时或双手对其腕掌关节进行搓滚时，应怎样进一步利用物体转动的原则呢？那就要采用擒拿技术中的旋拧技法，也就是控制对方运动链子系统的游离端，以其相邻或远端关节为轴画一圆弧，进行旋拧，也就是在拧的过程中要加上旋。那么是先拧后旋，还是先旋后拧，旋中带拧呢?这就要从物体转动的力学特征来进行分析研究。

物体转动的力学特征之一，即物体有转动惯量，物体的质量越大，各部分质量到转轴的距离较大，它的转动惯量就越大。转动惯量大时角速度就小，转动惯量小时角速度就大，其遵循角动量守恒法则。

如图 11①所示：这是旋，当我双手控制对方手臂游离端时，要以其肩关节为轴，用力画一大圆弧，这样就像摇把一样，加大转动半径，达到省力又突然的目的，加大其手臂旋转的线速度。

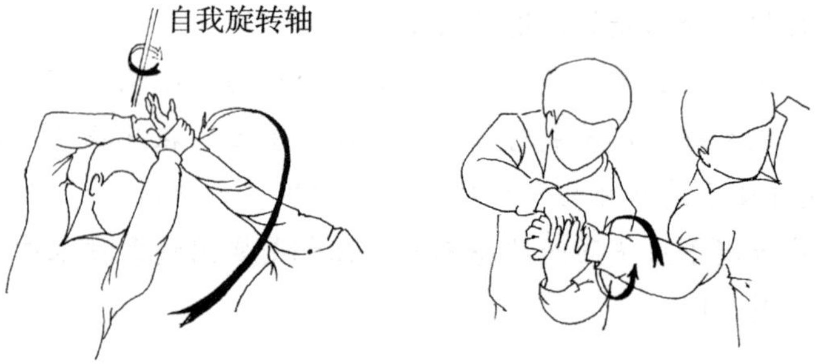

图 11　旋拧

如图 11②所示：旋的同时以我身体为轴，疾速拧转翻身，加大转动质量（翻转拧旋力再加上身体体重），以离对方肩肘距离为臂长，这样势必大大加大转动惯量，使其肩关节受到巨大扭转，在转身的同时我拧转其腕，使其腕、肘关节都超越自身的运动幅度，而形成锁定。此时我突然缩小旋拧半径，并以对方肘关节为转轴，这样一则转动半径突然减小，从而增大其转动的角速度，二则使质量（肢体）到转动轴的距离缩小，从而又增大了其手臂拧转的速度(力量=质量×速度)。在质量不变的情况下速度与力量成正比，也就是说旋拧的速度越快，力量就越大。

从以上的分析我们可以看出，当控制其肢体游离端时（手腕、足踝、头颈），采用旋拧技法，应是先旋后拧，要旋中夹拧、旋拧结合，同时尽可能利用自身体重及自身的拧转力量，以达到最大的效果。

在这里要强调一下，旋拧技法一旦用上，其杀伤与破坏力极大，往往造成对方运动链子系统所有主要关节永久性的损伤，尤其是对头颈部的旋拧，会直接造成死亡。因此，不是在生死关头，不是在对敌斗争中，切切不可乱用，慎而慎之。

四、对偶力与剪切力在擒拿中的应用

在擒拿的所有技术中，大都在前面所述的基础上要充分运用对偶力，所谓对偶力是一对作用方向相反的力。它一方面可加大对所擒关节的破坏力，另一方面利用运动链子系统的锁定效应，使肢体产生旋转。

如图 12 所示，我左臂向右，右臂向左，反方向同时用力，就是使用一对对偶力，以对方肩关节为支点，对方手臂突然受到相反方向的两个力的打击，其力量通过骨杠杆的传递，一是集中在肘关节，造成破坏性的打击；二是依据肘关节的解剖结构，侧向受力时造成肘关节部屈曲，形成以肩、腕为转轴，肘到转轴垂直线为转动半径，从而使对方手臂产生转动。进而锁定肘、肩关节；三是依据对偶力的特征，以对方前臂前部力点轴形成人身整体的向前转动，在有的技法中同时采用锁绊其腿的技术，从而使对方前跌。

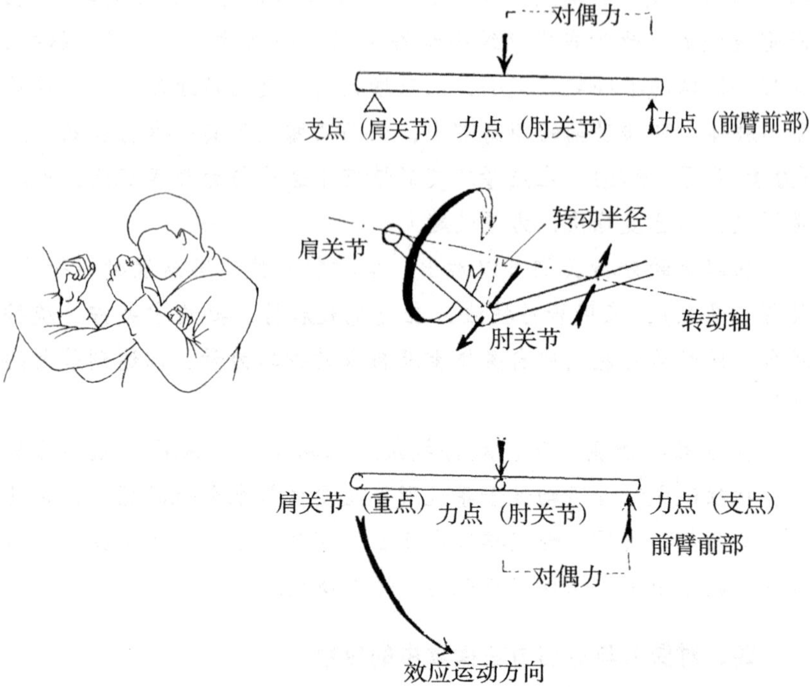

图 12　对偶力示意图

剪切力实际上就是一对对偶力，只不过是其一对相反的力间的距离极小，就像铡刀铡草、剪子剪东西一样，同样大的力量，使其受力点集中而受力面积极小，那么单位面积内的压强就越大，在擒拿技术中为了集中损伤对方某一关节时，尤其是腕关节，常常运用此法。

例如，一是“白袍铡草”（图 13），是一对完全相反的力，一下一上地剪切对方腕关节。二是“虎抱头”（图 14），也是一对完全相反的力，但与白袍铡草技法不同，它是将对方前臂和手在腕关节处像折叠纸张一样的对应用力，使其腕关节超限度、极度外展。

剪切基本上就这两种形态，在擒拿技术中通常施于腕部，使对方剧烈疼痛，并利用运动链子系统的锁定效应锁定其肘、肩，通过骨杠杆力的传递，使其肩部产生一个下压的力，对方因剧痛而无法反抗，从而造成擒拿。

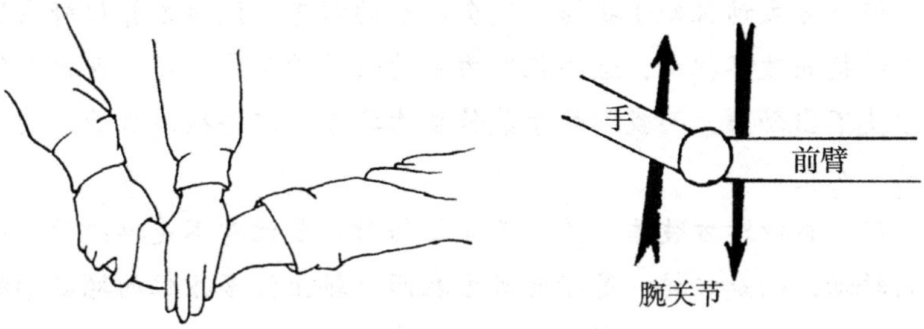

图 13　白袍铡草力学结构图

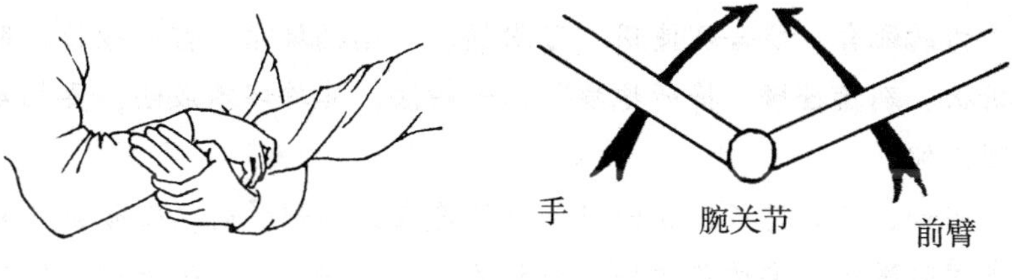

图 14　虎抱头力学结构图

五、实用擒拿法中劲力应用的基本法则

(1) 在搏击格斗中，要有意识地①利用双方接触的肢体及其双臂，②利用对方运动链系统中，关节轴两端一对对偶骨所形成的夹

角，③利用自己的双臂与对方相应关节所处相对位置，造成稳定的三角形力学结构，使对方无法位移，亦锁定其运动链系统相邻关节，使其形成硬棒，这是所有擒拿技术的最基本的力学结构，脱离开这个基本结构就无法形成擒拿。

(2) 在擒拿所形成的态势中，应尽量在我擒拿方向和擒拿部位上，使对方主动肌处于扭转、完全拉长的状态；使对方骨杠杆生理力学结构的破坏扭曲，造成肌肉力量的被动性动力不足。也就是使对方使不出劲来，而我则处于最佳发力状态。这样彼消我长，使对方无法对抗。

(3) 在使对方肢体、关节产生扭转时，要注意不是单纯的一个轴的转动，而是扭转，是指使对方在两个轴上做多方位的螺旋形的扭（拧）、转（旋）。这样才能使对方身体和双腿无法同时在两个轴上转动位移，形成解脱，并使力量集中在所擒部位，才能造成整体性锁定，形成擒拿。

(4) 在关节锁定过程中，必须注意力的方向、力的作用点和双手用力的配合。要合理使用“刁拿锁扣、掐插挑顶、拧压缠旋、别杠折扳、别盘挫撅、挣斫抱挟”二十四法，其单字不成法，要相互合理搭配。

例如，“旋拧扳折亦同行”讲的是在分筋错骨时，必须旋拧和扳折同时进行，要边旋边拧、边旋边扳、边拧边折……也就是使对方肢体关节扭转，必须在两个运动轴上进行，这样就同时考虑到了相邻关节的效应性运动和锁定效应规律以及人体的补偿性运动，从而形成擒拿。

(5) 在用力的方向上，尤其是两手相互配合所形成的合力与分力的方向上，必须注意运动链系统的效应性运动和锁定效应以及人体的补偿性运动。通过骨杠杆传递一定方向合理的力，使对方相邻关节，尤其是靠近躯体的上端关节，受到一定方向的力，产生连锁锁定，这样才能造成整体性锁定而形成擒拿。

（6）在用力时必须力走螺旋，把对方肢体、关节紧紧裹住了，又要以冷疾脆劲抖发之。也就是缠裹黏沉劲和冷脆疾相结合的刚柔相济的连环劲。擒而不缠裹必遭抽打，拿住又缠裹住了，还必须用十分坚刚的冷疾脆劲抖发之。连擒带打，沉黏冷脆，方能奏效。

（7）要把握力的方向、作用点和力的大小；把握住支点、力点、力臂；充分利用双方骨杠杆所形成的稳定的三角形力学结构，合理地应用合力、分力、对偶力、杠杆、转动、旋拧、剪切等力学原理，以达到小力胜大力、以巧破千斤、克敌制胜的目的。

（8）在实用擒拿技术中，是以控制对方中枢（肘、膝、腰）的两个运动自由度为核心，并通过运动链的效应性运动和锁定效应来实现的。

十、《两仪阴阳诀——乾坤八字法》译注

（一）译注前言

《乾坤八字法》全面讲述了在攻防格斗中，如何运用擒拿技法的根本原则和方法，分为“乾八字法”和“坤八字法”。

乾为阳、为刚，是我主动攻击对方迫其应手时，使用擒拿技术的方法。在擒拿技术中称为“迫手”，就是强迫对方按我意图应答而使用擒拿技术的方法。

坤为阴、为柔，是对方攻击在前，我在防格避闪中使用擒拿技术的方法，在擒拿技术中称为“趋法”，就是利用对方的攻击意图转移分化从而使用擒拿技术的方法。

这两种主动擒拿和被动擒拿的起手原则是非常重要的，它是运用技法的前题和首要条件，必须在研习过程中悉心体会。

（二）《两仪阴阳诀——乾坤八字法》

原谱

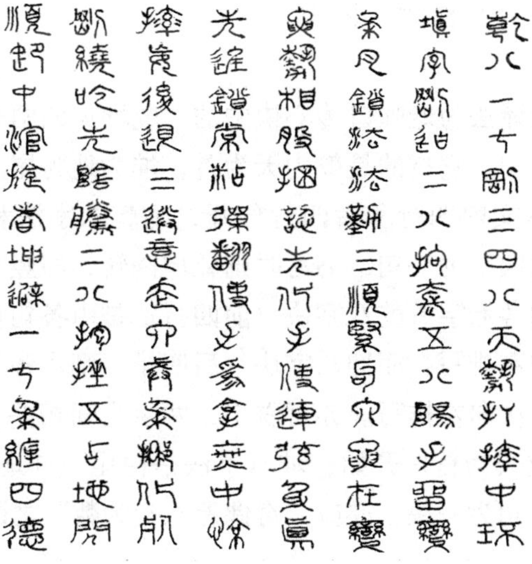

（三）《两仪阴阳诀——乾坤八字法》

原文

顺 刚 摔 先 要 柔 填 乾
卸 绕 妄 进 势 月 字 八
中 吃 后 锁 相 锁 刚 一
滚 先 退 常 股 法 迫 七
旋 阴 三 粘 捆 法 二 刚
者 腾 送 弹 认 勤 八 三
坤 二 意 翻 先 三 抱 四
避 八 走 使 化 顺 套 八
一 抱 六 手 手 紧 五 天
七 挫 戒 为 使 勾 八 势
柔 五 柔 拿 连 六 阳 打
缠 占 挪 无 弦 要 手 摔
四 地 化 中 身 在 留 中
德 闪 死 惊 真 变 变 环

此诀的破译法为老师口传心诀中的“乾坤见四两分张，奇偶差八七为数”一句。它指的是乾为天为首，坤为地为尾。“见四两分张”是先将本文前四行和后四行分开，为乾八字法和坤八字法两诀；同时读每四字为一句，书写时则乾坤倒转，即竖写横读。每诀各八句，每句各七字。乾八字诀（前四行）是由各句首一和八竖行写起，依次向右排写；而坤八字诀（后四排）则由各句尾七和十四竖行写起，依次向左排写。亦可看出，两字之间相差八字，乾八字法是由首（乾天为首）开始；坤八字法是由尾（坤地为尾）开始。七字一句，八句为一诀，亦应“奇偶差八七为数”之语。

（四）《两仪阴阳诀——乾坤八字法》译文

乾八字法

乾天刚阳法在先，刚中抱柔紧相连。
八式迫手勤变化，三环套月勾股弦。
一打二留三要手，四填五锁六捆身。
七摔八变顺势使，八字八法要认真。

坤八字法

坤地阴柔后手先，柔中抱刚意中粘。
避闪腾挪退为进，缠滚挫绕走惊弹。
一顺二化三拿锁，四旋五吃六滚翻。
七卸八死送无常，德者占先戒妄使。

（五）《两仪阴阳诀——乾坤八字法》译注

1. “乾八字法”

(1) 乾天刚阳法在先，刚中抱柔紧相连。

这句口诀讲述了乾八字的性质。它的出手是为刚阳，也就是出手明快，劲力刚猛。实质是要手，即有目的地要对方出手来格架反击。我外形虽明而刚，但要刚中抱柔，一遇对方手臂接触劲力则柔沉粘黏。在擒拿技术中为“迫手”，按现代语言来讲就是主动擒拿。

(2) 八式迫手勤变化，三环套月勾股弦。

八式就是擒拿秘籍《九重天·八卦诀》中擒拿的八个基本起手式，即“乾三连天乾坤手，巽上断风分龙手，离中虚火刁扣手，坎中满水剪子手，艮覆碗山斩别手，坤六断地带旋手，震仰盂雷缠龙手，兑上缺泽挫切手”。此八手要主动出击，出手是打，迫其应手，一触即拿，要疾于变化。

“三环套月”指的是我的三环（臂、肘、手；指、掌、腕）在与对方肢体的接触中，要运用二十四法（刁拿锁扣宜投前，掐插挑顶指力全，拧压缠旋走螺旋，别杠折扳是惊弹，剔盘挫撅两分张，挣斩抱挟力混元）套锁其三环（指、掌、腕，腕、肘、肩，头、腰、足，足、膝、胯）。也就是要锁梢吃中亦固根。

“勾股弦”指的是三角形。在“三环套月”时，要有意识地利用对方运动链系统中关节轴两端一对对偶骨形成的夹角，并利用自己双臂与对方相应关节所处相对位置（支点、力点、受力点），造成稳定的三角形力学结构，使对方无法变化，亦锁定其运动链系统相邻关节，使其成为硬棒。这是所有擒拿技术形成的最基本的力学结构和形态，脱离这个基本结构就无法形成擒拿。

(3) 以下口诀讲述是乾八字（八法）：

一打：以打为主，迫其应手，劲力绵沉，螺旋粘黏。

二留：接既打，打既接，打接同时，两手相争，劲要合，身要顺，刁扣缠锁，必留其一，以迫其应。

三要：留一要一，要者打也，其意在要，要必留之。留要互为阴阳，审势而取，谓：“你不来时吾教来，入吾机关死不知。”

打、留、要互为三才轮回，为擒拿入手之机，以打为主，未留疾要，迫其应手，得势疾使，逢虚则变，如法轮之常转，疾不停手。

四填：填者补空也，进步抢位，迎风摇身，填肩塞胯，盘下吃上，暗取中枢。

五锁：锁者别锁也。三环套月勾股弦（三环是我之手臂三节，上臂、前臂和手；套月是环扣其肢体；勾股弦是指三角形，意指在环扣、别缠对方肢体时要形成稳定的三角形力学结构），引其失中，我则得衡，锁扣七星（腕、肘、肩、髋、膝、踝，腰七处关节），使其不得抽身变势也。

填锁为阴阳互补，填锁如一。以走为母，摆扣钻翻，旋拧扳折，全在腰间。顺劲疾使，得实疾走，遇虚则变，暗送无常。

六捆：捆者捆身也，利用各肢节，使其自缠自，自别自，自锁自也（如，吃腕锁肘捆肩、别肘锁肩捆身）。其劲在腰背，力要走螺旋，旋拧挣裹。力要拧，劲要裹，两手要挣，周身要旋。

七摔：摔者，上锁捆，下填别，气在丹田，拿穴锁干，绷腰弹胯，力走惊弹崩炸。

摔捆为阴阳同行，力在腰胯，快在智勇，因势导利，内藏卸死两门，得实疾翻，逢虚则反，俱在掌步之中。

八变：变者，全在顺势顺劲，因势导力，三八互为（三是肢体的三节和三节劲，八是指的八字法），阴阳相变，重在肩肘，先在腕手，力在腰功，离则变打，疾不停手，往复循环而无始无终。

2. “坤八字法”

(1) 坤地阴柔后手先，柔中抱刚意中粘。

这句口诀指出：坤八字法为阴柔，其柔在前以柔克刚，刚在其后柔中抱刚。为“趟法”。按现代语言来讲就是被动擒拿法。对方主动进攻在先，我则因势取势在后的擒拿要诀。

⑵ 避闪腾挪退为进，缠滚挫绕走惊弹。

指的是对方主动进攻时，我的避闪腾挪必须以退为进，不要和对方脱离接触，否则无法实施擒拿技术。后半句指出双方肢体一接触，就要采用缠、滚、挫、绕等手法，使对方欲进不行，欲退不能。刁拿、锁扣动作要迅猛快捷，惊弹崩炸的刚劲要紧随其后。

⑶ 以下口诀讲的是坤八字（八法）。

一顺：顺其来势、来劲而顺其变化。屈己从人，不顶不抗，顺者进也。全在腰腿。

二化：化者圈也。周身无处不圆，如球之自转而飘忽不定，动则无处不是圈，缠滚挫绕，粘随旋迫。分化转变其力，为我所用。劲在腰功。

顺化互为，边顺边化，边化边顺，拧旋走转，避其锋锐，引其失中，遇虚变实，逢空即进，粘连黏随。以柔化刚，而刚紧随其后，以刚运柔，而柔不失其坚。

三拿：顺化之间，圈中有圈，螺旋逼进，粘黏相随而刁拿锁扣，全在掌腕之间。运梢绕柔而成刚，阴阳互为，扣拿并行。抓经拿脉，取穴锁骨，形如鹰爪捕物，迅疾如环。

四旋：旋者，混元之劲，转环之力也。惊弹螺旋，扳折抗顶，发自丹田，乃一气之起落，如龙卷云，似蛇缠物，重在肩肘。

拿旋互进，避中进隅，锁扣互为，乱其中衡。我宜在腰，收胸吸胯，力在得横。

五吃：吃者手法也（见前二十四法），暗渡陈仓，锁扣七星，缠滚挫绕，插别挑顶，步在摆扣，手在相合，盘下吃上，引字当先，快在智勇，得实即行，见隙则变。

六翻：翻者，翻转各节，挫、缠、拧、翻旋也。填实塞满，锁固扳折。绷腰弹胯，气在丹田。上下桥横，左拧右转，放收其间。

吃翻同行，上引下填，上锁下别，螺旋崩炸，缠裹抱挟，疾如闪电。得在圈中，看在肩肘，翻在尾闾，丹田气旋，立马旋腰，实翻虚变，俱在一念之中。

七卸：卸者，折骨分筋之法。偏转三四分，旋拧扳折同行。翻不落地，螺旋扳折冷弹为卸。

八死：死者，死手也。拿脉夺穴，三曲为折，扣喉旋颈，落地千斤，不可妄使。

卸死各为恶毒两门，为不得不为之之术。卸者，恶残之手，死者，毒手以干天和也。不轻传，戒妄使，反之人神共愤，不列门樯。此武德之尚也，后世切切。

十一、《三才——行功诀》译注

（一）译注前言

“行功诀”是擒拿技术中很重要的一个口诀，它讲述了擒拿技术中技法应用的基本原则，是无数先辈在不断实践中总结提炼出来的根本大法之一。它和《阴阳——乾坤诀》《四象——用手诀》结合起来，就是擒拿技术应用的根本大法，是学习训练及实际应用必须遵循的大法。因而习练者必须认真研习，深刻领会其要旨，才能真正领会、掌握与应用擒拿技术。

（二）《三才——行功诀》原谱

（三）《三才——行功诀》原文

化	意	电	如	惊	擒	拿	环	行	克
机	分	诱	出	闪	连	八	相	环	擒
意	应	其	引	敌	卦	生	无	巧	先
辨	审	势	力	转	相	瑞	字	术	法
齐	吾	势	顺	随	欲	必	巧	更	二
填	到	法	而	吾	当	劲	巧	留	刁
别	肩	身	手	行	巧	一	三	拿	梢
别	绊	补	相	脚	打	要	锁	行	脉
缠	紧	上	胯	随	手	扣	抓	消	筋
行	旋	相	锁	锁	固	经	其	错	哀
吾	你	拧	连	下	拿	力	骨	刚	随
吾	叫	不	趁	裹	分	鬼	柔	势	在
死	机	来	来	腰	神	相	取	惊	走
知	不	关	入	时	济	力	弹	螺	旋

此诀的破译法为老师口传心诀中的“五六斜走亦成角”一句。它指的是从第五行（按古文书写格式自左起）第一个字开始向左斜读成角，将前五竖行读完后，再从第六行第一个字读起，向右亦斜读成角，直至读完。

（四）《三才——行功诀》译文

擒拿连环八卦行，相生相克环无瑞。

欲擒巧字必当先，术巧劲巧法更巧。
一打二留三要手，刁拿锁扣固稍行。
抓经拿脉消其力，分筋错骨鬼神哀。
刚柔相济随势取，力在惊弹走螺旋。
惊如闪电出敌意，诱引转化分其力。
随机应势顺吾意，审势而行辨吾法。
手脚齐到身相随，填肩补胯锁别绊。
上锁下别紧相连，裹缠旋拧趁腰行。
你不来时吾叫来，入吾机关死不知。

（五）《三才——行功诀》译注

1. 擒拿连环八卦行，相生相克环无端

这句讲的是擒拿技术如易经八卦一样，每一个技术都不是独立的，是成龙配套的，每一个技法的组成，均考虑到对方反抗的最多可能性，在每个可能反抗的方向上（四正四隅）、环节上（根、中、梢），均有相辅相成的相应技法。如卦象一样是可以相互组合、相互演变、相互克制的。并非只一手一法，而是要依据对方“势”和“力”的变化而组合变化。也就是应势而变，应劲而变，相生相克以至无穷。

无论劲、技、法都遵循一个圆字，尤如一个圆环（太极——多维空间，全方位的阴阳转化相变）而无头无尾、无穷无尽。所谓“圆”，一是指，在擒拿中周身无处不圆，“背圆则力达两肱，臂圆则力摧肘前，虎口圆则力达指尖。二是指，劲力要混元，也就是每一动作劲力不能只有单一方向性，而是要撑七留三，要有四面八方的混元劲，这样才能蓄意变化，周流圆活。三是指，每一动作都是

做圆弧的运动，两手相应互为阴阳。其运转在气，变化在骨，提领在神。

首先是自己的气机与肢体的自转，这就产生了一种螺旋旋转的劲力，也就是我们讲的混元劲。出手似直出直入，然手臂、掌腕的随势旋拧产生的劲力，任何方向一触即产生螺旋滚动的劲力来。力走螺旋，劲力以圆活为主，使圆不使单，两手互为阴阳，虚实相变，周流圆活，绝不微滞。也就是两手形如环，在擒拿中缠裹拧旋，圆整灵活。在两手的配合上，在支点和力点之间的力量要有横竖螺旋的混元劲相配合，此力如环而无端，只有这样缠裹住了又以脆劲抖发之，方能收到分筋错骨的最大效益。只有圆活混元之力和圆活混元之身臂，方能趋避得机，审时度势，捷于变化，运用自如。

在技法的使用上，绝不能死拿硬要（单一技法）。在练习中除要熟练地掌握每一个具体技术外，更要掌握相关技术的相互联系与转换。它既包含技法的转换，如，我擒拿对方腕，遇到其应势的反抗时，我可疾更变手法擒拿其肘、指或肩等。当遇到对方实施反擒拿时，我亦采用相应的解脱技法，针对其势实施反擒拿；同时它又包含着力的转换（力的方向、刚柔等）。例如，我向右用力擒拿对方腕时，其必用相反对抗的力（向左）进行反抗，这时我绝不可与对方相顶抗，而应顺势顺力，顺其用力方向采用向左的腕部擒拿技法，借其力而制其身。这才是实施擒拿技术的要旨。也就是擒拿技法的一阴一阳、四正四隅的连环技法。因而在研习擒拿技术时，在每个擒拿部位必须掌握在其各个运动方向上的擒拿基本状态，亦掌握它的相应擒拿技术，从而形成连环擒拿技术。而且还要进一步掌握擒拿点（相邻关节）的转换技法。这既包括手法（阴阳）的变化转换，又包括用力方向（四正四隅）的转换技法。从运动力学的观点来看，也就是力点、支点和用力方向的变化与转换，而形成擒拿的连环技法。

2. 擒拿巧字必当先，术巧劲巧法更巧

擒拿技术亦非蛮打胡要，而是集踢、打、摔、拿之大成，是中国武术最上乘的技法，巧是擒拿技术的灵魂，其巧在三巧：技术巧、劲力巧、技法巧。

技术巧——是建立在对人体解剖结构和人体运动特点规律的深刻认识上，巧妙地利用人体的薄弱环节、人体骨结构（尤其是关节）的弱点和人体肢体运动的特点。

劲力巧——是建立在正确合理、经济地使用力量，充分利用各种力学省力原理和借用对方之力的原则。

技法巧——就是讲究擒拿技法与手法劲力的组合变化。一方面利用人体运动链的结构和运动特征、相邻关节的效应性运动和锁定效应规律，达到擒拿一点而控制全身，或造成其自锁自、自捆自的目的。另一方面，要求不死拿硬要，每一技法的组成均考虑到对方反抗的最多可能性，在各个可能反抗的方向上、形势上、环节上均有相辅相成的相应技法，组合成对擒拿的每一环节、每一关节的一整套完整系统的连环擒拿技术。可随其力、随其势的变化而变化，随意组合，以适应复杂多变的格斗对抗态势，达到克敌制胜，擒拿捆锁的目的。

总的来讲，巧是灵魂，巧是力巧、技巧、法巧。而这三巧俱在于阴阳变化，“技之大要，重在阴阳，尤在于圆”讲的就是这个道理。它们都离不开阴阳的互易变化和阴阳的相互分合，故阴阳乃术中之妙，术中之诀。而阴阳的变化之妙，尤如太极俱在于一个“圆”字。圆为术中之母，变为圆中出，没有圆就没有阴阳的变化。所以说：“巧从圆中生，妙从阴阳得。”

3. 一打二留三要手，刁拿锁扣固梢行

“一打二留三要手，刁拿锁扣固梢行”讲得是实施擒拿技术的基础。也就是实施擒拿技术的先手条件和方法。

一打是指“以打为先，迫其应手，阴阳相变，劲力绵沉，螺旋粘黏。”也就是说在施用擒拿技术时，不可能上手就擒拿，对方在不断移动反击，因而必须打为先手，引动对方按我的意图防架移动。其动则隙，隙则顺机而擒。在肢体的接触过程中劲力要绵沉，螺旋粘黏，不要一触即离，这样才能给施用擒拿技术创造一定的先决条件。

二留是指“接打、打接同时，两手相挣，刁勾缠锁，必留其一，以迫其应”。也就是说在对方进攻时，要防、打同时进行，并利用刁、勾、缠、锁等手法滞留其一臂，使对方想进不得手，想退不能。同时两手相挣，即用双手来对付其一臂，为擒拿创造先决条件。

三要是指“留一要一，要者打也，谓：你不来时我叫来，人我机关死不知。”也就是说在主动进攻或防守反击中要有目的地采用技法，使对方不知不觉中按照我的意图进行动作运动，即主动要手，为实施擒拿技术创造最有利的态势。

“打、留、要互为，迫其应手，得势即进，未留变打，如法轮之常转，疾不停手。”这句口诀讲的是打，留和要必须相互穿插进行。这样才能迫使对方按照我的意图进行运动。得机得势就使用擒拿技法，不得机、不得势就打。身手不能有任何停滞，更不能死拿硬要。

“刁拿锁扣固梢行”指的是在搏击格斗中要想施用擒拿技术的先行环节。“打、留、要”的实质就是在进攻、防守反击中，采用刁拿锁扣等技法，首先要控制、固锁其梢节（上肢——手梢，肘

中、肩根；下肢——足梢、膝中、臀根。身躯——头梢，腰中，腿根），也就是首先要使对方开放式运动链变为闭锁式运动链，才能实施抓经拿脉，反挫关节的擒拿技术，这是实施擒拿技术的先决条件。在对方无防备情况下的主动擒拿也是如此。

4. 抓经拿脉消其力，分筋错骨鬼神哀

抓经拿脉、分筋错骨是擒拿技术的根本技法，一切擒拿技术的手法都是以此为根本原则的。它是技术的核心。

“抓经拿脉（经——十二经络，脉——奇经八脉）消其力”。擒拿的对象是人，而人在其生理结构上有不少薄弱环节（如咽喉、阴部、心口等）。同时关节是骨骼连结及运动的枢纽，关节周围又有很多经脉、穴位和神经（即运动神经、植物神经、脑神经和人体重要脏腑的薄弱环节点等），这些都是难以承受打击和掐拿的部位和环节，一经击打、掐拿必使对方酸疼难忍，消弱或使对方失去其抵抗的力量，此为擒拿术中的拿法。也就是说在实施擒拿技术中，不要乱抓乱拿，而要依据擒拿部位的生理结构特点，有目的地采用有效手法抓拿对方要害部位，以消弱其反抗的力量和能力。

“分筋错骨鬼神哀”，关节是人体骨骼连结和运动的枢纽，而关节依据其生理结构特点、运动形式、角度和范围，又有一定的限度，故而对其反其道而行之，或使其超过运动极限，轻者造成剧烈难忍的疼痛，失去反抗能力；重者伤筋断骨，造成伤残或死亡。擒拿技术中的卸骨之法及断颈之法之术，就是在分筋错骨基础上的杀伤人之法。

那么什么是反挫关节呢？擒拿口诀中讲得好，“何为反，偏转三四分，旋拧扳折亦同行。”就是说反关节并非是向关节运动的正反方向用力，而是向其反关节方向侧方三四分（30°~40°）方向用力。因人体在长期的进化过程中，在关节的反方向上都有各种相应

生理结构和强大肌力保护，而在其侧方向30°左右上就不同了。正如我们在食用折卸动物骨关节时，向其反关节侧方向上下拧、扳、折非常省力一样。这样的反挫关节才能达到事半功倍的效果。

“旋拧扳折亦同行”讲的是在反挫关节时，必须旋拧和扳折同时进行，缺一不可。要边旋边扳，边拧边折，也就是分筋错骨，必须最少在两个运动轴上同时进行，这样就同时考虑到了相邻关节的效应性运动和锁定效应规律，通过对某一关节的擒拿锁定其整个运动链系统，方能正确地实施擒拿。

“抓经拿脉，分筋错骨”，是擒拿技法的两大技法（拿与擒），它们是相辅相成、不可缺一的两种根本技法，所以合之称其为擒拿。

5. 刚柔相济随势取，力在惊弹走螺旋

擒拿技术中的劲力首先要刚柔相济、阴阳互变，要随其势而取，决不能主观意断，要巧妙地使用力量，用巧劲不用拙力，这是建立在运动力学和对抗心理学基础上的。

(1) 所谓用巧劲不用拙力，就是要顺其势，顺其劲，要顺势变化，阴翻阳转，不顶不抗。充分利用力学原理（合力与分力等）的作用，横能破竖，竖能破横，顺则力合，更重要的是阴阳圆转的动作（阴：自身肢体的拧旋动作。阳：自身肢体的圆弧运动动作），分化转变对方的劲力方向，达到“四两拨千斤”之功效。

(2) 力走螺旋，就是施拧的混元劲。因为擒拿中的分筋错骨，离不开使对方肢体、关节旋拧受力。因而在实施擒拿技术的出手动作中，必须随时保持螺旋力量，这种螺旋的潜在力量和下意识动作，要成为动作中的习惯力量和习惯动作，所以出手虽似直出直入，但是只要接触对方的某一部分，便显出其是由螺旋力在上下左右旋拧进退，使对方肢体、关节发生旋拧，这是擒拿中的基本

力量。

(3) 力在惊弹，首先是要明虚实，刚柔相济，欲左先右，循环相生，也就是不要死拿一点，劲力变化上要充分利用对抗心理学原则，诱使对方为我所用，并在擒拿中注意相邻关节擒拿技术的相互转换。“刁拿锁扣，掐插挑顶，拧压缠旋，别扛折扳，剔盘挫撅，挣斫抱挟”二十四法相互组合，相互转换。刚柔相济，在擒拿技术中劲力的使用上就是缠裹黏沉劲和冷脆劲相结合的刚柔相济的连环劲，拿而不缠裹必遭拙打，只有拿住又缠裹住了，还必须用十分坚刚的冷疾脆劲抖发之，这种连拿带打、沉黏冷脆的方法方能奏效。

(4) 在擒拿中必对对方肢体、关节施加一定方向的力，而对方也必然要加以反抗，这就要求我们十分注意力的三个要素，即力的方向、力的作用点和力的大小。我们要想顺利地消除对方的反抗之力并能将力施于其身。除了抓经拿脉、击打要害部位外，要特别注意利用力学中的省力原理，把握住支点、力点、力臂、力偶等的相应关系，并充分利用杠杆、转动、剪切等原理，以达到克敌制胜的目的。

6. 惊如闪电出敌意，诱引转化分其力

拿要突然，出敌意外，疾快敏捷，就是擒拿口诀总则中所述：“惊如闪电出敌意，诱引转化分其力。”也就是在施用擒拿技术时，先要采用各种技法手法，设法引开对方对所要擒拿肢体部位的注意力，决不在对方精神集中有准备的情况下死拿硬要。一旦得机得势，动作要疾快迅猛，绝不拖泥带水，这样才能出敌意外，顺利地实施擒拿技术。同时在实施中得机得势就拿，不得机就变，踢、打、拿、摔相间，技法阴阳互变，循循相生，才能真正做到出敌意，才能稳操胜券。

例 1：当对方以右拳攻我时，我欲对其右臂实施擒拿，我以左

手刁格其右腕，速用右拳猛击其头面部，迫使对方防架移动，转移其对右臂的注意力。此是有目的的假动作。在对方闪躲架格的瞬间，我右手疾配合左手对其臂实施擒拿。这就必出敌意，拿得突然。

例 2：当我对对方右腕实施擒拿，其屈臂抬肘欲解脱反击时，我疾转变为对其肘部的擒拿技法，必出敌意，化拿得突然。

例 3：当我对对方一臂实施擒拿，对方已有准备或反应迅速时，我就疾变翻手为打，迫其另一臂应势封架，此时再对其另一臂实施擒拿，如此往复而行，必使其防不胜防，入我机关。必出敌意，拿得突然。

7. 随机应势顺吾意，审势而行辨吾法

这句口诀重点讲的是，在擒拿中绝不能一厢情愿，凭主观想法，逞一时之能，这样必然失算反被对方所乘。而是要依据对方的动作和变化、对方的情况（身体高矮、力量大小、习惯动作、劲力虚实等）审势而行，并要随机应势，不顶不抗，曲己从人随其而行，或欲左先右，诱使对方照我意图运动，即顺吾意，一旦得势，要稳、准、狠，轻巧敏捷地施用相应的擒拿技术。如遇对方反抗欲解脱时，在变化中要善于抓机得势。要随机变化，机智灵活，切忌死拿硬要。要根据实际情况（双手的态势，动作的变化，力的方向和大小等），使用不同的手法，抓拿不同的部位。运用不同的变化技法，围绕着擒拿技法，踢、打、摔、拿相辅而变，即是辨吾法。这在擒拿技术中非常重要，是变的机源。

8. 手脚齐到力相随，填肩补胯锁别绊。

上锁下别紧相连，裹缠旋拧趁腰行。

你不来时我叫来，入吾机关死不知

在实施擒拿技术中，必须手拿脚绊，上下相随，身手一致，才能充分发挥擒拿技术的效用，在擒拿瞬间使对方完全丧失反抗的能力。当对对方上肢运动链系统实施擒拿时，必须配合对其下肢的绊锁控制，或通过力的传递使其为我所滞，而无法应势变化。腿是人体运动和用力的支撑点（基础），因而对方欲应势变化，往往先从脚步变化开始。在实施擒拿中首先是阻止对方移动变化，以利已变。更重要的是破坏对方两足的力点和支点，迫使其身体失去平衡，便于我充分发挥擒拿技术的效能，上下一齐动作就使对方失去任何反抗的余地，顺利地造成擒拿。

在实施擒拿技术中，上锁下别、下锁上拿、上下相随更重要指的是，在擒拿中使巧劲，使巧法，抓锁住对手一个环节或关节时，就必须连续迅速将其前后相邻关节裹抱、缠压、缠锁住，并使用沉长的黏沉劲将其裹紧、缠死，使对方欲化化不了，欲解解不脱，拙力用不上，此时疾以刚猛之劲施之方可造成擒拿。从运动生物力学的角度上来讲，就是在擒拿对方某一关节时，必须通过技法将其相邻的关节锁定住，也就是要控制其整个运动链子系统，乃至人体整个运动链系统，才能造成擒拿。

“手脚齐到身相随，填肩补胯锁绊别，上下锁别紧相连，裹缠旋拧趁腰行。”又是指自己只有“手脚齐到身相随”才能发出整劲而捷于变化。在裹、缠、旋、拧中劲要从腰间（丹田）出。擒拿口诀又说：“蓄劲如压簧，发劲如拔销，消息只在足后跟。”就是说力从脚下起，劲从丹田生，周身一整劲，全在趁脊行。此句是强调足跟为发力的支点，脊柱是力传递的中轴。

“你不来时我叫来，入吾机关死不知。”

最后一句又反复强调了应有意识地要手，要手应有意图，不能盲目要手，要手要活，切忌死，死拿硬要。要有意识、有企图地引诱对方按照我的意图来行动，我则先机在手。入我所设圈套，我则胜算在握。

十二、《四象——用手诀》译注

（一）译注前言

《四象——用手诀》是擒拿技法应用的根本大法，它全面讲述了擒拿技法变化的根本大法及应用变换规律和原则。实用擒拿技术在实施过程中，必然会遭遇到对方各种形式的猛力反抗，那该怎么办?不懂《四象——用手诀》不知变化，必形成死拿硬要，反被人制的局面。

故本诀是擒拿技术“法”的核心。必须悉心参研、融会贯通。我老师曾讲：“不管你学会了多少擒拿技术，如果不懂此诀，不会它的通变原则，一切都是空的。必然技无所用，盲用则必害己。”并再三叮嘱“不可轻易外传”。可见它的重要。

（二）《四象——用手诀》原谱

(三) 《四象——用手诀》原文

地 周 实 终 化 四 涵 本 四 道
一 定 凡 循 技 则 唯 相 流 之
机 圆 间 刚 变 而 三 技 为 而
二 根 必 才 化 焉 柔 四 活 终
为 乃 法 互 循 迁 而 阴 阴 寓
四 阳 阳 迁 不 以 抱 并 得 道
一 天 行 虚 无 变 遵 相 为 象

此诀的破译法为心诀中的："阴阳互易头尾连"一句。

它说的是，上（第一行）为阳，下（第二行）为阴，它们相互倒置，句头和句尾相连。故阴行应倒置而书，阳不变。如是连续下去，是横写竖读（按古中文行文习俗）。

(四) 《四象——用手诀》译文

地周实终化四涵本四道
之流相唯则技循凡定一
机圆间刚变而三技为而
终活四柔焉化才必根二
为乃法互循迁而阴阴寓
道得并抱以不迁阳阳四
一天行虚无变遵相为象

按古中文行文习俗，由右向左竖读并加以标点，应读为：

道，一而二，寓四象。四定为根，阴阳为本。凡技，必阴阳相涵，循三才而迁，遵四技而化。迁不变，化则变焉，循以无终。唯，刚柔互抱，虚实相间，四法并行。周流圆活，乃得天地之机，终为道一。

（五）《四象——用手诀》译注

1. 道，一而二，寓四象

(1) 道：指的是万物生成、发展、运化的客观规律。在这里指的是擒拿技术实施、变换、迁化的根本大法、规律和法则。

(2) 一而二：中国古代哲理从来就讲究，万物皆阴阳相变而循循相生，乃至无穷。“易有太极，是生两仪。故天地之间，物必有对，感则必应，出则必反，不易之理也。”（《释疑孟》，《五峰集》）“物不独立必有对，对不分治必交焉。”（《纷华》《知言》卷三）。老子曰：“一生二，二生三，以生万物。”就是说任何一个事物都是由阴和阳两个方面所组成，而阴阳的相互迁化消长，是事物发生变化的本质。

中国武术擒拿技术也不例外，首先，在攻防格斗中，攻防双方是在不断地疾变，相生相克，阴阳转化，迁化相变，乃至无穷。故而变则通、则活，不变则死，这是一个巅破不灭的定律。其次，中国武术实用擒拿技术在其长期的形成实践中，针对人体的各种运动形势，在其可能的各个对抗方向、对抗方式上，都有一套完整的相应变换技术。实施每一个擒拿技术时，都有其依据对方变化的相应技法。擒拿技术是一个阴阳转化、相生相克、迁化相变、有机相应的、完整的系统。

因而在学习擒拿技术时，绝不可把它割裂成一个个互不相关的单个技术，而是要把它作为一个有机相连的整体来认识和学习。要明确地认识到，它是“一生二，二生三”相生相克，循循相生的。技术、技法的阴阳变化、迁化通变是它的灵魂，不变则死。

(3) 寓四象：指的是中国武术擒拿技术中产生、寓藏着四种基本技术。

①死手擒拿技术——有把位的擒拿技术，即对方或我抓握身体任何部位时，所实施的擒拿技术。它是本手，是学习擒拿技术的入门基本功夫。目前社会上流传、传习的大多是此。

②活手擒拿技术——没有把位的擒拿技术，即格斗双方都没有抓握其身体的任何部位，是在格斗过程中攻防搏击时肢体接触的擒拿技术。它是不需要预先抓握对方的任何部位，粘黏、滚挫、缠夹，是和踢、打、摔融合在一起，循环综合运用的技术。这才是中国武术擒拿技术的主体，包括徒手格斗中的擒拿技术、徒手对器械(空手夺白刃)、器械对器械格斗中的擒拿技术。

③变手擒拿技术——在实施死手、活手擒拿技术中，遭遇到对方猛烈反抗时，应激相应变化、迁化的实用擒拿技术。

④反擒拿技术——当对方对我实施擒拿时，我的解脱技术和反擒拿的技术。

2. 四定为根，阴阳为本

这句讲述的是，学习、实施擒拿技术的“根”和“本”。

(1) 四定为“根”：

四定指的是神、心、意、力为四定。

神（精神）定，则无惧无畏，而安宁无乱，体态祥和，目光沉稳而含威。

心（心情）定，则心静无恐，而气血畅和，形正体松。

意（意念）定，则安宁静寂无欲，而专注锐敏，能察微变，以应八方。

力（蓄力）定，则气归丹田，内机勃发，而外松内紧，引以待发。

这句讲的是，无论在练习时或对敌时，都要先做到四定。这是根，做不到四定,则神不安宁、心慌意乱、周身僵软,手足无措、力僵而疲。如果有一个“定”做不到，则技无以展，被人所制。所以在平时学习、练习中都必须十分重视“四定”的锻炼和养成修为。

(2) 阴阳为“本”：

这里指的是，阴阳的变化应用是一切技术的根本。

其一指的是阴阳（奇正、正反）的转换、动静的互寓、刚柔的相应、虚实的迁化。这些阴阳的相应变化，是所有技术应用实施的根本。

其二指的是，《阴阳诀——乾坤八字法》是本手，是格斗中的起手式。第一，我攻敌在先为阳手；第二，我应敌、攻敌在后为阴手。《阴阳诀——乾坤八字法》所讲述的原则和方法，是整个擒拿技术运用应势起式本手的原则。

阳——乾八字法，为刚阳，也就是出手明快，劲力刚猛。我攻敌在先，看似是实，本则为虚，实质是要手，即有目的地要对方出手来格架反击。我外形虽明而刚，但要刚中抱柔，一遇对方肢体接触，劲力则柔沉黏粘，使对方进不得法，退又不能，则进退主动在我，在擒拿技术中为“迫法”。按现代语言来讲就是，“迫手诱敌吾得隙，入吾机关死不知”的主动擒拿的要诀。

阴——坤八字法，为阴柔，敌攻在前，我则在封格趋避中，柔在前以柔克刚，刚在其后柔中抱刚。引进落空，后发先至，粘连黏随，缠滚挫盘，为“趋法”。按现代语言来讲就是，“封格趋避后中先，随劲顺势锁其身”的被动擒拿法。对方主动进攻在先，我则随劲、因势取式在后的被动擒拿要诀。

3. 凡技，必阴阳相涵，循三才而迁，遵四技而化

这句讲的是，实用擒拿技术实施应用变化的基础，是整个擒拿技法应急变化的核心。

在学习擒拿技术时，要在掌握基本技术单元（阴阳对应的一对技术）后，演练的双方应由不对抗到对抗、由简单劲力对抗到各种形式的对抗攻击，由对抗攻击到解脱反擒拿；动作由慢到快、由力小到全力抗争；手法由简单到复合多变。只有在这样的依次递进的对抗练习中，才能悉心体会擒拿技法的精髓，才能真正学习掌握实用擒拿技法，从而形成实用技能。

（1）凡技，必阴阳相涵：

中国哲理认为，一切事物都是由阴和阳两个方面所组成，相互包融而相生相克，而事物的迁化，只不过是阴和阳的消长变化所引起和形成的。

“易有太极，是生两仪。故天地之间，物必有对，感则必应，出则必反，不易之理也。”（宋，胡宏，《五峰集》）

所以，每个实用擒拿技术，必然是在相互（攻防）阴阳对抗中产生的，是由阴和阳两个方面的技术所组成，它们相生相克、消长迁化。实施（攻击）—对抗（防御）—变化（反击）……是一个客观的行为过程。因而单个技术是无法实施的，因为当你实施擒拿技术时，必然首先会遭遇到对方劲力的反方向抗阻，如果在反方向上没有相应的擒拿技法的变化实施，必然会形成直接对抗、力大胜力小、死拿硬要、反遭拙打的局面。

因而在学习实用擒拿基本技术时，必须首先学习和掌握每个擒

拿部位阴阳相对应的两个技术，这是组成实用擒拿技术的基本单元。只有掌握了这个基本单元，才能进而在剧烈的对抗变化中“三才而迁、四技而化”，形成千变万化的实用擒拿技术。

例如：在学习死手擒拿中，对对方右臂腕实施“金丝缠腕”时（向其右上方用力旋缠扣切其腕部），必然会遭到对方相反（向其左侧下方）的力的阻抗，因而必须顺其劲、顺其势，向其左上方旋扣，实施相对应的“托枪打虎”等技术。这两个互为阴阳的基本技术，相互转化组合，形成腕部擒拿技术的基本单元。在这个基本单元的基础上，才能进一步化演出千变万化的技术和技法来。

⑵ 循三才而迁：

这句话实质说的是，在实施擒拿技术，如遭遇对方强烈反抗时，“循”——要遵循当时的对抗态势，“三才”——及时沿肢体的三个主要运动环节（关节），“而迁”——来变换（迁移）擒拿部位。也就是学习擒拿技术，必须掌握擒拿部位（关节）应急变换的方法和原则。

人体的运动是以相互承递的链运动形式而进行的，故称为人体运动链系统。而链运动又是以三才（三节）的承接相应运动为基础的。如上肢——肩、肘、腕，手—腕、掌、指，下肢——髋、膝、踝，身——头、颈、腰（头、躯干、腿），体——身体、上肢、下肢。它们在运动中相互承应，又相互制约。因此：

①在对对方一关节实施擒拿技术时，如遇对方强力反抗，可转变为对同一肢体的相应其他关节的擒拿。如：对腕部的擒拿遭遇到对方强烈反抗时，即可变换成对其肘关节或肩关节的擒拿。

②在对对方某一肢行实施擒拿技术时，如遇对方强力反抗，可顺势转变为对另一相应肢体的擒拿。如：对对方左手臂的擒拿遭遇到对方强烈反抗时，可顺其当时的态势，疾变为对其右手臂或腿的相应关节实施擒拿。

③对对手腕部实施擒拿，如遇对方欲脱手解脱时，利用扣锁其腕之手，疾扣抓其一指或几指，转换成对其指关节的擒拿。因对方力量、注意力全部集中在被擒拿（腕关节）部，所以当擒拿部位突然迁移，其成功的概率是非常高的。

(3) 遵四技而化：

这句讲的是，在实施擒拿过程中，要遵循当时双方攻防态势的变化，四技 —— 踢、打、摔、拿综合运用。能拿即拿、不得拿疾变踢、打，得摔则摔捆。千万不能死拿硬要，必须四技（踢、打、摔、拿）循势而相互转化。

例：还是以“金丝缠腕”为例。当对对手右臂腕实施金丝缠腕，遭到对方的反抗或反击，而又无法循三才（三节）而迁变时，我可疾变（扣拿之左手）切击其左太阳穴，迫诱其用左臂进行防架。此时，我可对其左肘实施擒拿。又如：都不得机，则疾速脱离，在攻防中再寻机实施擒拿。总之决不能死拿硬要。

4. 迁不变，化则变焉，循以无终

这句讲的是，循三才而迁时，双方总的态势没有大的变化，只是同一肢体的擒拿部位的迁移。而遵四技而化时，双方对峙的态势发生了根本性的变化，不但是擒拿部位，而且是擒拿肢体和技法的根本变化。

阴阳相涵、循三才而迁、遵四技而化，这三个技法在实施应用中，必须视双方对抗态势有针对性地不间断地循环运用而不可停顿，直至将对方擒拿住。

5. 唯，刚柔互抱，虚实相间，四法并行

(1) 在整个擒拿过程中，唯——必须。

①在劲力的运用上：必须刚柔互抱，即刚中抱柔，则刚在外而柔在其髓，不会过刚易折而迟于变化。柔中抱刚，则柔在前而刚在其骨，不会柔而无骨反受其制。

②在技法的运用上：必须虚实相间，要虚虚实实善于互变，虚中有实，实中有虚，使对方无法察知你的意图，也就是口诀中讲的“迫手诱敌吾得隙，入吾机关死不知”。

(2) 四法并行：是指阴阳转换法、动静互寓法、刚柔相应法、虚实迁变法，这四个技法要同时有机整合运用，不可偏一废一。

6. 周流圆活，乃得天地之机，终为道一

在整个擒拿技法的运用过程中都必须做到周、流、圆、活。

“周”指的是：要周全，阴阳相涵、循三才而迁、遵四技而化和四法并行，要合理地整合运用。

“流”指的是：无论技法的虚实变换、擒拿部位的迁移、劲力的化变都要如流水一样没有间断，而流畅无隙。

“圆”指的是：所有的动作、劲力的转化、技法的迁变都必须遵循圆的运动原则。

“活”指的是：在实施擒拿中要活学活用，不可生搬硬套；要随着对方变化的态势而不停的变化，不能有任何停顿，直至将对方擒拿住。

乃得天地之机，终为道一：你能习练掌握《四象——用手诀》的原则和方法，你就掌握了天地（阴阳）变化的枢机，也就是掌握了运用擒拿技法的“真谛”。

所有这一切，归根到底都是在遵循“道”（天地万物生化的这一根本规律和法则），而不是任何人脱离实际主观想象出来的。

十三、《九宫诀》译注

（一）译注前言

“九宫诀”是赵氏内家擒拿秘籍《九重天》的最后一诀，也是最重要的一个口诀，分为三部分。第一部分进一步强调了研习和应用中必须注意的事项；第二部分概述了前面八诀之间的相互联系和互补的紧密关系；第三部分更是强调了习研内家擒拿术的根本要求、门规戒律和对传人的要求。更为重要的是它讲述了擒拿的技术、本手、招、和法四者的相承关系和应用原则。只有明确掌握了它，才能说你真正掌握了实用擒拿技术。

“九宫”指的是研习实用擒拿术的“九层功夫”：

①正形②通气③旺神④足力⑤明理⑥活劲⑦熟技⑧懂法⑨通医。

⑴ 前四层功夫：正形、通气、旺神、足力是研习擒拿技法对身体的基本要求。要想习练擒拿技术首先必须要有一个健康、强壮、敏捷、有力的身体，它是主要通过研习“无极诀”和“八卦诀”中的三才（天吊、地称、人字桩）来获得的，这是基础中的基础，是首要的身体条件。

这种修为是“神”（感知、认知能力，敏锐的应急反应能力，思想意识、精神品质、道德修养）的修炼；是“形”（体态、行为举止）的修炼；是“炁”（内气通盈、五脏六腑得安、却病强体）的修炼；是“力”（圆整活泼、刚柔相济、灵巧敏捷、）的修炼。

⑵ 后四层功夫：明理、活劲、熟技、懂法是研习擒拿技法的四个基本要求。

明理：通过研习“七星诀”认识和掌握人体的结构及其运动规律、人体要害部位、主要运动环节锁拿的机理，这就是明理。只有在明理的基础上，才能真正掌握擒拿技术的真谛，才能举一反三而事半功倍。

活劲：通过研习“五行诀”和“六合诀”才能使你的僵直拙力转化成刚柔相济的混元劲，才能懂得如何合理地运用你的力量，使其达到整、透、圆、活、灵，内外合一而运用自如。劲和力是万技之根，当劲力成为你的本能，你才能真正运用擒拿技术。是谓活劲。

熟技：研习“八卦诀”必须熟练地掌握实用擒拿技法的基本功和基本技术，只有熟练地掌握基本技术才能有机地综合运用和变化。是谓熟技。

懂法： 在熟练掌握擒拿基本技术的基础上，通过研习《两仪 —— 阴阳诀》《三才 —— 行功诀》《四象 —— 用手诀》，掌握运用基本技术的原则和方法。武术界常说 “传技不传法”，可见法的重要。懂法就是要懂得和掌握各种条件下如何合理运用技术的方法和应急疾变的原则。这样才能在实战中应用自如，真正掌握实用擒拿技法。

(3) 第九层功夫：通医（武医）指的是你必须具备的武德，俗话说“要学伤人，先学救人”，更何况我们必须要有一个健康、强健、敏捷的身体。在研习的过程中也会遇到各种伤痛和伤病，因而必须懂医，既要懂得和掌握强身健体、防治疾病的方法与医药；还要懂得和掌握各种红白损伤、运动损伤的防治及医药。只有这样才能更深层次地全面掌握实用擒拿技法。这是实用擒拿技法的最高层次和最高境界，研习者是必须掌握的。

（二）《九宫诀》原谱

先本三生四五七體一場穴變驗成還本蒼云
局成精擒及勤成從角還丟而而體弄者成奇
傳家三相四五八全五相者訣陰招白法自斷
無剛變擒還轉九體地陽則云三還宮二斷異
法化又成換體加循西韻陽還云化愛宗者善
乾相相辦取八埠圓西者變迹筒者從不源勿
用陽把象大走細傳四法化者而成四生生入
紬兩四者體穴斷周穴七還禮顯法象想本而
祖手才方正從星用三離九者云招者詩生思
東來化中得化宮步相生變幽還愛成道麵貢
技相象拘偶植封在陽交陰生藏穴化生德白
坤對律脈式法骨握天陰化明技白九傳云格
家陰三四八意揮環二生生化徵而用戶技擇
俚儀法中繫合節流陰八不生云化拜法功承

（三）《九宫诀》原文

里 为 坤 技 东 祖 袖 用 乾 法 舞 传 风 先
仪 阴 对 根 柔 手 两 阳 相 化 刚 为 成 本
法 三 连 节 化 才 四 把 相 又 变 三 精 三
中 四 疾 抱 中 克 老 象 嫩 成 擒 相 擒 生
势 八 式 偶 彼 正 随 方 取 按 还 四 身 四
合 意 法 梢 化 行 六 走 八 随 转 五 勤 五
筋 摔 骨 卦 官 星 断 捆 拆 加 九 八 成 七
流 环 活 在 步 用 周 使 圆 循 随 全 行 体
阴 二 天 阳 相 三 六 四 也 也 地 五 函 一
八 之 阴 交 之 离 七 位 者 谓 阳 相 迁 坎
不 之 化 阴 变 九 迁 化 变 阳 则 者 焉 六
之 化 明 之 幽 者 神 者 逝 迁 于 迹 而 变
于 微 技 藏 迁 于 显 而 管 于 三 阴 而 验
化 而 以 六 为 招 法 成 者 化 迁 招 体 成
并 用 九 化 成 者 象 四 行 为 官 以 矣 迁
法 户 传 之 道 诀 根 之 不 宗 二 法 者 本
功 技 于 德 艺 之 本 之 源 者 勤 舟 成 武
承 择 炫 以 竟 思 而 人 勿 善 异 此 奇 于

此诀的破译法为“心诀”中的“八六阴阳亦倒转，七八相连始成句”一句。它指的是阳为上为首，阴为下为尾。首句为阳，从头起隔八隔六，阴阳倒转正八反六。至第七字后，连八为阴，尾句从八开始，隔六隔八，阴阳倒转，正六反八，亦成隔一相承，奇偶相逆，乾坤倒转之势，方成诀句。

（四）《九宫诀》译文

先祖传技法为用，袖里乾坤舞东风。
本手为根化阴阳，两仪相对刚柔成。
三才三节又三把，四法相连变化精。
生克相抱成四象，老中嫩疾擒中擒。
四正四隅按八方，随势取式还彼身。
五行五梢随意走，六合八法转化勤。
七星八卦加摔捆，断筋折骨九宫成。
体用全在循环使，周流圆活随步行。

一三五阳也，二四六阴也，天地相函，坎离相交谓之位。七八者阴阳之迁，八九者阴阳之化。迁不变，化则变焉。变者迹之迁，化者神之逝。

明于幽而验于明，藏于微而显于管。技三迁而成招，招六化而成法。化者以迁为体，迁者以化为用。四象并行，九宫成矣。

本诀，法之宗，户之根，法不传二。道者，武之舟。德者，技之本。功源于勤，艺成于思。此以善，择人而承。勿炫异竟奇。

（五）《九宫诀》译注

1. 第一部分

(1) 先祖传技法为用，袖里乾坤舞东风。

我们研习先祖辈传习的实用擒拿技术，必须在“法”上狠下工夫，否则你只会技术，而不懂得使用的方法，是没有任何意义的。

"学以致用"是研习一切事物的根本原则，只有在大量实践的基础上，才能做到"学以致用"。

学习赵氏实用擒拿技术更是这样，现实的社会条件又不允许真正的格斗，那怎么办？那就要加强操桩和配手对操的练习。在对操中要由慢到快、发劲逐步加强；对练由配合到对抗，对抗强度逐步加强；对练由不变化到变化，到踢、打、摔、拿综合使用。总之逐步越贴近实战为好。

"袖里乾坤舞东风"的寓义是：只要自己掌握就好，千万不能到处炫耀而自大，要深藏而不外露，要诚信而谦和。

(2) 本手为根化阴阳，两仪相对刚柔成。

这里指的是阴阳的变化应用是一切技术的根本。

①阴阳（奇正、正反）的转换，动静的互寓，刚柔的相应，虚实的迁化，这些阴阳的相应变化，是所有技术应用实施的根本。

②在学习实用擒拿基本技术时，必须首先学习和掌握每个擒拿部位阴阳相对应的两个技术（本手），这是组成实用擒拿技术的基本单元。只有掌握了这个基本单元，才能进而在剧烈的对抗变化中"三才而迁、四技而化"，形成千变万化的实用擒拿技术。

这样成对（阴阳）的技术练习，必须和劲力的刚柔变化相结合，才能研习成为基本技术（详见《四象——用手诀》）。

③《两仪阴阳诀——乾坤八字法》是格斗中的起手式。我攻敌在先为阳手；我应敌、攻敌在后为阴手。《阴阳诀——乾坤八字法》所讲述的原则和方法，是整个擒拿技术运用应势起式的原则和大法。

(3) 三才三节又三把，四法相连变化精。

"三才"：指的是要全面掌握《三才——行功诀》的应用技法要求。

“三节”：指的是同一肢体的三个主要运动环节（关节）的相应相承的关系。在实施擒拿技术遭遇对方强烈反抗时，要遵循当时的对抗态势，及时沿肢体的三个主要运动环节（关节），来变换（迁移）擒拿部位。也就是学习擒拿技术，必须掌握擒拿部位（关节）应急变换的方法和原则（详见《八卦诀1》中的“三节劲”）。

“三把”：指的是同一擒拿部位的三种不同把位（正反、顺逆、阴阳）形成不同的手法和技法。也就是学习擒拿技术，必须掌握擒拿手法和技法及应急变换的方法与原则。

“四法相连变化精”：必须掌握踢、打、摔、拿四种技法相承相连的变化，打、拿相连，踢、摔相间的原则和方法。在实施擒拿过程中，要遵循当时双方攻防态势的变化，四技——踢、打、摔、拿综合运用。能拿即拿、不得拿疾变踢、打，得摔则摔捆。四技循环不断，千万不能死拿硬要。

只有将擒拿技术真正融汇到实用格斗术中，才能触景生情生化出万千技法，才能幻变而鬼神难测。

（4）生克相抱成四象，老中嫩疾擒中擒。

实战中对抗的双方都在不断地运动着，在不断地对抗（相生相克）变化着。因而必须要掌握“四象”（四种基本擒拿技术）：死手擒拿技术、活手擒拿技术、变手擒拿技术、反擒拿技术。

而在这四种基本擒拿技术实施的过程中寓化着老、中、嫩三种状态的变化。

①“老”指的是：擒拿动作过度，既不能锁扣控制住对方，无法造成剧烈疼痛而使对方丧失对抗能力，又使对方趁机解脱反击。

更重要的是，当对方对我实施擒拿时，我可顺其势、顺其劲使对方动作过度（老）。这样既可解脱被锁扣关节之疼痛，又可借势翻转对对方实施反擒拿。

②“中”指的是：在实施擒拿技术时，要随时注意“中正”，

掌握好“尺”与“度”，这样才能以应四方万法。

而遇到对方实施擒拿势、劲中正时，我应疾以打、踢、摔法来破坏对方的中正，以便我实施反擒拿。

③“嫩”指的是：擒拿技术不到位，对所擒关节没能扣锁缠裹紧，或用力方向不对，因而会遭到对方的反击或反擒拿。

而遭遇对方擒拿时，我可趁其动作刚开始还没到位（嫩）就疾速化解（抽脱、反转、踢打），从而顺势实施反擒拿。

(5) 四正四隅按八方，随势取式还彼身。

①四正四隅按八方：指的是在格斗和实施擒拿技术时，要随时注意四个正方（上下、左右）和四个斜方（左斜上下、右斜上下），我则中正以待以应八方。

“四正”：指的是阴阳转换法、动静互寓法、刚柔相应法和虚实迁变法。

“四隅”：指的是解脱对应法（对各种擒拿技术和摔法的解脱方法）、对抗对应法（对各种进攻和防守反击手法的应对方法）、造势法（配套有意图的动作来诱使对方入我设定的圈套，为要手）、反擒拿法（对方对我实施擒拿时的反擒拿技法）。

②随势取式还彼身：这句非常重要，不管你采用何种技法，在任何情况下，都不能一厢情愿地单纯从主观意愿出发，都必须：(1) 要依据对方的态势，而随势取式。(2) 诱使对方按我意图动作而主动取势。(3) 在劲力上要随势而化、屈己从人。这样才能使对方有技无以用，有劲用不上。而我则借势、借劲还制于彼身。

(6) 五行五梢随意走，六合八法转化勤。

“五行”，即五种劲力运用的整、透、圆、活、灵，是组合应用实施所有实用技术劲力的根本大法。必须练至顺达“五梢”（头、双手、双脚）而随意运用和转换。而“六合”（详见《六合诀》

译解）和八法（八劲、八手、八形）要特别注意它们之间的关系和转化，绝不可将其割裂而单独使用。

(7) 七星八卦加摔捆，断筋折骨九宫成。

你在理解掌握《七星诀》（人体结构、运动特征、要害部位及机理、擒拿部位及机理）和《八卦诀》中的所有技法后，还必须研习掌握摔法（死手八摔、活手八摔、捆身八摔、变手八摔）和锁捆技术；同时还要懂得掌握断筋折骨的技术和医治（武医）方法。这样才能达到“九宫”九层功夫的境界，才能真正全面掌握继承赵氏实用擒拿技术。

(8) 体用全在循环使，周流圆活随步行。

你必须身体力行、深刻体会赵氏实用擒拿技术的用法。而它的核心是“循环使”，也就是各种技法能随心所欲地流畅衔接而循环使用。

要做到“周”（周到、周全）、“流”（流畅不懈）、“圆”（圆转不折）、“活”（灵活疾变），就必须关注你的身法和步法的研习，做到手、眼、身、法、步协调一致。

2. 第二部分

据我考证，此段文字是由宋朝朱震所著《汉上易传》一书“动爻”中摘取变化引用过来的。这段文字原本是朱震运用象数学对卦象和爻变的论述。

这部分是最难译解和理解的，老师对我讲的是：它概述了《九重天》中九个口诀之间的相互承接对应关系，是在研习中要加以有意联接，增强练功效果的有益途径。

(1) 一三五阳也，二四六阴也，天地相函，坎离相交谓之位。

这第一句“一三五阳也，二四六阴也”指的是《无极诀》《三才诀》《五行诀》为阳，《两仪诀》《四象诀》《六合诀》为阴。在研习中它们是“天地相函，坎离相交”，两两相对相联。无极对两仪 —— 内功功法和擒拿格斗的阴阳起手式是整个擒拿技法的基础和根本；三才对四象 —— 都是擒拿技术实施应用的方法，彼此互为阴阳表里；五行对六合 —— 五种劲力的运用和六合内功功法是互补互承的。在研习中必须要对照综合练习。

(2) 七八者阴阳之迁，八九者阴阳之化。迁不变，化则变焉。

这句讲的是:《七星诀》和《八卦诀》,前者是擒拿技术的基础理论和机理；后者是擒拿技术的基本功和基本技法。后者是依据前者而产生发展而来，所以说“迁不变”，是迁移而没有产生变化。

而《八卦诀》和《九重天》中其他各诀的关系，是在《八卦诀》的基本功和基本技术的基础上所产生各种各样的变化，而形成千变万化的擒拿技法，所以说“化则变焉”，是互相转化而发生变化。

(3) 变者迹之迁，化者神之逝。

“变者迹之迁，化者神之逝”实质强调的是变和化，形迹上的量变为“变”，而根本上的质变为“化”。事物的变化不是凭空进行的，都有所本。因而“通其变”和“明其化”是十分重要的。凡格斗擒拿态势和技法的变化，都有其趋向并表现为一定的过程，而这一切又都是有条件的。而且不同对象又有不同的特点，掌握了变化的预兆、趋向、条件和过程，也就掌握了变化的来龙去脉，也就掌握了赵氏擒拿技术的实质和应用原则，在实战中就能抓住有利时机，从而取得成功（经查考，此句见《庸言》三）。

(4) 明于幽而验于明，藏于微而显于管。

在实施擒拿技法时要“明于幽而验于明”，就是任何技术的实施都不可显露预兆，要千方百计的隐藏自己的真实意图，诱使对方落入自己的圈套，这样才能成功地运用实用擒拿技术。

“藏于微而显于管”是说：一切事物的变化都是从微小变化开始的，通过细微的体察是可以发现的。因而在对抗中，一定要静心观察对方微小的动作变化，如肩、手、身体重心（腿）、眼神的细微变化，这样才能感知和预测对方的意图，而不落入对方的圈套，才能立于不败之地（经查考，此句见《皇极经世书》二，《邵子全书》卷之二）。

(5) 技三迁而成招，招六化而成法。

在实用擒拿技术中，一个基本擒拿技术分为阴阳两个相反方向的技术，为“本”手。在实用中遇对方反抗，要循三才（同一肢体的三个主要关节，共六个擒拿技术）而“迁”，迁移转化运用，这才成为实用擒拿技法中的“招术”。

而这“招术”中的六个技术（如，上肢为腕、肘、肩三个关节部位，阴阳正反共六个擒拿技术）和踢、打、摔的有机“变化”组合，“化”才能形成擒拿技术的“法”。

这句实质讲的是擒拿的“招术”和“招法”。

(6) 化者以迁为体，迁者以化为用。

实质讲的是迁（招）和化（法）的关系。“招法”是以“招术”为基础的，而“招术”是通过“招法”来实施和应用的。

也就是说，实用擒拿基本技术“本手”，要循三才而迁（隐含相连的六个擒拿技术的变化）为招术，它是实施擒拿的基础。而“招术”必须和打、踢、摔法有机组合变化，才是真正应用擒拿技术的“招法”。

(7) 四象并行，九宫成矣。

“四象并行”讲的是：

①“四种基本擒拿技术”，死手擒拿、活手擒拿、变手擒拿、反擒拿。

②《四象——用手诀》所讲述的方法。

③“四正”：阴阳转换法、动静互寓法、刚柔相应法、虚实迁变法。

④“四隅”：解脱对应法、对抗化解法、造势法、反擒拿法。

要练习到能将它们合理有机地综合运用，懂得“迁、化”“招、法”之理。那么“九宫”要求的九层功夫，你才能真正融汇贯通，而获得真谛。

3. 第三部分

(1) 本诀，法之宗，户之根，法不传二。

本诀：指的是《九宫诀》是赵氏实用擒拿的大法之宗主，门户的根本。每代只能传给一人，可见《九宫诀》是何等的重要。

(2) 道者，武之舟。德者，技之本。功源于勤，艺成于思。此以善，择人而承。勿炫异竟奇。

“道”是武术之舟，它承载着武术，没有“道”不遵道，武术就覆灭而不存。而“德”（人的道德品质）是研习擒拿技术的基本条件和要求。武功来源于勤奋，武艺成功于善于思考体要。要以这四个条件来选择遵道、守德、能吃苦、勤奋、善于思考体要的人来传承赵氏实用擒拿术。

千万不要以此来炫耀、标新立异、和人争胜好强，要有“圣人隐于市”的心胸和气概。

后 记

中华武学源远流长，博大精深。近日在恩师处有缘看到《赵氏实用擒拿》一书的初稿，最初震撼于历经沧海变迁，擒拿秘籍《九重天》依然代代相传，这当中有多少辛苦与不易；后幸得师对某些技法、功法耐心讲解，则更加震撼于其中所蕴涵的科学意义和哲学意义，同时让我对前辈先贤的尊敬与佩服油然而升。

正是怀着这种对武学的喜爱，对历代前辈的敬佩之情，我开始研究这幅特殊符号图。最初我把目标放在中国各种古文字上，可是很遗憾，没有任何收获。平静下来后想了想，这样盲目地寻找，无异于大海捞针，所以我便将精力放在这幅图上，以期能从中发现些规律，经过观察我突然发现，这幅图很可能是数阵图，这些特殊的符号很可能是数字。该图中的符号其实可分为单独符号与组合符号，组合符号的左半部分为 ١ ٢ ٣ 此三个符号，其中 ١ 为左半部分的符号 10 个（10~19 为 10 个），٢ 为左半部分的符号 10 个（20~29 为 10 个），٣ 为左半部分的 7 个（30~36 为 7 个），单个符号为 9 个（1~9 为 9 个）。当时我的猜测为，该幅图会不会是数字，上述三个左半部分符号分别代表十位数的 1、2、3 呢？以此为突破口我查阅了关于古数字的记载资料（见文后资料引用①），竟然发现这些符号与古波斯数字和古阿拉伯数字等有大多的一致性：

维吾尔文（阿拉伯文）数字

٠	١	٢	٣	٤	٥	٦	٧	٨	٩
0	1	2	3	4	5	6	7	8	9

波斯文数字

۰	۱	۲	۳	۴	۵	۶	۷	۸	۹
0	1	2	3	4	5	6	7	8	9

俄罗斯文（西里尔）数字

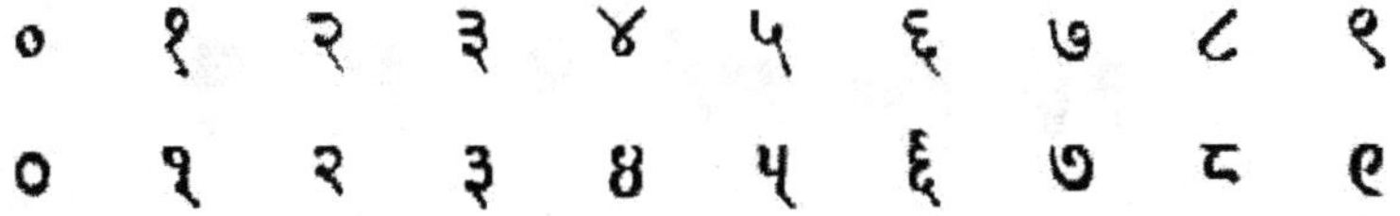

0 1 2 3 4 5 6 7 8 9

通过以上三类数字的对比，结合最初的猜测，我初步判断秘籍《九重天》中图案所代表的是数字，其中：代表 1，代表 2，代表 3，代表 4，代表 5，代表 6，代表 7，代表 8，代表 9，代表 0。

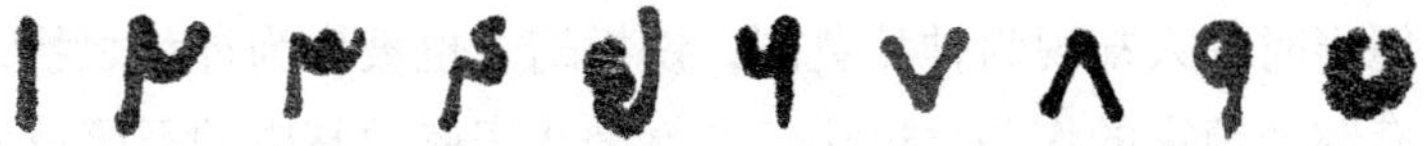

1 2 3 4 5 6 7 8 9 0

于是我进行了大胆的推测得出如下对应数阵：

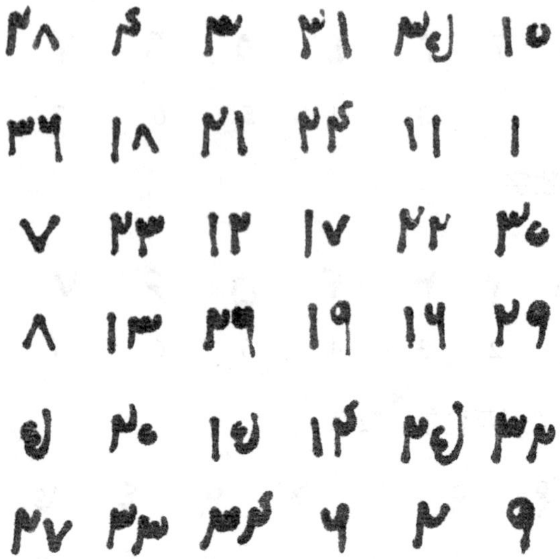

28	4	3	31	35	10
36	18	21	24	11	1
7	23	12	17	22	30
8	13	26	19	16	29
5	20	15	14	25	32
27	33	34	6	2	9

得出该数阵图后，我查阅了大量资料，竟然有意外收获（见文后资料引用②）。1957 年，在元代安西王府遗址上发现了一个古代的“魔方”——铁板幻方。这一幻方实际蕴涵着数字排列规律在内，但当时的人却视为神秘莫测，铁板幻方也被作为神秘之物，认为具有驱邪镇灾的作用。这块幻方就是在房屋地基中的石函里发现的，现陈列于陕西历史博物馆。

经过认真核对，安西王府出土的铁板幻方竟然与《九重天》中的记载图完全一致！

从该数阵列中，我们不难发现一些规律：

其每一行数字之和为 111，每一列数字之和为 111，两条对角线数字之和为 111，该数阵为六阶幻方。

同时在此六阶幻方中心还蕴涵着一个小的数阵，为：

18	21	24	11
23	12	17	22
13	26	19	16
20	15	14	25

通过观察我们从这个小的数阵中可发现以下规律：

(1) 每一行数字之和为 74，每一列数字之和为 74，两条斜线上数字之和也为 74。该数阵为四阶幻方。

(2) 每一行第一与第三数字之差为 6，第二与第四数之差为 10。

(3) 满足相临两行且两列的 4 个数字之和为 74，例如 18+21+

23+12=74，符合该标准的数字之和共 9 组，其中位与中央位置的是 12+17+26+19=74。

(4) 如果把该幻方看做一个棋盘，以任一数字为“象”，则“象”所飞“田”位置的数字，两者相加皆为 37。

(5) 我们将该幻方做一变动，将其第一行平移至末行，使其第二行变为第一行，则得出新的数阵：

23	12	17	22
13	26	19	16
20	15	14	25
18	21	24	11

其对角线之和分别为 23+26+14+11=74，18+15+19+22=74，同理我们继续平移直到最后一行成为第一行，可得出共 6 组对角线之和为 74，即泛对角线之和为 74，加上原图中对角线，共 8 组“对角线”之和为 74。

综上所述，我个人认为，秘籍《九重天》中记载的这幅图，应该为六阶幻方。其所蕴涵意义，我揣测应该有以下几个方面：

第一，幻方在古人看来为极其神秘之物，而《九重天》作为中华传统武学之瑰宝，故用六阶幻方图有驱邪压镇的作用，护佑秘籍延绵传承有德有识之人，严防奸佞小人觊觎，此乃前辈先贤之心愿。

第二，六阶幻方中，六横六纵一致，可理解为中医和武学中的十二正经，两条对角线可理解为任、督二脉；四阶幻方中的对角线可理解为任、督二脉，泛对角线可理解为奇经八脉中除任、督两脉外六条经脉，如果我们把每个数字看做相关穴位的话，奇经八脉除任、督二脉有自己的独立腧穴外，其他六条经脉的腧穴都寄附于十二正经与任、督脉之中，此于该幻方图恰巧吻合。因而我认为此“幻方—数阵”，应该与擒拿秘籍《九重天》的内功功法有关。

第三，在内部的四阶幻方中，中央四个数字之和为 12+17+26+

19=74，行与列共8组每组数字之和为74；对角线与泛对角线共8组每组数字之和为74；相临两行且两列的4个数字（除去中央4个数字）共8组，和也为74。以中央4个数字为核心，其余数字不同规律组合为周边，可生成3组一样的图。可否将这3组视为“天、地、人”三才，所形成之图视为“八卦图”呢？

行文至此，我再次感悟到中华传统武学的神秘与魅力。作为一名传统武术爱好者，我曾经简单地认为武术就是众多攻防技法的集合，学习一些套路，一招一式的去练习，足矣！但现在我体会到这些只是中华武学的表象，其内在还蕴涵了很多科学意义和哲学意义，值得我们去深思研究。

我曾经天真地认为武林秘籍就像影视剧和文学作品中那样，得到了照着练习就能迅速成为武林高手，但现在我认识到真实的秘籍远非如此简单，所谓秘籍，自然是前辈先贤集毕生经验所创，其中内容博大精深，岂能短时间就参透学完；我曾经片面的认为，习武之人就是要“冬练三九，夏练三伏”，然后成为武林高手就OK了，但与恩师相识后，这个观点有了变化，吾师已近古稀之年，仍然为传承中华武学而辛勤耕耘，每当听师谈及如不能将其所学传承下去，则上愧对先辈，下愧对后人时，我都是非常感动！在那一刻我深深体会到，学好武术很重要，但还有一个重要的事情是“传承”。祖先所传承很多东西，都是精华，值得我们去珍惜，去思考，甚至是穷其一生的思考，并将这些精华继续传承下去。

由于时间有限，本人才智平庸，有分析不妥之处，望大家指正，让我们携手并肩，为学习传承中华传统武学传统文化而努力！

资料引用：①http://www.qingis.com/alpha.htm#manchu

②http://ziyuan.wh5000.com/City/1stcn/154647794.html

郑雷明

2011年5月

作者简介

赵大元副教授，八卦掌第四代传人，国家武术八段。原中国人民警官大学、公安大学警体系副主任、副教授、擒敌技术教官、三级警监。中国武协传统武术委员会委员，中国体育科学学会武术分会第三届委员会委员。北京市武协第二、三、四、五届委员，第四、五届副秘书长。北京市八卦掌研究会第一、二届秘书长，第三、四届监事会副主任。全国各地部分武术馆校、大专院校武协的名誉主席和顾问。

他9岁开始习武，曾习练长拳、罗汉、迷踪、弹腿、太祖等多种拳种，到京后曾从张晋习实用擒拿术，从刘铁林习形意拳，从杨振基、吴图南习太极拳，后拜著名武术家李子鸣为师，研习传统武术八卦掌。1979年、1981年代表北京市参加全国传统武术观摩交流大会获银牌，多次在北京市和全国各类比赛中获奖。曾任科教片《八卦掌》编导和武术指导、亚运会“大刀团体操”副总教练、“海南椰子节”武警团体操总教练。长年担任各类国际、国内武术比赛和全国及公安系统的散打比赛的仲裁、总裁、副总裁、裁判长等职。多次被评为北京市武术工作先进个人，1984 年被评为全国优秀武术辅导员，1985 年因教学成绩突出受公安部嘉奖。

长年从事传统武术和军、警实用擒拿格斗技术的教学，他曾多次接待各国武术、军警来华团体和外国友人并担任教学工作。多次赴韩国、意大利、加拿大、美、英、法等二十余国进行学术交流、讲学和教学，传授实用格斗擒拿技术、缉捕技术、中国传统武术太极拳和八卦掌，学生遍及世界各国。

作者注重传统武术和武术实用技术的学术理论研究，尤其是将传统武术中的实用技术，应用到公安、武警和部队的实用擒拿格斗技术和缉捕技术。参于组织、编审和撰写了公安部、司法部、安全部、武警部队的警体、擒拿格斗、缉捕技术、查缉战术等统编教材共 10 册。另出版专著共 10 册，发表武术文章 50 余篇，论文 10 余篇。

退休后，他则从事传统武术和武术实用技术的技、理研究，撰写有关传统武术太极拳、八卦掌及实用擒拿技术的专著。

图书在版编目（CIP）数据

擒拿秘籍《九重天》译注：赵氏擒拿术 / 赵大元著
. -- 北京：人民体育出版社, 2011（2024.7重印）
ISBN 978-7-5009-4082-1

Ⅰ. ①擒… Ⅱ. ①赵… Ⅲ. ①内家拳—擒拿方法（体育）②九重天—研究 Ⅳ. ①G852.1

中国版本图书馆CIP数据核字(2011)第116312号

*

人 民 体 育 出 版 社 出 版 发 行
北京中献拓方科技发展有限公司印刷
新 华 书 店 经 销

*

880×1230　32开本　9.25印张　240千字
2011年12月第1版　2024年7月第6次印刷
印数：14,001—14,500册

*

ISBN 978-7-5009-4082-1
定价：38.00元

社址：北京市东城区体育馆路8号（天坛公园东门）
电话：67151482（发行部）　邮编：100061
传真：67151483　邮购：67118491
网址：www.psphpress.com
（购买本社图书，如遇有缺损页可与邮购部联系）